アジアの
コーポレート・ガバナンス

佐久間信夫 編著

Corporate
Governance
in Asia

学文社

執筆者

佐久間　信　夫	創価大学	（第1章）
古　庄　　　修	関東学院大学	（第2章）
安　田　賢　憲	東京富士大学	（第3章）
柳　町　　　功	慶應義塾大学	（第4章）
文　　　載　皓	富士常葉大学	（第5章）
金　　　在　淑	日本大学大学院博士後期課程	（第6章）
劉　　　永　鴿	作新学院大学	（第7章）
西　村　　　晋	創価大学大学院博士後期課程	（第8章）
小　島　大　徳	神奈川大学	（第9章）
中　村　みゆき	創価大学	（第10章）
ビシュワ・ラズ・カンデル	創価大学大学院博士後期課程	（第11章）
呉　　　淑　儀	一橋大学大学院博士後期課程	（第12章）

（執筆順）

はしがき

　韓国のサムソン電子は2004年，IT業界では世界最高の1兆円の利益を計上した．しかし，この高収益は株価に反映されていない．株価収益率はソニーの5分の1以下である．韓国の財閥系優良企業はおしなべて高い業績の割に低い株価に甘んじている．外国人投資家が「コリア・ディスカウント」と呼ぶこの現象の最大の要因は韓国財閥企業の不透明な経営ないし企業統治の不全にあるといわれる．創業者一族が集団で企業を支配する縁故主義経営（クローニズム）は，アジア諸国に多く見られるものであるが，その不透明な経営が外国からの投資を妨げている．韓国経済は1997年のアジア経済危機からいち早く立ち直ったものの，財閥の企業統治改革は不徹底なもので終り，さらなる改革が求められている．

　一方，BRICs諸国の中でもとくに高い成長率を維持している中国においては，今後の成長は企業統治改革の達成にかかっているといっても過言ではない．上場企業のほとんどが国有企業であり，その発行済み株式の3分の2が非流通株式で占められている中国では，まず株式市場の健全化が課題となっている．インサイダー取引や財務データーの改ざん，中国証券監督委員会職員の収賄事件などが横行する中国の証券市場は「リスクがたまった『火薬庫』」とも評され，市場そのものの健全化が急務となっている．国有企業自体にも経営者による企業資産の横領などコンプライアンスや企業統治などに深刻な問題が指摘されている．2005年5月の上海株式市場は，1997年のアジア金融危機以来の安値を記録したが，市場の低迷が続いているのはこのような理由にほかならない．タイやシンガポールなど，他のアジア諸国においても証券市場の健全化や企業統治改革が一国の経済発展にとって欠くことのできない条件となっている．

　日本では，今世紀に入ってから企業統治改革が急速に進んだ．委員会等設置

会社の導入や会社法の制定など，企業統治改革のための法制度が整備されただけでなく，個別企業における執行役員制の実施や社外取締役の選任など，実態面において大きな進展があらわれている．さらに長い間強固に守られてきた株式相互所有が徐々に解消へと向かい，敵対的企業買収の脅威が現実のものとなった結果，市場の規律が効果を現し始めた．

西武鉄道の有価証券報告書虚偽記載事件やカネボウの粉飾決算事件，橋梁談合事件などは，日本企業がなおコンプライアンスの面で多くの問題をかかえていることを示している．しかし，消費者や取引先，地域社会などのステークホルダーは企業の社会的責任に対する圧力を今まで以上に強化している．アスベスト問題の例にみられるように，企業は従来に比べてすみやかにステークホルダーの要求に対応するように変化してきた．

アジア諸国の企業統治の状況は，各国の法制度や国民の思考習慣，ステークホルダーの成熟度などの違いにより，国によって大きく異なっているが，企業統治改革がそれぞれの国の経済発展の鍵を握っていることは疑いない．本書はアジア諸国の企業統治改革の現状と課題を各国ごとに検討するものである．本書はまた，2003年から2005年までの2年間に渡って続けられた，日本経営教育学会の特定研究プロジェクト「アジアの企業統治」の研究成果でもある．

最後に，出版事情が厳しい中で，こうした研究書の出版にご尽力いただいた学文社社長田中千津子氏に厚く御礼を申し上げたい．

2005年8月22日

編　者

目　次

第1部　日本のコーポレート・ガバナンス … 1

第1章　市場構造と外部監視システム … 2

はじめに　2

第1節　株式持合い構造の変化　2

第2節　機関投資家の動向　5

第3節　株主提案と敵対的企業買収における法人株主の
　　　　行動の変化　14

第4節　監査法人と規制機関　18

第2章　内部統制システムとコーポレート・ガバナンス … 25

はじめに　25

第1節　内部統制の監視体制と整備義務　27

第2節　COSOモデルにおける内部統制概念とガバナンス問題　30

第3節　開示規制を通じた内部統制システムの整備・改善　34

　　　(1) 有価証券報告書における開示規定と開示例　34／(2) 宣誓書および確認書の義務化　36

第3章　会社機関構造とコーポレート・ガバナンス … 43

はじめに　43

第1節　株主総会の機能と権限の縮小と「モノ言う株主」の台頭　44

　　　(1) 株主総会の機能　44／(2) 株主総会の実態　45

第2節　取締役会　47

　　　　　　　(1) 取締役会　47／(2) 執行役員制　49
　　第3節　監査役会　51
　　第4節　商法改正と新しい企業統治形態　52
　　　　　　　(1) 重要財産委員会　53／(2) 委員会等設置会社　56
　　第5節　社外取締役　59
　　おわりに　61

第2部　**韓国のコーポレート・ガバナンス**　65

第4章　所有構造とコーポレート・ガバナンス　66

　　はじめに　66
　　第1節　上場企業における所有構造の変化　67
　　　　　　　(1) 上場企業全体の所有構造　67／(2) 上場企業における外国人株主　69
　　第2節　財閥における所有構造　71
　　　　　　　(1) 財閥の本質と現状　71／(2) 内部持分率　73
　　第3節　三星におけるグループ経営権防衛を巡る緊張　75
　　　　　　　(1) グループ所有構造の特徴　75／(2) 公正去来委員会との確執　77／(3) キャピタルグループの存在　80
　　おわりに　82

第5章　内部統制システムとコーポレート・ガバナンス　88

　　はじめに　88
　　第1節　サーベンス・オクスレー法の影響　89
　　第2節　内部統制とコーポレート・ガバナンス　90

(1) 内部統制と関連するコーポレート・ガバナンス改革の動
　　　　向 91 ／(2) コンプライアンス 94

　第3節 韓国企業における内部統制システム 95

　　　(1) 粉飾会計の問題 96 ／(2) 通貨危機前後の変化 98 ／
　　　(3) 近年の内部統制と関連する法律改正の動向 98

　おわりに 100

第6章 会社機関構造とコーポレート・ガバナンス …………105

　はじめに 105

　第1節 会社機関構造の問題点 105

　　　(1) 韓国の会社機関の制度的構造 105 ／(2) 株主総会の形
　　　骸化 106 ／(3) 取締役会の監視機能の不在 107 ／(4) 監査
　　　役会の独立性の欠如 108

　第2節 コーポレート・ガバナンスの改革と
　　　　会社機関構造の変化 108

　　　(1) コーポレート・ガバナンスの改革 108 ／(2) 会社機関
　　　構造の制度的変化 109 ／(3) 日本の「委員会等設置会社」
　　　制度との比較 112

　第3節 最近の動向 114

　　　(1) 株主総会 114 ／(2) 取締役会 116 ／(3) 監査委員会
　　　117 ／(4) 企業支配構造の模範企業の選定 118 ／(5) 上場企
　　　業のガバナンスの格差 119

　おわりに 120

第3部　中国のコーポレート・ガバナンス …………………… 125

第7章　市場構造と外部統治システム …………………… 126

第1節　中国企業統治の基本構造　126

第2節　中国の市場構造と外部統治の実態　130

(1) 中国の資本・債権市場の生成とその企業統治の特徴 130 ／(2) 中国の会社支配権市場の特徴と問題点 134 ／(3) 中国の機関投資家とその企業統治機能 137 ／(4) 中国の企業統治に関する法律・法規と証券業監督管理機構 139

第3節　中国企業統治の課題と今後の展開　142

第8章　会社機関と内部統治システム …………………… 146

はじめに　146

第1節　中国の企業制度の歴史と会社機関の概要　147

第2節　株主総会（股東大会）の制度と実際　148

第3節　取締役会（董事会）　150

(1) 取締役会の制度 150 ／(2) 取締役会の構成 150 ／(3) 独立取締役および取締役会内の専門委員会 152

第4節　監査役会（監事会）　154

(1) 監査役会の制度 154 ／(2) 監査役会の実際 154 ／(3) 近年の改革と監査役会 155

第5節　老三会　156

第6節　事例研究
　　　　——中国石化工株式会社の内部統治システム——　159

おわりに　161

第4部　その他の国・地域のコーポレート・ガバナンス ……………167

第9章　タイのコーポレート・ガバナンス ……………………………168

はじめに　168

第1節　タイのコーポレート・ガバナンスに対する取り組み　169

(1) 世界的なコーポレート・ガバナンス議論　169 ／(2) 東南アジア諸国のコーポレート・ガバナンス議論の特徴　169 ／(3) タイにおけるコーポレート・ガバナンス議論の特徴　172

第2節　タイにおけるコーポレート・ガバナンスの概要　173

(1) タイにおける上場企業の概要　173 ／(2) コーポレート・ガバナンスに対する施策　173

第3節　タイの会社機関構造　174

(1) 株主総会　174 ／(2) 取締役（会）　174 ／(3) 監査制度　175 ／(4) 企業組織と企業統治　176

第4節　情報開示・透明性と利害関係者によるコーポレート・ガバナンス　177

(1) 会計監査制度とコーポレート・ガバナンス改革　177 ／(2) 検査制度　178 ／(3) 情報開示・透明性　179 ／(4) 情報開示・透明性制度の運用　179

第5節　21世紀のタイにおけるコーポレート・ガバナンスの課題と展望　180

(1) タイにおけるこれまでのコーポレート・ガバナンスに関する施策　180 ／(2) タイ・コーポレート・ガバナンス原則の策定　181 ／(3) アジア・コーポレート・ガバナンス原則　184

おわりに　187

第10章　シンガポールにおけるコーポレート・ガバナンス　……………194

第1節　はじめに――シンガポールにおける
　　　　コーポレート・ガバナンス議論　194

第2節　シンガポールにおける会社構成と上場企業の概要　195

　⑴　シンガポール企業の構成　195／⑵　会社法と会社機構
　　――取締役と監査役会の役割と現状　196

第3節　シンガポールにおけるガバナンス改革への取り組み　200

　⑴　内部統制　200／⑵　外部監視　203

第4節　民営化企業のガバナンス問題　204

第5節　今後の課題と展望　206

第11章　ネパールのコーポレート・ガバナンス　……………210

はじめに　210

第1節　ネパールの企業発展の歴史　210

第2節　所有構造と資本市場　212

　⑴　企業形態　212／⑵　ネパールの上場会社の現状　213

第3節　会社機関構造　214

第4節　ネパール財閥の特徴　217

第5節　ジョティー・グループのコーポレート・ガバナンス　221

おわりに　222

第12章　香港のコーポレート・ガバナンス　……………226

はじめに　226

第1節　香港の株式市場の規模　227

第2節　コーポレート・ガバナンスの特徴　229

(1) 内部統治機関の構造　229／(2) 香港上場企業の所有構造　231／(3) 香港上場企業の支配構造　233
第3節　香港上場企業におけるコーポレート・ガバナンスの問題点　234
第4節　コーポレート・ガバナンス改革への取り組み　237
おわりに　239

第1部 日本のコーポレート・ガバナンス

第1章　市場構造と外部監視システム

はじめに

　株式相互所有によって，長い間資本市場による規律づけが働かなかった日本においても，相互所有の解消によってこの規律づけ効果があらわれ始めた．近年，敵対的企業買収がマスコミで頻繁に取り上げられ，大企業がこぞって買収防衛策の導入に奔走したことがこの事実を裏づけている．

　また外国人株主の顕著な増加や日本の機関投資家の活動の活発化は，これまで無風状態といわれてきた日本企業の株主総会を一変させた．経営者の提案に対する反対票が飛躍的に増加し，経営者の提案した買収防衛策が否決される例も出るようになった．

　さらに経営者に対する厳しい監視を盛り込んだアメリカ企業改革法の流れを受けて，金融庁は監査法人を介した監視を強化しつつある．本章では，大きく変化しつつある，日本企業の外部監視システムについて検討する．

第1節　株式持合い構造の変化

　日本の経営者はかつて，乗取りを防止するために，安定株主づくりに熱心に取り組んできた．ある会社を乗取ろうとする者（あるいは会社）は，まずその会社の株式を買い集め，その会社の支配権を獲得しなければならない．その際その会社が親密な会社や団体に自分の会社の株式を買ってもらい，乗取り屋が現れたときに乗取り屋に株式を売り渡すことのないように頼んでおけば，会社の経営者は乗取りを防止することができる．これまで安定株主の役割を担ってきたのは，同一企業集団内の企業，取引先，銀行や保険会社などの金融機関，従業員持株会や下請持株会などであった．

　A社が発行した株式をB社が所有し，B社が発行した株式をA社が所有し，互いに第三者に株式を売り渡さないことを約束しておけば，互いに安定株主と

なることができる．これがいわゆる，株式相互持合いあるいは株式相互所有である．

株式相互持合いは元来は乗取り防止のために始められたとされているが，そのほかに，経営者の支配力を強める効果を持つ．株式を持ち合っている企業どうしは株主総会に先立って白紙委任状を送り合うのが普通である．経営者は持合い相手の企業から送られた白紙委任状によって，相手企業のもつ自社株に与

図表1－1　市場全体の安定保有比率の内訳（金額ベース）(注1, 注4)

年度	市場全体の安定保有比率									(参考)市場全体の持合比率
		うち．金融機関安定保有(注2)				うち．事業会社安定保有		うち．証券会社等の持合		
			うち．銀行		うち．保険						
				うち．持合		うち．持合		うち．持合	うち．(注3)関係		
1987	45.8%	31.3%	14.9%	6.7%	16.4%	1.0%	14.4%	10.7%	3.1%	0.1%	18.5%
1988	45.7%	32.3%	15.6%	7.1%	16.6%	0.9%	13.3%	10.0%	2.8%	0.1%	18.1%
1989	44.9%	31.3%	15.6%	7.3%	15.7%	0.8%	13.4%	9.1%	3.7%	0.1%	17.4%
1990	45.6%	31.5%	15.7%	7.5%	15.8%	0.9%	14.0%	9.7%	3.7%	0.1%	18.1%
1991	45.6%	31.8%	15.6%	7.6%	16.2%	0.9%	13.7%	9.3%	3.9%	0.1%	17.9%
1992	45.7%	31.8%	15.6%	7.5%	16.2%	0.9%	13.8%	9.4%	3.8%	0.1%	17.8%
1993	45.2%	31.2%	15.4%	7.4%	15.8%	0.8%	14.0%	9.3%	4.1%	0.1%	17.6%
1994	44.9%	31.1%	15.4%	7.4%	15.8%	0.8%	13.7%	9.1%	4.0%	0.1%	17.4%
1995	43.4%	29.8%	15.1%	7.4%	14.8%	0.9%	13.6%	8.8%	4.1%	0.1%	17.1%
1996	42.2%	29.8%	15.1%	7.9%	14.7%	0.9%	12.2%	7.5%	4.5%	0.1%	16.3%
1997	40.5%	28.9%	14.8%	7.5%	14.1%	0.9%	11.6%	6.7%	4.6%	0.0%	15.1%
1998	39.9%	26.7%	13.7%	6.5%	13.0%	0.7%	13.2%	6.0%	7.0%	0.0%	13.3%
1999	38.0%	22.0%	11.3%	5.4%	10.6%	0.7%	16.0%	4.7%	11.1%	0.0%	10.9%
2000	33.1%	20.7%	9.8%	5.4%	10.9%	0.7%	12.4%	4.3%	7.9%	0.0%	10.4%
2001	30.2%	18.8%	8.7%	4.8%	10.1%	0.6%	11.4%	3.7%	7.8%	0.0%	9.0%
2002	27.2%	17.0%	7.7%	4.0%	9.3%	0.6%	10.1%	3.3%	6.9%	0.0%	7.9%
2003	24.3%	13.9%	5.9%	3.0%	8.0%	0.8%	10.3%	3.8%	6.5%	0.1%	7.6%

注1．上場株式の時価総額を100%として，各比率を%で表した．
注2．銀行・保険の保有比率には，「株式分布状況調査」の結果を利用．
注3．事業会社安定保有分の「うち．関係」には持合株式を含む（「うち．持合」と重複する部分がある）．
注4．1999年度までは試算値ベース（2000年3月末の開示基準の変更に合わせ，データを制約した上で溯って算出した数値）．
出所）ニッセイ基礎研究所ホームページ「株式持ち合い状況調査（2003年度版）」17ページ．
　　　http://www.nli-research.co.jp/index-j.html.

えられた議決権をあたかも経営者自身が所有するかのように行使することができる．その結果，経営者は取締役や監査役の人事権をはじめ，株主総会における重要な決定権を握ることになる．持合い関係にある企業や経営者どうしは，このように事実上の議決権の交換によって大きな利益を獲得することができるが，株式を一方的に所有する保険会社や個人株主の利益は顧みられることがほとんどないといわれている．

長い間わが国企業の最も顕著な特徴のひとつであった株式相互所有は，時価会計の導入やメインバンク機能の低下という要因もあり，急速にその解消が進んでいる．2004年9月に公表されたニッセイ基礎研究所の「株式持ち合い状況調査（2003年度版）」によれば，持合い比率は2001年度（2002年3月末時点）にはじめて10％を割り，9.0％になり，2003年度には7.6％にまで下降した．また1992年以降，一貫して低下してきた安定保有比率も，2003年度には24.3％にまで低下した．持合い株主や安定株主は，これまで経営者の大きな権力の基礎となっていた．持合い比率と安定株主比率がともに近年著しく低下していることは，日本の企業統治の基礎的条件が大きく変化してきていることを意味する．

所有主体別の所有構造の変化をみるならば，銀行の株式所有規制が設けられたこともあり，近年，特に銀行と事業会社の間の持合い解消が顕著であり，外国人（機関投資家）が放出された株式の受け皿となっている．1990年には，銀行（都銀・長銀・地銀）は全株式の15.7％（金額ベース，以下も同じ）を所有していたが，近年，所有比率を年々低下させ，2001年には8.7％とはじめて10％を割り，個人の約半分にまで低下した[1]．さらに，2002年度は7.7％，2003年度末には5.9％，2004年度末は5.3％まで低下した．2003年度末の事業法人の所有比率は前年度比0.3ポイント増の21.8％，2004年度末は21.9％となった．子会社の新規上場，自社株買い，保有する銀行株の価格上昇などが金額ベースでの所有比率を上昇させた．

外国人所有比率は一貫して上昇を続け，2002年3月には18.3％となった．

株式相互持合いの解消によって市場に放出された株式を外国人（機関投資家）が買い入れていることが分かる．外国人の所有比率は市場価格ベースでは2001年3月に比べ0.5ポイント低下したが，これは保有する電機メーカーの株価下落によるもので，株式ベースでは13.7％と前年に比べやや上昇している．2004年度末の外国人持株比率は23.7％（金額ベース）で1年間で1.9ポイント上昇した．

近年，一部の日本企業は株式時価総額を増大させ，企業価値を高めるために経営者が自ら海外で機関投資家を対象にIR活動を活発に行うなど，従来の株主政策を大きく転換する企業も出てきた．このような株主政策の転換は個人株主に対しても実施されており，株式分割や投資単位引下げによって取引き単価あたりの売買価格を引き下げ，個人投資家に株式を買い易くしたり，あるいは株主優待制度を充実させ個人投資家を引きつけようとする企業も多くなってきた．その結果，個人株主の持株比率は上昇し，2002年度には20％を超えた．2004年度に株式分割や投資単位引き下げを実施した会社は，過去最高の219社にのぼっており，こうした政策が功を奏し，個人株主数は9年連続で過去最高を更新している．

外国人株主，特に外国の機関投資家は厳しい企業統治活動をするため，外国人株主の所有比率の上昇は経営者に対する株主の監視が格段に強まることを意味する．それにもかかわらず，一部の経営者が海外で積極的にIR活動を始めたことは，自らに対する監視が厳しくなったとしても企業価値を高めることのほうが重要な課題であるということを経営者が認識し始めたからに他ならない．

第2節　機関投資家の動向

ここ数年，機関投資家を中心に企業統治活動がしだいに活発化し始めている．まず，最初に役員報酬の開示要求について見てみよう．2002年6月の株主総会においては役員報酬の総額を開示する企業が目立ったが，これは商法改

正により，株主代表訴訟の賠償を軽減するために定款変更をする場合には，役員報酬の総額を明示する必要があることも理由のひとつとなっている．

しかし欧米企業においては役員報酬を個別に開示するのが一般的な趨勢となっており，機関投資家は役員報酬についてさらに厳しい要求を打ち出している．カルパースなど世界の主要な機関投資家によって設立され，10兆ドルという巨額の資金を運用するICGN (International Corporate Governance Network)は役員報酬について次のような要求を出している[2]．

① 報酬について株主総会で採決すること，およびストック・オプションの利用抑制．
② 役員の個別報酬を業績に関係のない基本報酬，短期的な業績に比例する短期報酬，長期的な株価上昇に伴う長期報酬の3種類に分けて開示すること．
③ ストック・オプションの発行や権利行使価格の調整も総会の議決事項にすること．

これらの要求は，2001年12月のアメリカ企業エンロンの破綻や2002年7月のワールドコムの破綻などアメリカにおける一連の企業不祥事において，CEOの巨額の報酬が問題視されたこと，またヨーロッパにおいてもABB社の経営者が巨額の報酬を不適切な方法で獲得していたこと[3]など，経営者報酬の一連の問題に対応するものである．

日本においては経営者報酬の総額開示が一部の企業でようやくはじまったばかりであるが，さらに役員報酬の個別開示を求める動きも出始めた．機関投資家の活動ではないけれども，役員報酬の開示に関して積極的な活動を展開している「株主オンブズマン」の動向をみてみよう．2002年6月のソニーの株主総会において，「株主オンブズマン」は同社の役員報酬の個別開示を求めて株主提案を行ったが，これが27%という高い賛成票を獲得し，大きな注目を集

図表1－2　厚生年金基金連合会の2004年の総会議案別議決権行使状況

総会議案	賛成	反対	比率	小計
利益処分案等	919	337	26.8%	1,256
定款一部変更	1,194	12	1.0%	1,206
取締役選任	523	※1　536	50.6%	1,059
監査役選任	903	107	10.6%	1,010
退職慰労金支給	441	615	58.2%	1,056
役員報酬額改定	109	0	0%	109
新株予約権発行	159	65	29.0%	224
会計監査人選任	35	0	0%	35
再構築関連　※2	58	4	6.5%	62
その他会社提案　※3	135	7	4.9%	142
株主提案	14	60	81.1%	74
総　　計	4,490	1,743	28.0%	6,233

注）　※1．一部反対77件を含む．
　　　※2．合併，営業譲渡・譲受，株式交換，株式移転，会社分割．
　　　※3．自己株式取得，法定準備金減少，第三者割当増資，資本減少，株式併合．
出所）厚生年金基金連合会ホームページ「平成16年6月株主総会インハウス株主議決権行使結果について」4ページ，http://www.pfa.or.jp/jigyou/pdf/gov_inhouse16_6.pdf.

めた．「株主オンブズマン」はその後の株主総会においても同様の株主提案を行い，2003年には30.2％，2004年には31.2％の賛成票を獲得した．同社の外国人株主比率は約40％であるため，今後さらに多くの賛成票が集まる可能性がある．「株主オンブズマン」は2003年からはトヨタ自動車にも役員報酬の個別開示を要求している．日本取締役協会は2005年2月に，役員報酬の決定過程を透明化し，将来は開示すべきであるとの指針を公表している[4]．

　一方，株主総会で経営者の提出した議案に反対する株主がいる会社の比率が，この数年は毎年のように増加している．米国の議決権行使コンサルティング会社で，欧米の500以上の機関投資家に約8,500社の株主総会の議案のチェックをし，アドバイスを提供しているISS（Institutional Shareholder Services）は，2001年4月に東京事務所を設立し，日本の機関投資家へのサービスを本格的にはじめた．ISSは2002年度の総会で，日本企業2,200社の議案のうち，1,074議案に反対するよう提案をしたが，反対の内訳は監査役の選任（47.5

%),退職慰労金の支払い(43.7%)などであり,社外監査役を系列企業など利害関係のある組織から選任することに対する反対が最も多い.2004年の株主総会では,ISSは日本企業2,100社の総会議案のうち3,519議案に反対するよう助言した.これは議案総数の2割にあたる[5].また,厚生年金基金連合会は2003年6月開催の株主総会で,全議案の43%,2,992件について反対の議決を行った.

日本の投資顧問会社や信託銀行の中にはISSの助言を受ける機関が増加しているが,これらの機関投資家は議決権を積極的に行使する姿勢をみせ始めている.海外の機関投資家は受託責任を遂行するために,活発な企業統治活動を展開してきたが,日本の機関投資家も受託責任を果たす姿勢を明確にしなければ,海外の機関投資家に顧客を奪われる可能性が出てきている.

野村アセット・マネジメントは,同社が投資者に対する受託者責任を負っていることを明記した上で,「議決権行使ガイドライン」を公表している.同社は議決権行使委員会を設置し,次のようなケースにおいて同委員会が議決権を精査し,「賛成」「反対」または「棄権」等の意思表示をすることにしている[6].

野村アセット・マネジメントの議決権行使のためのガイドライン
(1) 法令違反や,反社会的行為が認められる場合
(2) 監査意見が無限定適正でない場合(当該項目は国内株式のみに適用される.)
(3) 情報開示が不適切で,株主の利益を損なっていると思われる場合
(4) 業績の著しい不振や投資収益の著しい低迷が続いているにも関わらず,経営陣による経営改善の努力が不十分と思われる場合
(5) 経営戦略や財務戦略について,株主の利益を阻害する恐れがあると思われる場合
(6) 取締役会の構成・規模,監査役の構成比が不適切で,株主の利益を損なう恐れがあると思われる場合

(7) 株主提案議案
(8) その他，明らかに株主の利益を損なうと考えられる場合

　日本の生命保険会社はバブル崩壊以降，運用利回りが保険金の予定利率を下回る，いわゆる逆ザヤに苦悩してきたが，投資効率の側面からも企業統治活動に積極的な姿勢を取り始めた．たとえば日本生命保険は，株価が大幅に下落した企業，具体的には過去3年間で株価が50％以上下がった企業を分析し，改善の可能性が低いと判断した場合には，取締役の選任案などの議案に反対する方針を打ち出した[7]．さらに，企業統治構造が企業の生産性や収益力の大きな要因になっているとの観点から，企業統治格付けを開発している[8]．すなわち，社外取締役やストック・オプション制度などの導入状況から，企業統治体制を格付けするコーポレート・ガバナンス・レーティング（CGR）を開発し，格付けの低い企業に対しては議決権を行使し，企業価値を高める見込みのない企業に対しては保有株式を売却する方針を打ち出している．

　投資顧問会社や信託銀行に資金運用を委託してきた年金基金は，巨額の資金を保有するにもかかわらず投資先企業の経営には介入しない，いわゆる「もの言わぬ株主」として知られてきたが，最近，機関投資家などに積極的な議決権行使を求めるようになってきている．

　たとえば，日本最大の公的年金である年金資金運用基金は，2002年に議決権行使の基準を定め，運用受託機関の積極的な議決権行使を促し，株主総会後に議決権行使状況を確認することになった[9]．年金資金運用基金は議決権行使の基準として次の2つを掲げている．

① 株主議決権行使にあたっての基本的な考え方
　　株主議決権は，企業が長期的に株主の利益を最大にするような企業経営を行うよう，運用受託機関において行使するものとする．

② 運用受託機関の株主議決権の行使に関する方針および行使状況の把握

　運用受託機関は，株主議決権の行使に関する方針を基金に提出するものとする．なお，運用受託機関は，当該方針の中で，企業に反社会的行為があった場合の対応についても明記しなければならない．運用受託機関は，毎年度，株主議決権の行使状況を基金に報告するものとする．

　議決権行使の環境整備を求める声も強くなっている．日本証券投資顧問業協会と厚生年金基金連合会は，東京証券取引所，大阪証券取引所およびジャスダック証券取引所に対し，連名で株主議決権行使に関するインフラストラクチャー整備に取り組むことを要望した[10]．それは，① 株式発行企業への働きかけを期待する事項と，② 各証券取引所に期待する事項の2つからなり，効率的かつ円滑な議決権行使の促進を目的とするものである．

1．株式発行企業への働きかけを期待する事項
(1) 召集通知の早期発送と議案の電子開示の積極化
(2) 開示情報の一層の充実
(3) 投資家とのコミュニケーション機会の増加を通じた議案についての詳細な説明
(4) 株主総会開催時期の一層の分散化
(5) 電子媒体による株主総会議案の採決結果の開示

2．各証券取引所に期待する事項
(1) 上記企業に対する召集通知への証券コードの記載や召集通知フォーマットの工夫などの働きかけ
(2) 東京証券取引所においては「上場会社コーポレート・ガバナンス原則（2004年3月11日）」のさらなる精緻化

　この要望の1．の(1)は，株主総会の召集通知の到着から総会開催までの期間

が短いため，株主が議案を精査する時間がなく，海外の投資家に至っては議決権行使が間に合わないなどという従来の欠陥の是正を求めるものである．特にホームページを用いて召集通知を公表し，議案の内容を検討するにあたって株主間に時間的・地域的不公平が生じないよう求めている．1．の(2)「開示情報の一層の充実」では，役員の詳細な経歴や社外取締役（社外監査役）候補者の企業との利害関係の有無，法令違反など過去の反社会的行為への役員の関与度合いなどについても情報開示を進めることを求めている．社外取締役や社外監査役の独立性を問題にしているという点で重要な要請である．

　東京証券取引所は2004年3月に「上場会社コーポレート・ガバナンス原則」を公表したが，この原則はあくまでも「関係者間における共通の認識基盤を提供することに主眼がおかれており」，ニューヨーク証券取引所やロンドン証券取引所の規制と比べると，企業統治の観点から著しく見劣りするものであった．2．の(2)は，東京証券取引所の公表した原則が，企業統治のための具体的な内容を盛り込み，上場企業に対する企業統治の改善の啓発により積極的に取り組むよう求めている．

　また，地方公務員共済組合連合会も独自のコーポレート・ガバナンス原則を策定し，この原則に基づいて議決権を行使することを機関投資家に要請することになった．同連合会のコーポレート・ガバナンス原則は，6項目から成る「コーポレート・ガバナンス基準」を規定しており，独立取締役の選任や取締役についての十分な情報の開示などを求めているが，その中で特に企業の社会的責任を重視している．すなわち「連合会は公的年金の一つとして社会的責任を果していくことが求められている」ため，企業に対し，「自らが活動している社会の規範を守り，株式価値の長期的な増大を妨げるような反社会的行為を行うべきではない」と規定している．

　わが国の機関投資家の中で現在最も活発な企業統治活動を展開しているのは，厚生年金基金連合会であろう．同連合会は，2001年「株主議決権行使に関する実施ガイドライン」を作成し，運用受託機関に対し積極的に議決権を行

使するよう求めた.また2003年2月には「株主議決権行使基準」を,2004年3月には「株主議決権行使基準における社外取締役の独立性に関する判断基準」を策定した.これらの基準の中で同連合会は,企業に対して情報開示や説明責任,社外取締役の独立性などを強く求めた.さらに同連合会は2004年3月,100億円の「コーポレート・ガバナンスファンド」を設定し,コーポレート・ガバナンスで優れている50銘柄を組み入れることになった.同連合会はまず,① 株主価値重視の経営,② 情報開示・説明責任,③ 取締役会,④ 役員報酬システム,⑤ コンプライアンスとリスク管理の5項目から成る評価基準を設定(図表1-3 ガバナンス評価基準),東京証券取引所1部上場企業1,546社にアンケートを実施し,804社から回答を得た.回答企業は数では1部上場企業の52%にすぎないが時価総額では86%に達している.当初の組入れ銘柄数は43銘柄にとどまったが(2004年8月から運用開始),こうした動向が上場企業に対する企業統治改善の大きな圧力になることは疑いない.同連合会のガバナンス評価基準は社外取締役の選任やその独立性を重視している結果,委員会等設置会社の形態をとる企業が多く選ばれ,トヨタ自動車やキヤノンなどの好業績企業が漏れたことに疑問も投げかけられたが,同連合会は経営者との日常的な対話,いわゆるリレーションシップ・インベストメントをも重視し,さらに企業統治活動を強化する姿勢を示している.

　同連合会は株主総会での議決権行使にもきわめて積極的に取り組んでいる.同連合会は2003年度(2003年7月から2004年6月まで)の上場企業の株主総会で会社議案の25%に反対投票を行った[12].前年度の反対投票率約3%から大幅な上昇となったが,これは同連合会が運用を委託する投資顧問会社11社に同連合会と同じ基準で議決権行使を徹底するよう要求した結果でもある.同連合会が自ら管理運用する株式について反対ないし棄権した議決権行使比率は,2003年度は40%であったのに対し,運用を委託している株式のそれは4%に過ぎなかった.

第1章　市場構造と外部監視システム　13

図表1－3　ガバナンス評価基準

メイン項目	サブ項目	評価のポイント
1．株主価値重視の経営	1）「株主価値重視」が明確な経営理念・経営目標	・「株主価値重視」の理念が明確になっている。 ・株主が重要なステークホルダーとして位置付けられている。
	2）株主資本コストを意識した経営数値目標の設定・開示	・株主資本コストを意識した経営が行われている。 ・具体的な経営数値目標が設定されているとともに、目標の達成度が評価、開示されている。
	3）適切な事業戦略の策定・実行	・事業部門別に株主資本コストを意識した経営数値目標が設定、開示されている。 ・事業の撤退基準が定められている。
	4）株主還元への姿勢	・配当性向、株主資本比率が妥当な水準である。 ・適切な自己株式取得が行われている。
2．情報開示・説明責任	1）責任あるIR体制	・IR専任部署があり、十分なスタッフが配置されている。 ・社長自らIRミーティングに出席し、説明を行っている。
	2）充実した開示内容	・自社HPにおいて充分な情報開示がなされている。 ・IR活動に関して、受賞歴がある。
	3）適時開示体制	・四半期開示では売上高等に限らず、その他の情報についても、適切に開示している。 ・重要事実が発生した場合、自社HPにおいても速やかに開示を行っている。
	4）株主総会へのアクセス	・招集通知の発送が余裕を持って行われている。 ・東京証券取引所が進める「議決権行使プラットフォーム」に参加する意思があるなど、議決権行使の電子化に前向きである。 ・招集通知及び添付書類の内容を自社HPで公開している。
3．取締役会	1）経営の執行と監督の分離	・取締役会議長とCEOが兼任していない。 ・執行役を兼務しない取締役が取締役会の1/3以上である。 ・取締役の数が20名以下である。
	2）社外取締役の独立性	・社外取締役の数が取締役会の1/3以上である。 ・社外取締役の独立性が確保されている。
	3）社外取締役の実効性の確保	・社外取締役の取締役会への出席率が一定水準以上である。 ・社外取締役に対して、事前に資料配布するとともに、適切な説明が行われている。
	4）取締役の指名方法	（委員会等設置会社の場合） ・取締役の指名基準が明文化されている。 ・指名委員会の委員長が社外取締役である。 （監査役制度採用会社の場合） ・取締役の指名基準が明文化されている。 ・指名委員会等の組織的な対応がなされている。 ・指名委員会等に社外出身者が入っている。
	5）CEO（執行のトップ）のリーダーシップ	・元会長、元社長が取締役など影響力の強い地位についていない。

出所）厚生年金基金連合会ホームページ「コーポレート・ガバナンスファンドの組入れ銘柄について」別紙2，http://www.pfa.or.jp/jigyou/pdf/gov050607.pdf

第3節　株主提案と敵対的企業買収における法人株主の行動の変化

　株主提案権の行使も近年増加してきている．2004年6月までの1年間に行使された株主提案は20社（22件）であり，前年に比べ4社（6件）増加した[13]．特に最近は件数が増加したというだけでなく，提案の内容に大きな変化が起こっていることに注目すべきであろう．かつては電力会社に対して原発反対運動を展開する株主による提案など，いわゆる運動型株主による株主提案が中心であった．しかし，2002年には上述のように，「株主オンブズマン」によるソニーに対する役員報酬の個別開示を求める株主提案や，食品中毒事件および偽装牛肉事件に関わる株主提案など，内容も多様化がみられる．雪印乳業における株主提案は，「株主オンブズマン」が同社に対して，安全監視担当の社外取締役の選任と商品安全監視委員会の設置を要求するものであったが，同社はこれを受け入れ，全国消費者団体連絡会元事務局長の日和佐信子氏を社外取締役に選任し，同氏を委員長とする「倫理・品質委員会」を新設した．

　2002年の株主提案に関して最も大きな注目を集めたのは，東京スタイルの株主総会において通産省OBの村上世彰氏の行った提案である．村上氏は，① 1株500円の配当を支払うこと，② 自社株取得枠の上限を3,400万株にすること，③ 社外取締役2人を選任すること，などの株主提案を行い，委任状争奪戦を展開した．

　東京スタイルは総資産1,789億円のうち7割，約1,253億円を現金や有価証券で保有する優良企業である．村上氏の主張は有効に活用されていない巨額の資金を株主に配当として還元し，また，自社株買いを実施して株主価値を高めるべきであるというものである．東京スタイルの2001年2月の配当は12円50銭であったから，500円はその40倍に相当する．会社資産の有効活用に対する要求や，余剰資金の株主への還元の要求は，アメリカの企業統治においては最も重視されている側面のひとつであり，村上氏の行動はアメリカ型企業統治の展開という点で注目を集めた．経営者は当初，村上氏の株主提案を全面的に拒否したが，① 1株20円の配当，② 自社株取得枠上限1,030万株，③ 村

図表1―4 東京スタイル vs 村上ファンド,株主はどちらに味方したか

企業名	東京スタイル株主総会での議決権行使	理由
あいおい損害保険	個別企業に対する議決権行使の内容については答えられない	
旭化成	回答なし	
伊勢丹	会社提案に賛成,株主提案に反対した	重要な取引先であり,短期的なインカムゲイン・キャピタルゲインを狙って株式を保有しているわけではない
大林組	回答なし	
キング	回答なし	
米JPモルガン・チェース	回答なし	
米ステート・ストリート	回答拒否	
住友信託銀行	回答なし	
住友不動産	回答なし	
タキヒョー	会社に一任する形で委任状を送付	主要な取引先であるため
帝人	会社に一任する形で委任状を送付	無回答
東京三菱銀行	取引先については守秘義務があり答えられない	
日本生命保険	会社に一任する形で委任状を送付	本文中参考
日本トラスティ・サービス信託銀行	回答拒否	
米ニューヨーク銀行	回答拒否	
野村証券	回答拒否	
みずほホールディングス	個別の取引先に関することなので回答は控えたい	
三井住友銀行	個別の取引先のことであり,現段階では回答を控えたい	
三井トラスト・ホールディングス	会社提案及び株主提案の各議案に対して,株主利益向上の観点から,個別に審議したうえで「賛成」または「反対」の行使をした	
三菱信託銀行	回答なし	
三菱レイヨン	会社に一任する形で委任状を送付	株主固有の事情に関する答えは差し控えたい
UFJ銀行	会社提案に賛成,株主提案に反対した	総合的に判断した結果
UFJ信託銀行	回答なし	

(注) 企業は50音順に並べた.
(出所)『日経ビジネス』2002年7月15日号,29ページ.

上提案とは別の社外取締役2人の選任の対抗提案を行った．

投票の結果，村上氏の提案は辛くも否決されたが，議案によっては賛否がきわめて僅かであったものもみられた．11.9％の株式を所有する筆頭株主の村上氏に賛成票を投じたのは外国人（持株比率29％）と一部の個人であったといわれる．これに対して経営者提案に賛成したのは，銀行，生保（20％），取引先（14.5％）であり，投資信託や投資顧問などは議案ごとに賛否が分かれた．[14]

この委任状争奪戦は，従来，日本企業において安定株主を構成し，経営者を支持してきた銀行・生保や取引先と株主への利益還元を求める外国人株主および個人株主との争いという形になる．経営者に対抗する株主提案が，日本でこれほど高い賛成票を獲得したことは過去に例がないばかりでなく，この株主提案をめぐって日本の機関投資家が，いずれを支持するかについて真剣な検討をしたことは日本の企業統治が新しい局面を迎えたことを示しているということができるであろう．

その後，余剰資金を株主に還元せよとの要求は，ユシロ化学工業（金属加工油剤の製造業）とソトー（毛織物染色業）においても行われた．両者はともに内部留保を厚く積み2003年9月の株主資本比率はユシロ化学工業が72％，ソトーが77％に達していた．これは利益を社内に蓄え，資金を設備投資などに積極的に投資していないことを意味する．この資金はもともと株主のものであるから，無駄に資金を眠らせておくくらいならば配当などの形で株主に還元すべきであるとする主張から，アメリカ系の投資会社であるスティール・パートナーズ・ジャパン・ストラテジック・ファンド（以下，スティール・パートナーズ）は2003年12月に両者に対してTOBをかけ敵対的買収に乗り出した．これに対してユシロ化学工業のとった対抗策は，株主配当を前年度の14倍の200円に増大させ，現在の株主に株式を保有する魅力を高めさせ，TOBに応じさせないようにするものである．その後もユシロ化学工業はむこう3年間の利益をほぼすべて配当にあてる方針を発表したため，株価が上昇し，スティール・パートナーズのTOB価格を上回ったため，この敵対的買収は成功しなか

った．

　一方，ソトーの防衛策はソトーの経営陣による企業買収（MBO）であった．スティール・パートナーズのTOB（買い付け価格1,150円）に対抗して経営陣がスティール・パートナーズより1株100円高い買い付け価格でTOBをかけるというものである．スティール・パートナーズは買い付け価格を1,400円に引き上げ，買収合戦となり市場価格が急騰した．さらにソトーは年間配当を前期の12円から200円に増配することを公表したため，株価は一層高騰しTOB価格を大幅に上回り，TOBに応じる株主はほとんどいなくなった．その結果，スティール・パートナーズの敵対的買収も失敗に終わった．しかし，この2つの事例では，両社が買収防衛策として配当を大幅に引き上げたことから，内部留保を株主に還元すべきであるというスティール・パートナーズの本来の目的はほぼ完全に達成されたということができる．

　従来，日本の法人株主はいわゆる安定株主がほとんどであり，敵対的企業買収を回避するための株主安定化政策の下で，法人株主は高い持株比率を維持してきた．それゆえ法人株主は投資先企業が敵対的買収を仕かけられたとしても，投資先企業の株式を売却することはなかった．しかし2005年2月のライブドアによるニッポン放送の敵対的企業買収においては，このような安定株主としての法人株主の行動に大きな変化が現れ始めた．買収合戦において法人株主が高い買取り価格を提示している敵対的な買収提案者に株式を売却せず，低い買取り価格を提示した友好的な買収提案者に株式を売却することは，法人株主自身の株主に対して損失を与えることになり，法人株主の経営者が株主代表訴訟を提起されることになりかねない，と法人株主の経営者が考えるようになった．

　2005年1月17日，フジテレビは日本テレビを子会社にしてフジサンケイグループの複雑な資本関係を整理する目的で，日本放送の50%以上の取得を目標にTOBを実施した．ライブドアはこの友好的企業買収の間に突然割り込み，2月8日ニッポン放送の株式35%を東京証券取引所の立会外取引で取得

した．その後ライブドアはさらに市場でのニッポン放送株買収をすすめた．フジテレビのTOBの買い付け期限の3月7日の時点でフジテレビのニッポン放送株取得率は36.47％となりTOBは成立した（フジテレビは途中で買収目標を50％から25％に引き下げた）．他方，ライブドアがこの日までに市場を通して取得したニッポン放送株式は42.23％に達した．

この買収戦で注目されたのはニッポン放送株を所有する法人株主がフジテレビのTOBに応じ，敵対的買収を阻止するための安定株主としての役割を果たしたかどうかである．とくに問題となったのは，フジテレビが提示したTOBの買い付け価格は1株5,950円で，TOB締切日である3月7日の市場価格（6,600円）を下回っていたことである．法人株主がフジテレビのTOBに応じれば，市場価格を下回る価格で株式を売却したことになり，法人自身の株主に損害を与えたことになり，法人の経営者が株主代表訴訟で訴えられる危険が生じる．

フジテレビとの取引関係を重視する東京電力，関西電力，講談社，電通などの法人株主はTOBに応じる一方，第一生命保険，日本生命保険，野村ホールディングスなどはTOBに応じるかどうか態度を明らかにせず（3月5日時点），日立製作所は市場売却，トヨタ自動車は中立の立場から株式を保有し続けることを表明した．このように法人株主は，従来の安定株主としての役割を重視する立場から，自社の株主に対する責任をより強く意識するように変化してきており，これまでの日本的な企業間関係に大きな変化がおこった．

第4節　監査法人と規制機関

2001年12月のエンロン倒産以後の一連の企業破綻において，米国の企業と会計監査法人の癒着の問題が批判されることになった．米国は2002年7月に企業改革法を制定し，監査法人の監査部門とコンサルティング部門を切り離すことや，監査法人に対する独立の監視機関を新設するなどの方法によって，監査法人が企業経営者と癒着を深め，粉飾決算を見逃したり，あるいはこれに積

極的に関与したりすることを防止するための施策を打ち出した．日本においても同様の事件が以前から続発していたが，山一証券，そごう，ヤオハンジャパン，長銀，日債銀など，粉飾決算をめぐって監査法人が損害賠償を求めて提訴される例も少なくない状況になってきている．また日本住宅金融をめぐる粉飾決算では，提訴された朝日監査法人がはじめて株主との和解に応じた．このように監査法人の甘い監査が日本においても厳しく糾弾されるようになってきた現実を背景に，監査法人と企業の関係あるいは監査法人に対する金融庁の監督にもやや緊張感が見られるようになってきた．

　監査法人が監査報告書に特記事項をつける企業の数は，2000年3月期は30社，2000年9月期62社，2001年3月期60社，2001年9月期100社，2002年3月期105社，というようにしだいに増加している．また，2003年3月期からは企業の継続性（ゴーイングコンサーン）規定が導入され，破綻リスク情報の開示が義務づけられることになったため，監査法人と企業との関係は一層緊張感のあるものへと変ってきた．2004年3月期決算短信で，企業の存続にかかわるリスクを抱えていることを意味する，ゴーイングコンサーンを記載された会社は30社にのぼった．企業と監査法人との間の意見対立や，監査リスクの上昇を理由に監査法人が企業との監査契約を解除する例も多くなっており，契約期間中に監査法人が交代した直後に企業が倒産するといったケースも出ている．さらに，日本公認会計士協会は監査法人に対する調査を実施し，調査対象となった109監査法人（全体の約3割）のうち99法人（調査対象の9割）に改善勧告を出した．

　公認会計士制度に対する国際的な信任を確保するために，2002年12月に金融審議会公認会計士制度部会において，「公認会計士制度の充実・強化」と題する報告書がまとめられた[15]．この報告書は，① 公認会計士の使命・職責の明確化，② 公認会計士等の独立性の確保，③ 監査法人等に対する監視・監督の機能の充実・強化，④ 公認会計士制度の見直し等を内容とするもので，この報告書に基づき，2003年6月に公認会計士法が改正された（2004年4月より施

行).この「公認会計士法の一部を改正する法律」(以下,改正公認会計士法)により,これまでの公認会計士審査会を改組・拡充する形で2004年4月に公認会計士・監査審査会が金融庁の中に設置された.同審査会は会長と9人の委員から構成され,これまで公認会計士審査会が行ってきた,① 公認会計士等に対する懲戒処分や監査法人に対する処分の調査審議,および② 公認会計士試験の実施の他に,新たに③ 日本公認会計士協会による「品質管理レビュー」のモニタリングをも行うことになった.「品質管理レビュー」とは,日本公認会計士協会が,公認会計士や監査法人が行う監査の品質管理状況をレビューする制度である.公認会計士・監査審査会は日本公認会計士協会に対して「品質管理レビュー」をモニタリングするほか,監査事務所や被監査会社もモニタリングの対象としている.具体的には,内部管理体制に問題がある場合には,監査法人だけでなく監査を受けている会社に対しても公認会計士・監査審査会が立入り検査を実施する方針を打ち出している.公認会計士・監査審査会は「品質管理レビュー」が機能しているかどうかを点検することによって監査法人を間接的に監視することになる.

　アメリカでは2002年の企業改革法により,上場企業会計監視委員会(PCAOB)が新設され,監査法人の監督を担うことになった.従来は監査法人に対する監督は,監査法人どうしが相互に行うピュアレビューといわれる方式で行われてきたが,監査法人から独立したPCAOBに監督機能を移すことになったのである.公認会計士・監査審査会のモニタリングはアメリカでのこうした流れにならい,日本公認会計士協会の「品質管理レビュー」を日本公認会計士協会から独立した機関がチェックしようとするものである.改正公認会計士法に基づき,不正をはたらいた公認会計士および監査法人に対する処分も強化された.金融庁は2004年8月26日付で「公認会計士・監査法人に対する懲戒処分等の考え方(案)」(以下:指針案)を公表した.[16] 従来の公認会計士法では,虚偽証明,法令違反などの場合の業務停止期間は最長1年間であったが,改正公認会計士法では業務停止期間の上限を2年に引き上げ,この指針案では

不正行為への処分内容を詳細に列挙し，「懲戒処分等の強化を図る」姿勢を明確に打ち出している．

　公認会計士・監査審査会は2005年2月8日，日本公認会計士協会が実施している「品質管理レビュー」に対するモニタリングの結果をはじめて，「品質管理レビューの一層の機能向上に向けて―日本公認会計士協会による品質管理レビューの実態把握および提言―」と題する報告書で公表した[17]．この報告書は1999年から2003年までの5年間の「品質管理レビュー」を分析したものであり，日本公認会計士協会による会計士に対する不正チェックが不十分であるとして，多くの改善すべき項目を指摘している．特に同一監査法人に対し同じ項目の改善勧告が改善状況不十分として再度指摘されていることは日本公認会計士協会のフォローアップの取り組みが不十分であると指摘している[18]．また，この報告書は「法令違反もしくは会計監査規範の準拠性違反」を行った監査事務所および「レビュー拒否の監査事務所や改善勧告に対する改善措置について改善策を講じようとしない監査事務所」に対して，その内容を公表して厳正に対処するよう，日本公認会計士協会に求めている．

　2004年12月に施行された改正証券取引法では，企業が重要な情報を開示しなかったために株主に損失を与えた場合には，株主が損害賠償を起こしやすくなった．これに先立って金融庁は2004年3月期の有価証券報告書から経営上のリスク情報の開示を義務づけた．その結果，事故や事件にかかわった企業などのリスク情報が開示されることになった．

　次に，わが国の証券取引所が企業統治改善に対してどのように取り組んできたかについて検討することにしよう．ニューヨーク証券取引所は1970年代から社外取締役の選任や監査委員会の設置を上場規則の中に盛り込んできた．また，ロンドン証券取引所はキャドバリー委員会報告書など3つの報告書を統合した統合規範を上場規則に採用し，企業情報の広範な開示を求めている．このように海外の証券取引所が企業統治の改善に関して急速に整備を進めているのに対し，東京証券取引所のそれはきわめて遅れたものとなっている．東京証券

取引所は 2004 年 3 月「上場会社コーポレート・ガバナンス原則」を制定した.しかし,それはこの原則が冒頭で述べているように「コーポレート・ガバナンスに関する特定の施策やその集合体としての特定のモデルを,最良のものまたは最低限のものとして示そうとするもの」ではなく,関係者に対して「共通する認識の基盤を提供すること」を目的としている[19].このように東京証券取引所の企業統治に関する規制は海外の証券取引所の規制とは大きく異なるものである.

また,2004 年 8 月に発覚した西武鉄道の有価証券報告書への虚偽記載事件では,同社の上位 10 大株主の所有比率について 40 年以上にわたって虚偽の記載がされていたことが明らかになった.この事件を受けて金融庁は 2004 年 11 月有価証券報告書を提出しているすべての企業に有価証券報告書の点検を指示したところ,589 社（全体の 13%）が報告書を訂正する結果となった.この事態を重視した金融庁は有価証券報告書への虚偽記載に対して課徴金を課するように証券取引法を改正する方針を打ち出した.西武鉄道は 10 大株主への所有の集中が 80% を超えていたことが発覚し上場廃止となったが,東京証券取引所が同社の上場廃止基準への抵触を長年にわたり見逃してきたことや,589 社もの多くの企業の有価証券報告書の誤りを放置してきたことはきわめて重大な問題であろう.証券取引所自らが市場の信頼を損なう行動をとってきたことになる.この事件の後,東京証券取引所は上場企業に有価証券報告書が正確であることを誓約する義務を負わせ,誓約できない場合には上場廃止とする新たなルールを設けることになった.すなわち上場企業は「有価証券報告書等の記載内容の適正性に関する確認」を提出しなければならず,確認書を提出したにもかかわらず虚偽の記載が認められた場合にも上場廃止基準の対象にすることになった[20].

これまで株主総会の開催通知が株主に発送されてから株主総会までの期間が短く,多くの企業に投資する機関投資家が個々の企業の総会議案を精査することが困難であるとの不満が挙げられていた.特に海外の機関投資家は郵送に時

間がかかるため議決権行使すら難しいケースもあった.年金資金運用基金や厚生年金基金連合会などの機関投資家はこうした状況を改善するよう東京証券取引所に要求してきたが,2004年7月,機関投資家向け議決権行使サービス運営会社,インベスター・コミュニケーション・ジャパン(ICJ)が設立された.ICJは東京証券取引所,日本証券業協会,アメリカのシステム会社オートマチック・データ・プロセシングが共同出資する会社で,ICJのシステム上に企業の総会議案を開示し,内外の機関投資家がそれを閲覧して議決権を行使する仕組みを構築する.このシステムへの参加を決定している企業は全上場企業の7%程度と少ないものの,システムが稼動(2006年3月予定)すれば,機関投資家の議決権行使に資するところがきわめて大きい.

(佐久間信夫)

注)
1) 全国証券取引所「平成16年度株式分布状況調査の調査結果について」東京証券取引所ホームページ. http://www.tse.or.jp/ 2005年6月16日.
2) 『日本経済新聞』2002年6月26日.
3) 「2001年11月にABB社を退社したバーネビック会長は約110億にのぼる退職金の金額を自分で決めていた疑惑が浮上し,背任容疑で当局の捜査を受けた.また,リンダーネル社長についても同様の疑惑がもち上がった.この事件をきっかけに,ABBの本社のあるスウェーデンやスイスで大企業の役員報酬が社会的問題に発展し,スイス国会でも取り上げられることになった.」『日本経済新聞』2002年6月22日.
4) 「経営者報酬の指針 要旨」日本取締役協会ホームページ. http://www.jacd.jp/report/050214_02report.pdf, 2005年2月16日.
5) 『日本経済新聞』2002年7月6日.『日本経済新聞』2004年7月2日.
6) 「議決権行使に関する基本方針」野村アセットマネジメントホームページ. http://www.nomura-am.co.jp/company/vote/index.html
7) 『日本経済新聞』2002年5月15日.
8) 『日経ビジネス』2002年7月15日号,29ページ.
9) 年金資金運用基金ホームページ. http://www.gpit.go.jp/unyou/housin.pdf,「管理運用方針」2002年3月28日,6〜7ページ.管理運用方針は2004年3月に改正されたが,議決権行使の基準については変わっていない.
10) 日本証券投資顧問業協会による議決権行使のインフラ整備.日本証券投資顧

問業協会ホームページ．
   http://jsiaa.mediagalaxy.ne.jp/osiease/pdf/giketsuken170214.pdf
   http://jsiaa.mediagalaxy.ne.jp/osiease/pdf/giketsuNEWS.pdf
11)「地方公務員共済組合連合会ガバナンス原則」地方公務員共済組合連合会ホームページ．http://www.chikyoren.go.jp/frame_layout/frame11.htm/
   http://www.chikyoren.go.jp/pdf/main3_1_5.pdf.
12)『日本経済新聞』2004年10月6日．
13)『株主総会白書2004年版』商事法務研究会，2004年11月，13ページ．
14)『日本経済新聞』2002年5月24日．
15) 以下は，次の資料によっている．公認会計士・監査審査会ホームページ．
   http://www.fsa.go.jp/cpaaob/about.pdf.
16)「公認会計士・監査法人に対する懲戒処分等の考え方について（案）」金融庁ホームページ．
   http://www.fsa.go.jp/news/newsj/16/sonota/f-20040826-2/01.pdf
17) 公認会計士・監査審査会「品質管理レビューの機能向上に向けて―日本公認会計士協会による品質管理レビューの実態把握および提言―」公認会計士・監査審査会ホームページ．http://ww.fsa.go.jp/capaob/shinsakai/gijyoushi/2005208.html.
18) 同上資料，45ページ．
19) 株式会社東京証券取引所「上場会社コーポレート・ガバナンス原則」3ページ．東京証券取引所ホームページ．http://www.tse.or.jp/listing/cg/principles/index.html.
20) 株式会社東京証券取引所「会社情報等に関する信頼性向上のための上場制度の見直しについて」東京証券取引所ホームページ．
   http://www.tse.or.jp/guide/interview/041116s.pdf，2004nenn11月16日．
21)『日本経済新聞』2005年2月18日，2005年3月15日．

第2章　内部統制システムとコーポレート・ガバナンス

はじめに

　近年，わが国の株式市場への信認を揺るがす上場企業のディスクロージャーをめぐる不祥事が多発したことを契機として，企業の内部統制の制度化をめぐる議論が急速に進展している．

　有価証券報告書の虚偽記載あるいは粉飾決算はいずれも違法行為であり，市場型ガバナンス・メカニズムの実効性を損なうものとして，経営者の責任が厳しく追及される必要がある．確かに金融ビッグバン以後，わが国企業のコーポレート・ガバナンスは徐々に改善されてきたとの楽観的な捉え方も一方にある．だが，近時の食品表示の偽装やリコール隠し等の事例において，企業価値を毀損するリスクを事前に認識し，組織的に対応し得なかった企業のリスク管理の不備やコンプライアンス体制に係る欠落があったことは，大きな問題として認めなければならない．

　また，いくつかの事例においては，ディスクロージャーの信頼性確保をめぐる問題が企業の存続を左右しかねないことも明らかにされており，議論の焦点は開示すべき情報の水準や質にとどまらず，さらに本来企業の自治に委ねられてきた組織内の情報フローのあり方へと展開しているといえるであろう[1]．アメリカにおけるいわゆる「会計不信」問題と企業改革法の制定に至る動向をふまえて，わが国においても開示情報の創出プロセスの信頼性確保に関連した内部統制のあり方と法規制の強化が重要な課題となってきた（近年におけるわが国の内部統制と開示情報の信頼性確保をめぐる論議および制度的対応の経緯については，図表2－1を参照されたい）．

　これまでのコーポレート・ガバナンスをめぐる論議を振り返ってみると，どちらかといえば株主総会，取締役会の監視・監督機能等を中心とする会社機関のあり方に議論が傾斜し，他方で財務報告の信頼性に係る会計監査論等の一部

の議論を除けば，企業の内部統制システムをめぐる議論は会計あるいは監査の問題と受け止められて，ガバナンス問題として必ずしも明示的に位置づけられなかった．しかも，わが国においては実務上も内部統制の意味内容について共通の理解があったとは言い難い[2]．終身雇用制に大きな揺らぎが生じる社会経済環境にあって，従前の日本型経営の下での経営者と従業員との関係も大きく変化しており，適切な内部統制システムを整備することはコーポレート・ガバナンスの実効性を確保するうえで重要な課題となっている[3]．

以下，本章では，わが国企業の内部統制システムの整備をめぐる近年の制度的な動向に注目しながら議論を展開する．第1に，現行法（2002年改正商法等）上の内部統制システムに係る規定および新会社法における内部統制システムの設置義務について説明する．第2に，内部統制の基本モデルとしてグローバル・スタンダードとみなされる米国のトレッドウェイ委員会組織委員会報告書『内部統制―統合的枠組み―[4]』（以下，COSO という）を概観したうえで，ディ

図表2―1　わが国の内部統制と開示情報の信頼性をめぐる動向

2002年1月	金融庁企業会計審議会「監査基準」の改訂
2002年4月	経済産業省「企業経営と財務報告に関する研究会報告書」の公表
2002年12月	金融審議会第一部会「証券市場の改革促進」の公表
2003年6月	経済産業省「リスク新時代の内部統制―リスクマネジメントと一体となって機能する内部統制の指針―」の公表
2004年2月	日本監査役協会監査法規委員会「監査役監査基準」の改訂
2004年11月	金融庁「ディスクロージャー制度の信頼性確保に向けた対応」の公表
2004年11月	東京証券取引所「会社情報等に対する信頼向上のための上場制度の見直しについて」の公表
2004年11月	日本公認会計士協会「開示情報の信頼性の確保について」の会長通知
2004年12月	自由民主党「最近の資本市場，コーポレート・ガバナンスの諸問題に関する中間論点整理」の公表
2004年12月	日本公認会計士協会「ディスクロージャー制度の信頼性確保に向けた品質管理レビュー等の対応」の公表
2004年12月	金融庁「ディスクロージャー制度の信頼性確保に向けた対応（第二弾）」の公表
2004年12月	東京証券取引所　有価証券上場規定等の改正
2005年1月	企業会計審議会内部統制部会の設置

スクロージャーの信頼性確保のための今般の新たな開示規制が企業の内部統制の改善を半ば強制的に促し，企業におけるその整備状況に変化をもたらしている側面とその理由について検討したい．

第1節　内部統制の監視体制と整備義務

　コーポレート・ガバナンスのあり方が企業の国際競争力ひいてはわが国経済を大きく左右するとの認識が高まるなかで，2002年の商法改正は，新たなガバナンス・システムとして，業務執行と監督とを明確に分離した委員会等設置会社の制度を導入した．アメリカ型ともいわれるこの委員会等設置会社を選択した場合には，従来の監査役（会）に代替して監査委員会が設置される．取締役会は，以下のように監査委員会の当該職務の遂行に必要なものとして法務省令で定める事項，すなわち内部統制システムに係る事項を決定しなければならない（商法特例法21条の7第1項2号，商法施行規則193条）[5]．監査委員会は，その構成員の過半数が社外取締役であり，常勤者を置くことが義務づけられていないため，内部統制システムを活用して取締役および執行役の広範かつ複雑な職務執行に係る監査を実施する．
① 監査委員会の職務を補助すべき使用人に関する事項
② 監査委員会の職務を補助すべき使用人の執行役からの独立性の確保に関する事項
③ 執行役および使用人が監査委員会に報告すべき事項その他の監査委員会に対する報告に関する事項
④ 執行役の職務の執行に係る情報の保存および管理に関する事項
⑤ 損失の危険の管理に関する規定その他の体制に関する事項
⑥ 執行役の職務の執行が法令および定款に適合し，かつ効率的に行われることを確保するための体制に関するその他の事項

　このように委員会等設置会社においては監査委員会による監査の実効性を確保するために，取締役会が内部統制システムを構築する義務を負うことが明確

化された．当該規定は，特に商法上の内部統制システムの要諦として一般に理解されているリスク管理体制およびコンプライアンス体制の構築を明示すると同時に，経営者が効率的な事業運営を達成すべきこともその監査プロセスに網羅するものである．

従前の監査役設置会社においても内部統制システムの構築自体は取締役会の決議事項であるが，現行法においては内部統制に係る明文規定は存在しない．しかしながら，企業法制において内部統制の整備義務が明確に位置づけられる契機となった重要な裁判例として，2000年9月の大和銀行の巨額損失事件（判決），および2002年4月の神戸製鋼所の利益供与事件（所見）があり，取締役に対して違法行為を防止しうる適切な内部統制システム（リスク管理体制）を「整備」する義務があると認めたことは広く知られている[6]．

この点について，2004年2月に公表された改訂監査役監査基準において，監査役は，取締役が次の諸事項を含む内部統制システムを監査役の規模および事業内容に照らして適切に構築し運用しているかを監視し，検証しなければならないとしている（15条）．

① 取締役および使用人の職務執行が法令または定款等に違反しないための法令等遵守体制
② 会社の重大な損失の発生を未然に防止するためのリスク管理体制
③ 財務情報その他の企業情報を適正かつ適時に開示するための体制

従前の監査役設置会社においても内部統制システムに係る監査が監査役監査の重要な部面であることは間違いないが，「監査役が最高経営責任者（CEO）の指揮下にある内部統制組織を直接に指図することは，監査役が業務執行行為を行うことを意味するので法律上禁じられている[7]」と解釈する見解もある．

一方，委員会等設置会社においては，CEOたる執行役の指揮下にある内部統制システムを直接活用して，執行役等の職務の執行に係る健全性と効率性の監査を実施する場合が多いとされる．委員会等設置会社においては，内部統制システムを利用するプロセスで発見した欠陥については，これを取締役会に指

摘し，当該システムの修正を取締役会決議として求めることになる．また，内部統制に関する修正が否決された場合，かかる取締役会の決議内容が相当でないと認めたときには，監査報告書にその旨およびその理由を記載しうる（商法特例法 21 条の 29 第 2 項 2 号）．監査役が内部統制システムの欠陥に対して行使しうる影響力はいわば間接的であることから，監査委員会の方が明らかに強い権限を有するものと解される．監査役設置会社においては，CEO 指揮下の内部統制組織と監査役の関係が必ずしも明確ではないことが指摘されている[8]．

　このような内在的な問題に加えて，いわば従来型会社に内部統制システムの構築義務が明文化されていないことは，現行法の下では外観上，委員会等設置会社と従来型会社との間で差異があると認識されかねないであろう[9]．

　2004 年 12 月に法務省が公表した「会社法制の現代化に関する要綱案」によれば，内部統制システムの構築に関する決定・開示として，① 内部統制システムの構築の基本方針については，取締役会が設置された株式会社においては取締役会の専決事項とし，当該決議の概要を営業報告書の記載事項とするものとする，② 大会社については，内部統制システムの構築に係る基本方針の決定を義務付けるものとする（第三・3・(5)），の各事項が提案されている．すなわち，新会社法においては，取締役会設置会社のような比較的大規模な会社に対して内部統制システムの設置を明文をもって義務づけるものと解しうる．ただし，内部統制システムの具体的な内容はその責任を負う取締役会の専決事項となる．また，その規定は内部統制システムの構築に係る方針を決議することを求める点で，内部統制システムの構築については間接的規制の形態が採用されている．

　内部統制の具体的な内容や手続きについては多様性があることが予想され，新会社法は内部統制の基本的な枠組みを構成し，仔細な内容まで法的に規定するものではないと考えられる．したがって，内部統制に関する共通の理解を形成するとともに，わが国企業に適合しうる実務指針等の策定は今後の大きな課題となるであろう．その意味で今般の企業会計審議会の内部統制部会（部会

長：八田進二青山学院大学大学院教授）における財務報告に係る内部統制の有効性に関する評価規準等の議論の進展が大いに注目されるところである．

その際，内部統制のグローバル・スタンダードとみなされるCOSOのモデルが議論の出発点になるものと考えられるので，以下では内部統制の基礎的枠組みとしてCOSOモデルについて概説する．

第2節　COSOモデルにおける内部統制概念とガバナンス問題

COSOは，内部統制を以下のように定義している．

「内部統制は，以下の範疇に分けられる目的の達成に関して合理的な保証を提供することを意図した，事業体の取締役会，経営者およびその他の構成員によって遂行されるひとつのプロセスである．
- 業務の有効性と効率性
- 財務報告の信頼性
- 関連法規の遵守」

すなわち，内部統制はプロセスであり，事業体の目的の達成に適合しうる経営管理プロセスに組み込まれる仕組みとして捉える新しい考え方を採用したのがCOSOである．

COSOにおいては，経営目的を達成するために，内部統制を連続的な活動の部分として統合的に組み込まれるべきものとして，図表2－2に示されるように，統制環境，リスク評価，統制活動，情報と伝達および監視活動の5つの要素によって内部統制システムが構成される（内部統制の目的と構成要素の関係については図表2－3を参照されたい）．

最高経営責任者（CEO）は，内部統制システムの所有者としてみなされ，その最終的な責任者となる．CEOは取締役会に対してアカウンタビリティを履行すべき者であり，その上部構造であるコーポレート・ガバナンスの主体たる取締役会は，内部統制システムの実効性について監視機能を果たす．その意味で，取締役会は経営者に対する監視活動を通じて内部統制に関与するものと位

第2章 内部統制システムとコーポレート・ガバナンス 31

図表2—2 COSOにおける内部統制の構成要素

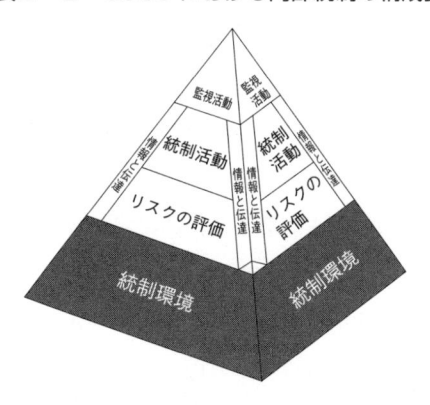

```
        監視活動
     統制活動
  情報と伝達
 リスクの評価
   統制環境
```

統制環境は，人々が自己の活動を実施し，自己の統制責任を遂行する環境を提供するものである．それは，内部統制の他の構成要素の基礎として機能するものである．統制環境の中で，経営者は，特定の統制目的の達成に伴う**リスク**を**評価する**．**統制活動**は，かかるリスクへの対応を求めた経営者の命令が実行されていることを保証するために実施される．一方，目的適合的な**情報**が捕捉され，組織全体を通じて**伝達**される．以上のプロセスは**監視**され，状況に応じて変更される．
出所）鳥羽至英・八田進二・高田敏文共訳『トレッドウェイ委員会組織委員会　内部統制の統合的枠組み—理論篇』白桃書房，1996年，25ページ．

図表2—3 COSOにおける内部統制の目的と構成要素の関係

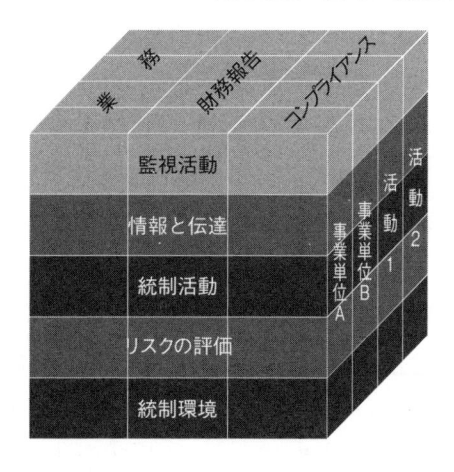

```
       業務  財務報告  コンプライアンス
  監視活動
  情報と伝達
  統制活動            事業単位A／事業単位B／活動1／活動2
  リスクの評価
  統制環境
```

出所）鳥羽至英・八田進二・高田敏文共訳『トレッドウェイ委員会組織委員会　内部統制の統合的枠組み—理論篇』白桃書房，1996年，27ページ．

置づけられ，かかる意味においてコーポレート・ガバナンスと内部統制が関連づけられる[10]．

　コーポレート・ガバナンス問題はCOSOの構成要素において統制環境に包括される．すなわち，COSOは，統制環境を「事業体に属する人々の誠実性・倫理的価値・能力，経営者の哲学・行動様式，権限と責任を従業員に割り当て，彼等を組織し，その能力を開発するために経営者が採用した方法，および取締役会が与えた注意と命令といった要因」[11]と定義する．統制環境は内部統制に関係する人々が自己の活動を実施し，その統制責任を遂行する環境であり，統制組織における人的要素を重視するものである．すなわち，内部統制の有効性はその機能に責任を負う人々に依存する．特に内部統制システムは経営者の下部構造であることから，経営者が内部統制を無視あるいは独走から生じ得る有効性の制約が絶えず生じうる．このような内部統制の有効性に制約をもたらす固有の限界を補完するために，統制環境の重要性が認識される必要があり，これに対応するためにCOSOはガバナンスの役割に期待するものである．

　COSOは，統制環境が内部統制の基礎にあり，また統制環境と社風は，企業の取締役会と監査委員会によって大きく影響を受けるものと認識して，統制環境の概念をもって下部構造としての内部統制をコーポレート・ガバナンスの全体構造に結合させるものであると解される．とりわけ，経営者の誠実性，倫理観と組織における高い水準の統制意識を決定的に重視し，取締役会または監査委員会と内部監査部門等の監視活動を内部統制に組み込むことによって，独立した立場からの評価あるいは日常的な監視活動との連携を図り，内部統制の継続的な評価を強化する．

　COSOは，従前の財務諸表監査を議論の前提とした内部会計統制から内部統制概念へ，また会計監査人の責任を明確にするために狭く限定されてきた旧来の思考から，マネジメント・コントロールを構成するプロセスとみなす概念へと内部統制を拡大するものである．

　現代の内部統制概念を示したCOSOモデルは，前述のように明示的にコー

ポレート・ガバナンス問題を統制環境に取り入れるものであり，いわば内部統制＝"インターナル・ガバナンス"のグローバル・スタンダードとして各国の実情に即して適用されている．もちろん，COSOも指摘するように，内部統制が果たす機能は事業体の目的の達成に対する絶対的な保証ではなく，あくまでも合理的な保証を提供するという意味で，万能薬ではない点には注意する必要がある．

わが国においては，2002年4月に経済産業省が公表した「企業経営と財務報告に関する研究会報告書」および2003年6月に同じく経済産業省が公表した「リスク新時代の内部統制—リスクマネジメントと一体となって機能する内部統制の指針—」がCOSOの考え方を踏襲するものである．

また，2002年1月に公表された改訂監査基準のなかで，COSOの定義に準じた内部統制概念が規定されている[12]．内部統制は，① 経営者の経営理念や基本的経営方針，取締役会や監査役の有する機能，社風や慣行などからなる統制環境，② 企業目的に影響を与えるすべての経営リスクを認識し，その性質を分類し，発生の頻度や影響を評価するリスク評価の機能，③ 権限や職責の付与および職務の分掌を含む諸種の統制活動，④ 必要な情報が関係する組織や責任者に，適宜，適切に伝えられることを確保する情報・伝達の機能，⑤ これらの機能の状況が常時監視され，評価され，是正されることを可能とする監視活動，という5つの要素から構成され，これらの諸要素が経営管理の仕組みに組み込まれて一体となって機能することで諸目的が達成されると説明される（『監査基準』前文「5．内部統制の概念について[13]」）．

このように内部統制を財務報告の制度として定義する点で，主として適法性の確保と効率性の確保を意味する前述のような法的概念としての内部統制とは必ずしも同一ではないが，その基本的な考え方には共通点も多い[14]．

近時における度重なる企業不祥事への制度的な対応として，わが国においても財務報告をめぐる内部統制の枠組みの再編成が喫緊の課題となっており，今後，内部統制の改善に関連した実質的な規制の強化が一層図られていくことは

十分に予想される．このことは，会社法制上の機構改革の側面からのみ捉えるよりも，とりわけわが国の上場企業にとって今後の大きな経営課題となるであろうディスクロージャー制度改革との関連で，開示規制を通じた内部統制問題の展開に焦点があてられるべきであろう．かかる状況において，わが国企業の内部統制の整備・改善とディスクロージャーが連動した先進的な事例も蓄積され始めている．

第3節　開示規制を通じた内部統制システムの整備・改善

(1) 有価証券報告書における開示規定と開示例

2002年12月に金融審議会が公表した報告書「証券市場の改革促進」を受けて，2003年3月31日付「企業内容等の開示に関する内閣府令等の一部を改正する内閣府令」(内閣府令第28号)により，2004年3月期から，有価証券報告書等において「コーポレート・ガバナンスの状況」の開示が求められることとなった．

内閣府令は，「記載上の注意」のみを規定し，詳細な実務指針を示すものではない．「記載上の注意」は，「コーポレート・ガバナンスの状況」を明確に定義していないが，以下の事項を記載内容として例示列挙している．有価証券報告書提出会社は，当該報告書の「第4　提出会社の状況」の「6　コーポレート・ガバナンスの状況」において，具体的かつわかりやすい記載が求められる[15]．

① 会社の機関の内容
② 内部統制システムの整備状況
③ リスク管理体制の整備の状況
④ 役員報酬の内容（社内取締役と社外取締役に区分した内容）
⑤ 監査報酬の内容（監査契約に基づく監査証明に係る報酬とそれ以外の報酬に区分した内容）

わが国においては，このようなガバナンス関連情報の公的開示（public

第2章　内部統制システムとコーポレート・ガバナンス　35

図表2－4　㈱東京エレクトロンのコーポレート・ガバナンス体制，内部統制システムおよびリスク管理体制の模式図

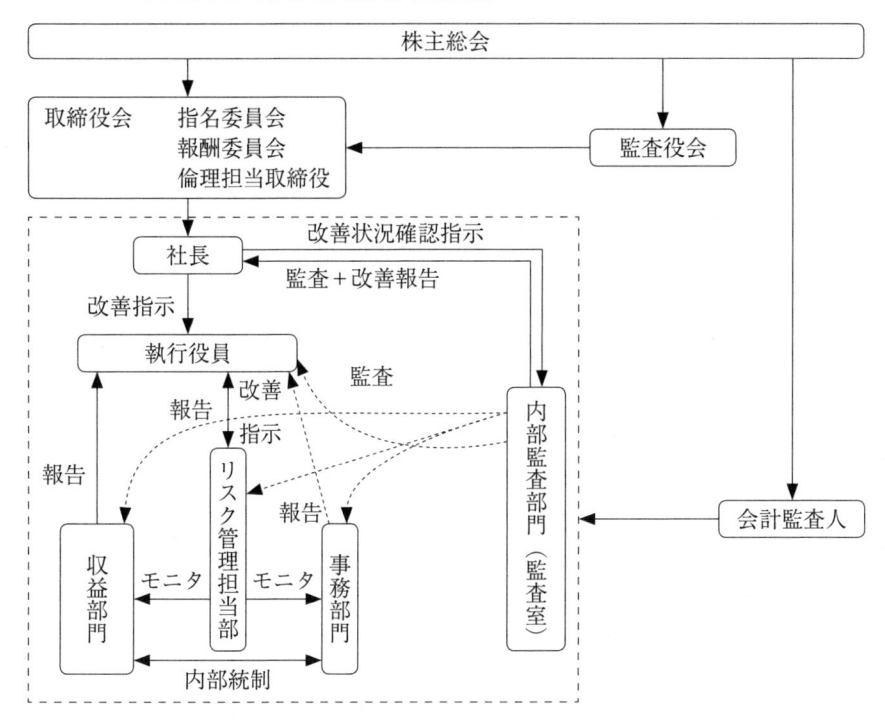

```
                        株主総会
         ┌──────────┬──────────────┐
    取締役会  指名委員会              監査役会
            報酬委員会 ←──────────
            倫理担当取締役
         ┌──────────────────────┐
         │   社長     改善状況確認指示   │
         │          監査＋改善報告     │
         │ 改善指示                   │
         │   執行役員                  │
         │  報告   改善              監査
         │         指示            内
         │         リ             部
         │ 報告    ス    報告      監
         │         ク             査
         │ 収     管            事  部
         │ 益     理            務  門
         │ 部     担     モニタ  部 （監
         │ 門  モニタ 当           門  査
         │         部                 室）
         │         内部統制           │
         └──────────────────────┘
                                    ↑
                                 会計監査人
```

付記）内部統制システムおよびリスク管理体制の整備の状況について，以下のように説明されている．
「当社は，高い水準での企業倫理を保持するとともに法律，国際的なルールを遵守して行動することを第一義と考えており，倫理担当取締役を任命するとともに倫理基準を制定し，企業倫理の徹底に取り組んでおります．
　また，内部統制システムおよびリスク管理体制の整備の重要性を再認識し，監査室にこうした観点に立った内部監査機能を充実させていくとともに，総務部内にビジネスリスク，オペレーションリスクなどの危機管理対策を遂行する部署を設置し，それぞれのリスクに対する必要な社内規程類の整備および教育・啓蒙活動などを実施しております．」

disclosure）の歴史は浅く，適時開示の一環として東京証券取引所が1999年から決算短信において各社のガバナンスの充実に向けた具体的な取り組み等の内容を「経営方針」欄に定性的情報として記載するよう求めたことを端緒とする[16]．

　現在では，適時開示規則が改正され，決算短信の添付資料として「コーポ―

ト・ガバナンスに関する基本的な考え方およびその施策の実施状況」を必ず記載すべきとされる．内部統制については，その仕組みについて模式図を示し，概要を説明することが求められる．この点について，多くの事例において，決算短信と有価証券報告書における該当事項の記載は実質的に重複している．

図表2―4は，東京証券取引所が主催する2004年度ディスクロージャー表彰制度において，コーポレート・ガバナンスの記載の充実等が評価されて表彰を受けた㈱東京エレクトロンの有価証券報告書の事例である．ここでは監査役設置会社たる同社のコーポレート・ガバナンス体制，内部統制システムおよびリスク管理体制の模式図と内部統制システムおよびリスク管理体制の整備の状況に係る記述を抜粋した．

(2) 宣誓書および確認書の義務化

有価証券報告書の虚偽記載の発覚に端を発したわが国企業の内部統制に実質的な影響を与えうる新たな動向として注目されるのが，東京証券取引所による「代表者による適時開示に係る宣誓書」および「有価証券報告書等の記載内容の適正性に関する確認書」の提出要請であろう．

東京証券取引所は，2004年11月に「会社情報等に対する信頼向上のための上場制度の見直しについて」を公表し，上場企業に対して適時適切なディスクロージャーに関する所定の様式による宣誓書と，適時開示に係る社内体制の状況を記載した書面を添付書類として提出することを求めた（これにより重大な虚偽記載については宣誓違反として上場廃止の対象となる．なお，図表2―5は㈱京セラの適時開示に係る宣誓書である）．

また，上場企業に対して，2005年3月期から，宣誓書とは別に「有価証券報告書等の記載内容の適正性に関する確認書」の提出が義務づけられることとなった．当該確認書においては，有価証券報告書などの提出者の代表者が，提出時点で，その内容に不実の記載がないと認識している旨およびそのような認識に至った理由を記載する．この場合，記載内容の適正性を裏づけるに十分な社内体制（業務執行体制，内部監査体制等）が整備されている場合はその体制

第2章　内部統制システムとコーポレート・ガバナンス　37

図表2－5　㈱京セラの適時開示に係る宣誓書

適時開示に係る宣誓書

平成17年2月23日

株式会社東京証券取引所
　代表取締役社長　鶴島　琢夫　殿

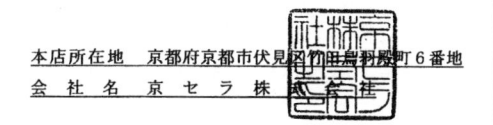

　　　　　　　　本店所在地　京都府京都市伏見区竹田鳥羽殿町6番地
　　　　　　　　会　社　名　京セラ株式会社

　　　　　　　　代表者の役職　取締役社長
　　　　　　　　氏　名　西口　泰夫

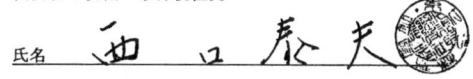

　京セラ株式会社は、投資者への適時適切な会社情報の開示が健全な証券市場の根幹をなすものであることを十分に認識するとともに、常に投資者の視点に立った迅速、正確かつ公平な会社情報の開示を適切に行えるよう添付書類に記載した社内体制の充実に努めるなど、投資者への会社情報の適時適切な提供について真摯な姿勢で臨むことを、ここに宣誓します。

を，そうでない場合には少なくとも現状の有価証券報告書等の作成プロセスを前提とした代表者自身の確認内容を記載することが規定されている．

　すでに2003年3月期から，内閣府令において有価証券報告書の記載内容の適正性に関する確認書の提出が任意の制度として導入されているが，そこでは以下のような具体的な記載項目が規定されている（「企業内容等開示ガイドライン」5-29-2）．

　① 有価証券報告書等の記載内容が適正であることを確認した旨
　② 当該確認を行った記載内容の範囲が限定されている場合にはその旨およ

びその理由
③ 当該確認を行うにあたり，財務諸表等が適正に作成されるシステムが機能していたかを確認した旨，およびその内容
④ 当該確認について特記すべき事項

　前述の東証における確認書は提出が強制されるが，必ずしも内部統制システムが十分に機能していることの確認まで要求するものではないと解される．これに対して，内閣府令における現在任意の確認書の提出には，上記③に明示されるように，財務報告に係る内部統制システムの構築がその前提として要求される．

　このような新たな開示要求は，アメリカの企業改革法第302条に基づく開示統制・手続きに関する認証（certification）および第404条に基づく経営者による財務報告に係る内部統制報告を参考にしたものである[17]．このことは，総じてディスクロージャーが企業のガバナンスに規律を与える側面として認識される必要があり，ディスクロージャーの対象が会計情報から行為自体に外延的に拡大していることを例証している．また，内部統制システムの構築に係る当該情報は，財務報告を包括したディスクロージャーの信頼性を保証する基本的な投資情報とみなされうるであろう．

　他方で，金融庁は2004年12月に公表された「ディスクロージャー制度の信頼性確保に向けた対応（第二弾）について」において，財務報告に係る内部統制の有効性に関する経営者による評価と公認会計士による監査の義務化をディスクロージャー制度の整備の一環として掲げた．これを受けて，企業会計審議会の内部統制部会は，現在，財務報告に係る内部統制の有効性に関する経営者および公認会計士等による評価ならびに検証の義務化と当該基準の設定について検討している．今後，内部統制システムの構築に係る基本方針の決定を義務づける新会社法の施行と併せて，わが国の上場企業の内部統制実務に大きな影響を及ぼすことが考えられる．

　今般の内部統制をめぐる議論は，内部統制の有効性に関する経営者および会

計監査人の評価・検証基準の設定が，内部統制に係る報告要求と連携することによって，企業の内部統制に枠組みを提供し，あるいは従前の枠組みを再構成して，株主その他の利害関係者に対する取締役会のアカウンタビリティと自己規制機能の強化を促進するものと意義づけられる．また，内部統制の適正性あるいは有効性に係る検証を通じて企業内部にある情報が株主その他の利害関係者に対して追加的に提供され，結果として企業に対する外部の監視・統制機能が強化されることにも繋がるであろう．

このことは，ディスクロージャーの範囲の拡充にとどまらず，上場企業のガバナンス・プロセスおよび組織構造のあり方にも踏み込んだ具体的な対応を求めるものである．たとえば，財務報告を対象とした内部統制よりも広いディスクロージャー領域に代表取締役社長の責任において組織的に対応するために，アメリカ証券取引委員会（SEC）の開示規制下にある企業が先行してディスクロージャー委員会を設置し始めたことは，今後のわが国の上場企業の考え方に影響を与えうる新たな展開といえるであろう[18]．

このように企業を取り巻く制度環境が大きく変化するなかで，形式的な後ろ向きの対応は避けられるべきであることは言うまでもない．すなわち，健全かつ競争力のある企業経営を維持する仕組みとして内部統制の構築の意義が広く理解される必要があり，今後わが国企業に適合した一般に認められた内部統制に係る評価・検証基準の設定と適切な運用が待望されるところである．

だが，その一方で，企業改革法の要求に対応するために内部統制システムの整備に多額のコスト負担を強いられたアメリカにおける先験的な多くの事例もあり，本来企業の自治の領域にある内部統制が規制を受けることに対する大きな抵抗や反発があることも忘れてはならない[19]．かかる社会的なコストと便益の比較考量はきわめて高度な政策的判断を要する重要な課題となるであろう．

（古庄　修）

注)
1) 以下を参照．今福愛志「財務報告をめぐる情報フローの再編成―ディスクロージャー委員会とコーポレート・ガバナンス問題―」『産業経理』第64巻第2号，2004年7月，4～11ページ．
2) たとえば，「座談会　内部統制の充実と開示制度，監査制度をめぐって」『JICPAジャーナル』第586号，2004年5月，13ページを参照．
3) たとえば，中央青山監査法人編『COSOフレームワークによる内部統制の構築』東洋経済新報社，2004年，69～73ページを参照．
4) COSO, *Internal Control ― Integrated Framework*, September 1992, May 1994．鳥羽至英・八田進二・高田敏文共訳『トレッドウェイ委員会組織委員会　内部統制の統合的枠組み―理論篇』および『トレッドウェイ委員会組織委員会　内部統制の統合的枠組み―ツール篇』白桃書房，1996年．
5) 法的概念としての内部統制システムの内容については，1999年公表の金融庁の金融検査マニュアルが参考にされたといわれる．なお，金融機関に対する監督行政においては，一般に内部管理またはリスク管理の用語が使用されている．しかし，その基礎はCOSOモデルである点で大きな相違はない．
6) 内部統制システムの「整備」という場合には，「構築」と「運用」を包括する．このような用語の意味については，2004年公表の改訂「監査役監査基準」および以下の解説を参照．武井一浩「監査役設置会社における新たな企業統治の方向性―改定「監査役監査基準」の解説―」『商事法務』第1705号，2004年8月，61～73ページ．

　　また，大和銀行の事例に関する詳細な分析については，町田祥弘『会計プロフェッションと内部統制』税務経理協会，2004年，251～266ページを参照．大和銀行における判決文では，「健全な会社経営を行うために，目的とする事業の種類，性質等に応じて生じるリスク―中略―の状況を正確に把握し，適切に制御するためのリスク管理体制を整備することを要する」とされた．また，神戸製鋼所の株主代表訴訟においても「内部統制システムの構築を行わないで放置してきた代表取締役が社内の違法行為について知らなかったという弁明だけでその責任を免れることができるのは相当ではない」との所見が示された．
7) 以下を参照．江頭憲治郎「日本の公開会社における取締役の義務―特に監督について―」『商事法務』第1693号，2004年3月，8ページ．酒巻俊雄監修『商法大改正とコーポレート・ガバナンスの再構築』法律文化社，2003年，161～164ページ．
8) 江頭憲治郎，前掲論文，8～9ページ．
9) 山本一範「内部統制システムの法的位置づけと問題点」『税経通信』2003年10月，198ページ．
10) 以下では，従業員が行う内部統制，経営者が行う内部統制および取締役会に

第2章　内部統制システムとコーポレート・ガバナンス　41

よる関与の三層の構造をもつメカニズムとして COSO モデルが理解されている．長吉眞一「内部統制の３層構造」『立正経営論集』第36巻第1号，2003年12月，111～144ページ．

11) 鳥羽至英・八田進二・髙田敏文共訳，前掲訳書，33ページ．

12) 改訂監査基準において，「内部統制とは，企業の財務報告の信頼性を確保し，事業経営の有効性と効率性を高め，かつ事業経営に関わる法規の遵守を促すことを目的として，企業内部に設けられ，運用される仕組み」と規定された．COSO の枠組みがそのまま導入されているが，その定義において目的の順位づけが異なっている．たとえば，以下を参照．八田進二・髙田敏文『逐条解説新監査基準を学ぶ〈増補版〉』同文舘出版，2003年，81～89ページ．

13) 改訂監査基準においては，財務諸表監査の基本モデルとしてリスク・アプローチが導入された．リスク・アプローチでは，「経営者によって設定され運用されている内部統制の有効性を的確に評価し，その程度に応じて監査手続の精度を調整するという考え方が採用されている……経営者の誠実性を無批判に前提とはせずに，経営者が自ら内部統制を無機能化したり，不正を犯したりする危険性を認識する．」蟹江　章「内部統制議論の変遷と課題」『企業会計』第57巻第3号，2005年3月，20ページ．

14) 岸田雅雄「新会社法における内部統制システム導入の意義」『企業会計』第57巻第5号，2005年5月，61ページ．

15) 望ましい開示のあり方について㈶財務会計基準機構が検討したものとして，2004年2月に『有価証券報告書における『事業等のリスク』等の開示に関する検討について（中間報告）』が公表されている．また，2005年3月期における開示実態については，以下を参照．㈶財務会計基準機構『有価証券報告書における「事業等のリスク」等の開示実態調査』2005年．

　　最近では，コーポレート・ガバナンスの状況あるいは内部統制システムやリスク・マネジメントに係る説明を企業の社会的責任（CSR）報告書において自発的に開示している事例を多く見るようになった．

16) ガバナンス関連情報開示の意義については，以下を参照．古庄　修「コーポレート・ガバナンス・ディスクロージャーの形成と枠組み」『紀要』（日本大学経済学部経済科学研究所），第28号，1999年9月，35～52ページ．なお，公的開示とは，公的チャネルを経由した強制的開示および自発的開示を意味する．

17) 以下を参照．今福愛志編著『企業統治の会計』東京経済情報出版，2003年．

18) ㈱京セラのディスクロージャー委員会については，以下を参照．青木昭一「米国企業改革法が日本企業にもたらしたもの」『企業会計』第56巻第8号，2004年8月，86～87ページ．京セラの場合，適時開示に係る社内体制の状況として，宣誓書の添付資料において①　基本姿勢，②　ディスクロージャー委員会の構成，③　当該委員会を中核とするディスクロージャーのプロセス，および④

内部監査制度と内部通報制度が図を用いて詳細に説明されており，さらに別紙としてディスクロージャー委員会に係る倫理規定が明示されている．きわめて優れた開示例であるといえる．
19) 東京証券取引所の確認書⇒内閣府令の確認書⇒日本版404条（内部統制報告の法制化）への展開が予想されるなかで，内部統制の制度化に対する企業経営者サイドの認識を要約したものとして，以下を参照．中島康晴「「適正性」ある確認書への対応」『旬刊経理情報』第1078号，2005年3月，35ページ．

【追記】

本稿脱稿後，企業会計審議会内部統制部会は，2005年7月13日に公開草案「財務報告に係る内部統制の評価及び監査の基準」を公表した．同日，経済産業省から「コーポレートガバナンス及びリスク管理・内部統制に関する開示・評価の枠組について―構築及び開示のための指針―（案）」が公表されている．他方，東京証券取引所は，宣誓書の事例分析と適時開示体制について検討を行い，「適時開示体制の整備の手引きと宣誓書の記載上の留意点」と題する報告書をまとめた．

また，2005年6月29日に新会社法が成立し，内部統制システムの構築の基本方針に関する取締役会の決定と営業報告書にその概要を記載することが，一律に義務づけられることとなった（会社法348条3項4号および4項，362条4項6号および5項）．

第3章　会社機関構造とコーポレート・ガバナンス

はじめに

　1990年代に入り，金融機関における損失補塡問題や暴力団との不明朗な取引，偽造債権などを担保とする巨額の融資，無担保での巨額債務の保証，総会屋に対する利益供与など大規模公開会社の不祥事は枚挙に暇がない．

　2003年1月，3人の死傷者を出した三菱ふそう自動車製の大型車の車輪脱落事故の件で，三菱ふそうは車の構造的欠陥が原因であるのを知りつつ，リコール（無料回収・修理）に発展することを恐れ，会社ぐるみで事故の原因を隠蔽した．しかし，この事件が2004年3月に立件され，調査が進む中，三菱ふそうとその親会社である三菱自動車が他にも膨大な量のリコール隠しをしていたことが発覚した．その結果，消費者の信頼を失い売上不振が深刻化し，三菱自動車は2004年7月に産業再生法（産業活力再生特別措置法）の適用認定を受け，再建に取り組んでいる．この件に関して開かれた臨時株主総会で，役員は「コーポレート・ガバナンス（企業統治）のあり方に反省すべき点があった」と謝罪した．[1]

　日本では90年代，経営者主導あるいは黙認の下で，会社ぐるみによる不祥事が続発した．それに伴いコーポレート・ガバナンスに関する関心が高まりをみせ，平成13（2001）年，14（2002）年に，コーポレート・ガバナンスに関する商法の大幅な改正が行われた．この商法改正は，商法改正前の日本の会社機関における最大の課題であった「意思決定および業務執行機関に対する取締役会および監査役会の監督機能が適切に機能していない（無機能化）」という問題を是正することが目的であった．

　日本の大規模公開会社において取締役会および監査役会の監督機能が無機能化した理由はいくつかの要因が考えられるが，その主な要因は，「業務執行の意思決定機関」であると同時に「業務執行の監督機関」である取締役会と「業

務執行機関」である代表取締役が，事実上，分離してなかったところにある．この2つの会社機関は法律上，形式的には分離しているが，多くの公開会社において代表取締役が取締役会を事実上，支配している．このことは意思決定および業務執行の健全性，妥当性を自らが監督することを意味する．従来の日本の会社機関では，監査役会がさらに取締役会を監督する機関として存在するが，監査役会もまた機能しておらず，結果として，多くの日本企業において取締役会および監査役会の監督機能が機能してこなかった．2つの監督機能が無機能化している状態にあっては，ひとたび経営者が暴走をはじめると誰もそれを阻止できないという潜在的な危険性を常に抱えることになる．

そのため，取締役会および監督機能の無機能化の是正は日本のコーポレート・ガバナンスの第一の課題とされてきた．

平成13, 14年の商法改正では，従来の統治形態が経営者に対する監督機能が十分に機能しないという問題認識の下，会社経営の健全性と効率性を同時に達成するコーポレート・ガバナンスの仕組みとして，2つの統治形態が提示され，会社の事情に応じて選択できるようにした．そのひとつは「監査役設置会社」であり，もうひとつは「委員会等設置会社」である．前者は従来の監査役制度を存続させた制度であり，後者は監査役制度を廃止し，新たに3つの委員会と執行役という機関を具備することを義務づけた制度である．本章では，株主総会，取締役会，監査役会，重要財産委員会，委員会等設置会社，社外取締役といった会社機関とコーポレート・ガバナンスのかかわりについて考察する．

第1節　株主総会の機能と権限の縮小と「モノ言う株主」の台頭

(1) 株主総会の機能

株主総会は，株主の総意により会社の意思を決定する株式会社の必須機関である．株主総会では，取締役，監査役の選任・解任についての決定，会社の組織変更や再編，解散などの会社の存立にかかわる基本的事項の決定を行う．

かつての株主総会，すなわち昭和25 (1950) 年の商法改正前までの株主総会は会社に関する一切の事項について決定する権限を有していた．しかしながら，株式分散が進展し無機能株主が増大することに伴い，意思決定の機動性の欠如といった問題が顕在化したため，日常業務に関する決定は取締役会および代表取締役に委ねられるよう商法改正が行われた．この後，たびたび商法改正が行われているが，基本的に株主総会の権限を縮小する傾向が継続している．現在においても株主総会は依然として公開会社の最高意思決定機関であるが，平成14年度の商法改正においても定款の変更や資本の減少，営業譲渡などといった特別決議事項の定足数が緩和されるなどの措置がなされており，この傾向は継続している．

また，日本の公開会社は所属する企業集団や系列会社，取引銀行などなんらかの利害関係を有する友好的会社と大量の株式の相互持合いを行い，相互に議決権を委任する傾向がある．「株主総会白書93年版」によると，基本的に会社経営者を支持する安定株主の比率が50％を超えている会社は81.7％であった．90年代，株式相互持合いは徐々に崩れたとされるが，2004年現在においてもその比率は62.2％におよぶ[2]．経営者は自らに好意的な株主を多数抱えることで，株主総会を都合のいいようにコントロールしてきた．

(2) **株主総会の実態**

日本の株主総会は，開催日時が集中している，開催時間が非常に短い，経営者を支持する白紙委任状が多い，などの特徴がみられ，最高意思決定機関として無機能化ないしは形骸化していると久しく指摘されてきた．このような傾向が定着した背景には威嚇的行為や執拗な質問を繰り返す総会屋対策にあった．しかしながら，これに伴い複数会社の株式を保有する個人株主も総会から排除され，発言の機会を奪われるという問題も生じ，90年代後半以降，その弊害が徐々に指摘されるようになった．さらに近年，権利意識の高い外国人投資家の台頭，国内機関投資家活動の積極化，一般投資家の権利意識の向上などと相俟って，これまで形骸化していると指摘されてきた株主総会の位置づけが変わ

りつつある．

　3月決算の上場会社の定時株主総会は一般に6月に開催される．2004年は全上場会社の約8割に相当する2,039社が6月に株主総会を行った．このうち開催日が同じ会社は1,323社であった．日本では株主総会の開催日が集中することが問題として指摘されてきたが，開催日については近年，分散化傾向にある．開催日時の集中度は1996年の94.2％を最高に徐々に低減しており，2004年は66.0％にまで減少している（図表3－1）．

図表3－1　株主総会開催日の集中度（6月開催会社対象）

年度	1996年	1997年	1998年	1999年	2000年	2001年	2002年	2003年	2004年
比率	94.2%	93.8%	91.4%	87.3%	83.3%	79.4%	77.1%	69.3%	66.0%

出所）商事法務研究会編『資料版／商事法務』商事法務研究会，各年より作成．

　株主総会の平均所要時間をみると，1996年の26分を底にして，2004年の43分と徐々に長時間化の傾向にある（図表3－2）．30分以内で終了した会社が減少傾向にある一方で，1時間以上の会社が増加傾向にある．図表3－3をみると，1時間以上の会社が漸増傾向にあることが理解できる．このような株主総会の長時間化の傾向は2000年以降，より顕著になっている．

図表3－2　株主総会の平均所要時間（全上場会社対象）

（単位：分）

年度	1994年	1995年	1996年	1997年	1998年	1999年	2000年	2001年	2002年	2003年	2004年
平均時間	30	28	26	29	32	33	36	39	41	43	43

出所）商事法務研究会編「株主総会白書2004年版」『旬刊商事法務』No.1715，2004年，11ページ．

図表3－3　株主総会で1時間を越えた会社数（全上場会社対象）

	年度	1994年	1995年	1996年	1997年	1998年	1999年	2000年	2001年	2002年	2003年	2004年
1時間以上	会社数	48	51	48	84	112	126	191	260	293	313	375
	比率	2.2%	2.3%	2.1%	3.6%	4.7%	5.2%	7.7%	10.3%	11.5%	12.4%	14.8%
2時間以上	会社数	33	23	16	21	29	28	40	44	51	65	62
	比率	1.5%	1.0%	0.7%	0.9%	1.2%	1.1%	1.6%	1.7%	2.0%	2.6%	2.4%

出所）商事法務研究会編「株主総会白書」『旬刊商事法務』各年より作成．

このような一般株主の動向に加えて，機関投資家や外国人投資家の活動も活発化しており，株主総会において株主に時間をかけて会社や議事について説明したり，質問に丁寧に対応したりする会社が増加し，株主総会の民主化ともいうべき動向が 2000 年前後から進展している（図表3－4）．一部の会社では株主総会を会社の PR の場ととらえ，積極的に活用する動きも生まれている[3]．

図表3－4　株主総会の民主化の動向

	1990年	1995年	2000年	2001年	2002年	2003年	2004年
個人株主による総会での発言を歓迎する会社数	—	—	1340社 69.3%	1468社 72.9%	1398社 71.0%	1419社 72.8%	—
株主総会でまったく質問がなかった会社数	1374社 87.7%	1620社 86.7%	1278社 66.0%	1231社 61.2%	1202社 61.0%	1085社 55.6%	1048社 54.5%
50人以上社員株主が出席した会社数	266社 17.0%	379社 20.3%	203社 10.5%	167社 8.3%	122社 6.2%	105社 5.4%	89社 4.6%
社員株主の出席を減らした会社数	—	—	455社 23.5%	528社 26.2%	477社 24.2%	433社 22.2%	377社 19.6%
株主提案権の行使数	5社	13社	14社	17社	14社	16社	20社
株主総会を IR の一環として考え実践している会社数	—	—	244社 12.6%	388社 19.3%	415社 21.1%	467社 23.9%	543社 28.2%
株主懇談会を開催している会社数	28社 1.1%	31社 1.7%	136社 7.0%	198社 9.8%	231社 11.7%	265社 13.6%	295社 15.3%
株主総会のビジュアル化を実施している会社数	—	—	318社 16.4%	530社 26.3%	643社 32.6%	787社 40.4%	931社 48.4%

出所）図表3－3に同じ．

第2節　取締役会

(1)　取締役会

取締役会は株主総会において選任された取締役の全員によって構成される会議体であり，会社の業務執行に関する意思決定を行うとともに代表取締役（および業務担当取締役）の業務執行を監督する機関である．商法では，取締役会自体は業務執行を行わず，取締役会が取締役の中から選任した代表取締役ならびに業務担当取締役が担当すると定めている．また，会社の業務執行に関する

意思決定の権限はすべて取締役会にあるが，すべての意思決定を取締役会自らが行うことは不可能である．それゆえ，代表取締役に日常業務の意思決定など意思決定の権限の一部を委任することができる．ただし，商法では会社の将来に関わる重要な事項は取締役会が決定しなければならず，代表取締役や業務担当取締役などの取締役に一任することが禁止されている[4]．そのような事項として商法第260条に，① 重要な財産の処分・譲受，② 多額の借財，③ 重要な使用人の選任・解任，④ 重要な組織の設置・変更・廃止，などが定められている．なお，取締役の任期は2年以内である．

以上に見られるように形式上，取締役会は「意思決定」と「業務執行の監督機関」を担当し，代表取締役は取締役会の下で「一部の意思決定」と「業務執行」を担当する．しかしながら，冒頭で論じたように取締役会は代表取締役社長が支配しており，両者はきちんと分離していない．これに伴いさまざまな問題が生ずる．佐久間によると，取締役会が抱える問題として，① 業務執行とそれに対する監督という2つの機能が分離していない，② 取締役会の中に序列が形成されている，③ 社外取締役がきわめて少ない，④ 取締役会の構成員数が多い，⑤ 取締役会の構成員の中に多くの部門管理者が含まれている，を指摘する[5]．これらの問題はいずれも独立した問題ではなく，複雑に関連し合っている．

これらの問題が派生する背景には，安定株主と議決権の相互委任をすることが戦後長期にわたって継続してきたことが挙げられる．

形式上，取締役会を構成する取締役は株主総会で選任され，取締役会が業務執行の責任者として代表取締役社長を選任し，それを監督する上位の会社機関に位置する．また，取締役の権限はそれぞれ平等である．しかしながら安定株主と議決権を相互委任することによって，法律上，株主に委ねられている取締役の選任権をあたかも業務執行上の人事権のように代表取締役社長が行使することが可能となり，代表取締役社長は自らの部下を取締役として登用することで取締役会において自らを頂点とする強力な権力構造を容易に形成することが

できた．

　代表取締役によって選任された取締役のほとんどは，その下で業務執行を担当する「業務担当取締役」として全般管理および部門管理にあたる．多角化した大規模公開会社では全般管理および部門管理の責任者が数多く必要となるため，業務担当取締役の人数が多くならざるを得ず，30名を超えることも珍しくなかった．このため，取締役の人数が多い会社では，取締役会を頻繁に開くことも，実のある討議をすることも困難となり，代表取締役と数名の取締役から構成される常務会，経営会議などと呼称される会議体が設置されることが多くなった（以下，これら会議体を常務会と総称する）[6]．そして実質的な討議および重要な意思決定はここでなされ，取締役会はその意思決定の承認の場となることが一般的となった．これに伴い，取締役会に序列が形成され，常務会が事実上の意思決定機関となり，取締役会の意思決定機能は形骸化するようになった．

　一方で，取締役会の業務執行の監督機能はさらに形骸化が進んだ．一般に人事権を行使することができる上位者を下位者が監督することは不可能である．上記のように代表取締役社長の下で業務執行を共に行う取締役は自らの選任権を代表取締役社長に掌握されることで，業務執行の監督機能を事実上，ほとんど果たすことができなかった．また，取締役のほぼ全員が業務担当取締役であるために，監督する立場にある取締役自らが自らを監督しなければならないという矛盾した状態にある．このため，取締役会の業務執行の監督機能は著しく形骸化し，経営者の不祥事などを頻発させることとなった．

(2) **執行役員制**

　1997年，ソニーは米国の会社機関に倣い，取締役会改革の一環として「執行役員制」を導入した．その導入目的は従来から取締役会の問題とされてきた会社の意思決定・監督の機能と業務執行の機能がはっきり分離していないという問題を是正することにあった[7]．ソニーは取締役の人数を38人から10人に削減し，取締役会には業務執行の意思決定とその監督に専念させる一方，取締役

会の決定する基本方針に従い，代表取締役の命令に服して業務執行に専念する執行役員という職位を設け，意思決定・監督と業務執行の機能の分離を図り，取締役会のスリム化と業務執行の強化を図ることを目指した．

執行役員制は法律上明文化された概念ではないが，一般に，執行役員とは「取締役会により選任され，代表取締役の指揮の下で業務執行を分担して行う責任者」を意味する[8]．その導入目的は会社によって微妙に異なるが，「取締役会における意思決定のスピードアップ」「取締役会の意思決定機能と代表取締役を中心とする業務執行機能の分離」「取締役会の機能強化」，「業務執行の機能の強化」「取締役数の削減」などが挙げられる[9]．執行役員制を導入する会社は着実に増加し，2001年に日本経済新聞社が東京証券取引所一部上場会社を対象に行ったアンケート調査によると，回答した上場会社740社のうち35.7％（264社）が執行役員制を導入している[10]．また，執行役員制の導入に伴い，多くの会社で取締役員数は減少している．2001年に行われた東京都弁護士会の調査によると，執行役員制の導入前には概ね20名前後であった取締役員数が導入後には10名程度に半減したという[11]．執行役員制を導入した多くの会社で取締役数の削減が進み，取締役会の活性化，意思決定の迅速化，業務執行の機能強化などの効果が確認されている[12]．

平成14年の商法改正後も，従来型の統治形態である「監査役設置会社」において執行役員制を導入する会社は増大している．2003年に日本監査役協会が行ったアンケート調査によると，回答した上場会社1,259社のうち，執行役員制を526社（41.8％）が導入し，取締役会のスリム化などを図っている[13]．また，2004年に同協会が行ったアンケート調査（回答企業数913社）においても委員会等設置会社に移行する予定がないと答えた上場会社813社（82.6％）のうち，執行役員制を導入することで企業統治改革を行うとする会社が400社（49.2％）にのぼっている[14]．このように従来型の企業統治形態である監査役設置会社において，執行と監督の分離を図り，取締役会の機能強化を図るなどの企業統治改革の手段として，執行役員制は重要視されている．

第3節　監査役会

　監査役は株主総会から委任を受けて，取締役会の職務執行を監督することが主な業務である．取締役会が業務執行に関する健全性・妥当性を監督するのに対して，監査役は業務執行に違法性がないかどうかについて監督する．したがって，両機関の権限は内容的に競合しないものと理解されている．

　監査役はいつでも取締役らに営業報告を求めたり，自ら会社の業務および財産の状況を調査する権限を有している．必要があれば子会社に対しても同様の調査を行うことができる．さらに取締役が法律や会社の定款に違反する行為を行い会社に損害を与える恐れのある場合には，監査役は取締役に対してその違法行為を差し止める権限をもつ．

　このような広範な権限を有しているにもかかわらず，監査役は取締役会の職務執行に対する監督機能をほとんど果たしてこなかったと指摘される．その原因は取締役同様，実質的な選任権を代表取締役社長が握っていることにある．形式上，監査役は株主総会によって選任される．しかしながら，監査役の選任・解任議案の株主総会への提出権は代表取締役にあり，多くの会社で経営者の理解のある人材が登用される傾向にある．一般に，社内監査役は内部昇進がほとんどであり，取締役経験者が選任されることも多い．また社外監査役も経営者と利害が一致する会社OB，親会社の役員・元役員，取引先の役員などが選任される場合が多い．このように従来の監査役の独立性は非常に低く，監査役の監督機能もまた十分に機能してこなかった．[15]しかしながら，90年代に続発した大会社の不祥事の多くは，違法性の強い企業犯罪であり，監査役会が適切に機能しないことが大きな問題として捉えられた．

　このため平成14年の取締役会を中心とした商法改正に先立ち，平成13年に監査役の独立性に関する商法改正が行われた．この改正により大会社の場合，監査役を選任する議案を株主総会に提出するには監査役会の同意を得なければならなくなった．このことによって監査役会が監査役候補の選任について主導権をとることが可能になった．

また，平成13年の商法改正以前，監査役の任期は3年，その構成は3人以上で，そのうち1人以上が社外監査役であることとされていたが，商法改正後は，監査役の任期は3年から4年に延長され，その構成は3人以上でそのうち半数以上が社外監査役でなければならないこととなった．

図表3—5　社外監査役の出自

1	親会社の役職員	26.0%	6	関連会社などの役職員	9.0%
2	弁護士	17.9%	7	親会社以外の株主の役職員	7.0%
3	取引先銀行の役職員	14.1%	8	大学教授	2.6%
4	公認会計士・税理士	12.8%	9	官庁など	1.0%
5	取引先の役職員	9.5%	10	知識人・有識者	0.2%

出所）日本監査役協会「「社外監査役候補者リスト」および「Net会員相談室」に関するアンケート集計結果」『月刊監査役』No.483，2004年，56ページ．

社外取締役の適格要件も「就任前の5年間当該会社またはその子会社の取締役または支配人その他の使用人でなかった者」から「就任前に当該会社・子会社の業務執行者になったことがない者」に強化された．これら一連の措置により，監査役会の独立性が強化され，取締役会への監督機能が高まることが期待されている．

しかしながら2003年に日本監査役協会が行ったアンケート調査によると，図表3—5に見られるように社外監査役の出身は，弁護士，公認会計士・税理士を除くと，親会社，取引先銀行，取引先などの役職員が選任されており，平成13年の商法改正以後も依然として監査役の独立性について疑問をもたざるを得ない．[16]　監査役の独立性を確立することが会社経営の健全性を確保するために必要不可欠であることを考えると，今後に課題を残す結果といえよう．

第4節　商法改正と新しい企業統治形態

平成14年の商法改正において，会社は2つの企業統治形態の中から会社の事情に応じて監査役設置会社あるいは委員会等設置会社のどちらかを選択でき

るようになった.これら2つの企業統治形態は,「業務執行の監督機能の強化」と「意思決定機能の効率化」を図るものである.監査役会設置会社では,平成13年に行われた監査役会に関する商法改正と平成14年に行われた重要財産委員会の法制化によって上記の目的を達成しようとする.同様に,委員会等設置会社では,3つの委員会と執行役を法制化することでその達成を目指している.

(1) 重要財産委員会

90年代後半以降,日本では執行役員制を導入する上場会社が増え,それに伴い取締役会のスリム化を図る会社が増加している.とはいえ,大会社では依然として取締役員数が多いために取締役会が実質的な討議の場とならず,社長,副社長,専務,常務といった役付取締役などで構成される常務会が戦略策定や人事などの重要な意思決定を行う実質的な会社の最高意思決定機関となっている場合が多い.しかしながら,常務会は重要な意思決定機関であるにもかかわらず,法定の機関ではないため,法的な権限をもっていない.平成14年の商法改正では,「意思決定機能の効率化」と多くの大会社で設置されているこの常務会を法定の機関として承認することを企図して「重要財産委員会」を法制化した.

重要財産委員会を設置することのできる会社は,取締役の人数が10名以上であり,このうち1名以上が社外取締役である大会社(資本金が5億円以上または負債の合計額が200億円以上の会社)またはみなし会社(資本金が1億円以上5億円未満の会社で定款に監査に関して商法特例法の規定の適用を受ける旨を定めた会社)である.

図表3—6は,重要財産委員会を用いた際の監査役設置会社の概念図である.重要財産委員会は取締役会決議によって設置され,3名以上の取締役によって構成される.このとき,社外取締役を含める必要はない.重要財産委員会が取締役会から委任を受けて決定できる事項は,資産取得・売却,賃貸借,担保設定,債権放棄,寄付などの「重要財産の処分および譲受」と資金の借り入

54　第1部　日本のコーポレート・ガバナンス

図表3−6　重要財産委員会を用いた際の監査役設置会社の概念図

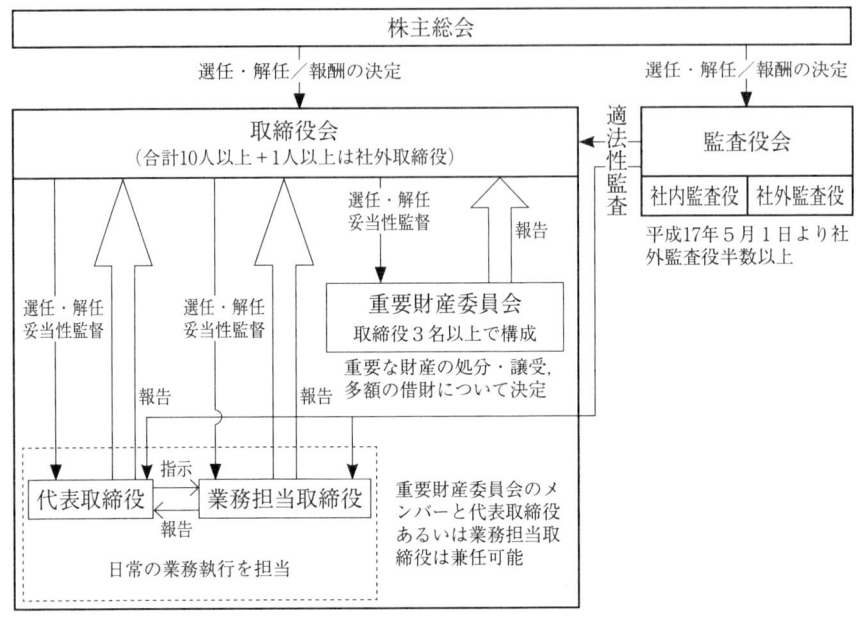

```
                          株主総会
        選任・解任／報酬の決定              選任・解任／報酬の決定
                                        適
            取締役会                      法      監査役会
    (合計10人以上＋1人以上は社外取締役)      性    社内監査役  社外監査役
                                        監
                                        査    平成17年5月1日より社
                                              外監査役半数以上
   選任・解任    選任・解任   重要財産委員会     報告
   妥当性監督   妥当性監督  取締役3名以上で構成
                          重要な財産の処分・譲受，
                          多額の借財について決定
      指示
   代表取締役 ← 業務担当取締役     重要財産委員会のメ
        報告                    ンバーと代表取締役
                                あるいは業務担当取
   日常の業務執行を担当            締役は兼任可能
```

出所）安田作成．

れ，コマーシャルペーパーの発行といった「多額の借財」である．重要財産委員会はあくまで取締役会の下部組織であるため，その決議内容は遅滞なく取締役会に報告する必要がある．重要財産委員会には監査役の出席，意見陳述が義務づけられ，議事録の作成も義務づけられた．なお，必要があればその議事録は株主が閲覧・コピーすることも可能である．

　重要財産委員会の法制化に伴い，これまでの常務会に相当する会議体の設置根拠，権限，取締役会との関係などが明瞭となった．これに伴い，どこで利益相反行為や違法行為につながる意思決定がなされたのか，また誰に責任の所在があるのかなどについて後から理解することができるようになった．

　京王電鉄では，迅速な意思決定による機動的な業務執行を行うために重要財産委員会を2004年4月に設置した．取締役会が2人の社外取締役を含む18人

で構成されるのに対し,重要財産委員会は代表取締役および業務担当取締役を含む8人で構成される.これは常務会を構成するメンバーと同じである.取締役会の開催は月1回であるのに対し,重要財産委員会は常務会において必要と判断された場合,逐次開催するという.前述の通り,重要財産委員会では「重要な財産の処分・譲受」と「多額の借財」の議案を決議できるが,どこからが重要財産委員会で決議すべき「重要な財産」であるかは,商法に細かく規定されていない.そのため同社では東京弁護士会などが示している基準,「土地や建物の取得費用の場合は貸借対照表上の総資産額の100分の1に相当する額程度が重要な財産に相当する」という基準をやや下回るレベルで重要な財産の金額を設定しているという.同社の総資産額が約5,000億円であることから50億円相当の案件が重要財産委員会で審議される対象案件となる.この基準で同社の過去の事例を検証すると,委員会で決議すべき案件は年間に4～6件程度だというが,同社は「競合が激しい土地の取得や,金利上昇局面での資金調達など迅速な意思決定が可能になる」との利点を強調している[17].同社では,重要財産委員会および常務会における決定事項を取締役会に報告することを義務づけ,取締役会の監督機能の強化を図っている.

　京王電鉄の事例では,会社に重要な影響を与えると考えられる案件の迅速な意思決定を取締役会の承認を経ずに重要財産委員会で行うことができる,という意味において有効であることが確認できる.しかしながら,2004年現在,重要財産委員会制度に対する関心は低く,積極的に設置しようとする動きはほとんど見られない.上場会社では京王電鉄のほかに,ホンダが2003年に重要財産委員会を設置したが,その年は一度も開催されなかったという.

　意思決定機能の効率化と常務会を法制化することを企図した重要財産委員会が大会社において浸透しない理由はいくつか考えられる.第一に重要財産委員会の権限が財産の処分や多額の借財などに限定されており,意思決定機能の効率化という目的を達成するだけなら常務会の設置だけで問題がない点.第二に議事録の作成が義務づけられていたり,株主の議事録閲覧権が認められてい

りと諸手続きが煩雑である点，第三に取締役会がスリム化し，取締役員数が10名以下となる会社が増加している点，などの理由から重要財産委員会を導入するインセンティブをもつ大会社が少ないと考えられる．

(2) 委員会等設置会社

委員会等設置会社は，平成14年の商法改正において大会社ならびにみなし大会社において定款の定めによって採用できるようになった新しい会社形態である．委員会等設置会社は，「業務執行の監督機能の強化」と「意思決定機能の効率化」という目的を達成するために取締役会内に「指名委員会」，「報酬委員会」，「監査委員会」の3つの委員会と業務執行を担当する「執行役」の設置が強制されているところにその特徴がある．これに伴い，監査役制度および代表取締役が強制的に廃止されている．取締役，執行役の任期がいずれも1年以内であることも異なる．なお，執行役は取締役が兼任することも可能である．

委員会等設置会社においては，取締役会が有する意思決定の権限のうち，経営に関する基本方針のほか，会社の組織や業務に関する法定の重要事項に関する意思決定を除いた多くの権限を執行役に対して委任することができる．これによって執行役には大きな権限が集中することになる．それゆえ，委員会等設置会社では執行役に対する監督機能を高めるため，各委員会の構成員の過半数が社外取締役でなければならないとされている．図表3―7は委員会等設置会社の概念図である．

1) 委員会

取締役会の内部に設置しなければならない指名委員会，監査委員会，報酬委員会は，取締役会が任命する3名以上の取締役で構成し，その過半数を社外取締役としなければならない．このうち，指名委員会，報酬委員会は執行役を兼任する取締役（以下，取締役兼執行役）も担当できるが，監査委員会を構成する取締役は執行役を兼任できない．これは監査委員会の中に取締役兼執行役が入ることを認めると監督する者と監督される者とが同一となり，監督機能の客観性が確保できないためである．以下で3つの委員会について概説する．

指名委員会の職務は，株主総会に提出する取締役の選任および解任に関する議案の内容を決定することである．なお，取締役の選任は株主総会の決議事項であるため，指名委員会の役割はあくまで株主総会に提出する取締役の選任・解任に関する「議案内容の決定」にとどまる．しかしながら，従来，代表取締役の主導の下で議案内容が策定され，株主総会に提出されていた．これに対し委員会等設置会社ではこの役割を社外取締役を過半数含む指名委員会が担うことになる．その意味で，従来よりも役員選任における健全性が向上することが期待される．

報酬委員会の職務は，取締役および執行役が受けとる個人別の報酬を決定することである．監査役設置会社では取締役の報酬に関する事項は定款に定めるか，株主総会の決議により決定するが，委員会等設置会社では報酬委員会が各

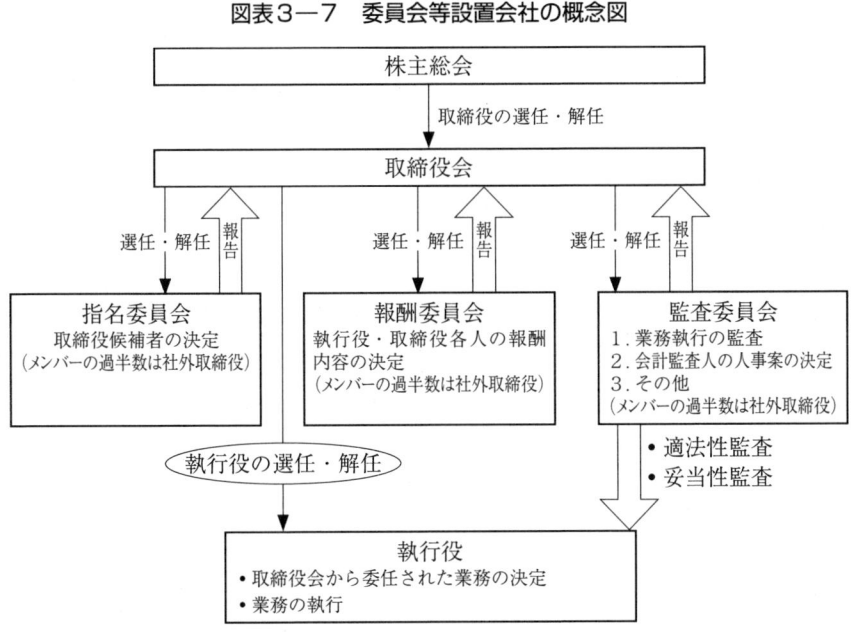

図表3―7　委員会等設置会社の概念図

```
                    株主総会
                       │
                 取締役の選任・解任
                       ↓
                    取締役会
       ↑選任・解任 ↑報告  ↑選任・解任 ↑報告  ↑選任・解任 ↑報告
       │           │      │           │      │           │
  ┌─────────┐    ┌─────────┐    ┌─────────┐
  │ 指名委員会 │    │ 報酬委員会 │    │ 監査委員会 │
  │取締役候補者│    │執行役・取締│    │1. 業務執行 │
  │の決定      │    │役各人の報酬│    │   の監査   │
  │(メンバーの │    │内容の決定  │    │2. 会計監査人│
  │過半数は社外│    │(メンバーの │    │   の人事案 │
  │取締役)     │    │過半数は社外│    │   の決定   │
  │            │    │取締役)     │    │3. その他   │
  │            │    │            │    │(メンバーの │
  │            │    │            │    │過半数は社外│
  │            │    │            │    │取締役)     │
  └─────────┘    └─────────┘    └─────────┘
                                       • 適法性監査
        執行役の選任・解任             • 妥当性監査
                  ↓
                執行役
         • 取締役会から委任された業務の決定
         • 業務の執行
```

出所）大塚彰男・高野一郎『平成14年商法改正のすべて』中央経済社，2002年，5ページ．

取締役，執行役の報酬そのものを決定し，株主総会では承認事項扱いとなる．

監査委員会の職務は，取締役および執行役の職務執行の監査と，株主総会に提出する会計監査人の選任および解任ならびに不再任の議案内容の決定，などである．従来の監査役会では，取締役の業務執行が法律や会社の定款を遵守しているかどうか（適法性）についてのみ監査していたが，監査委員会ではこれに加えて，取締役・執行役の業務執行そのものが適切であり妥当であるかどうか（健全性・妥当性）についての監査も含まれる[18]．その意味で，監査委員会の業務範囲は広く，その責任は非常に大きいといえる．

2）執行役

執行役は，会社の業務執行を行うこと，取締役会から委任された事項に関する意思決定を行うこと，がその職務である．執行役は取締役会によって選任および解任され，一人または数人を置くことができる．数人の場合は，取締役会が代表執行役，執行役の職務区分，指揮命令関係などを定める．任期は取締役と同様，1年以内である．委員会等設置会社では代表取締役を置くことができないので代表執行役が会社の代表となる．なお，取締役と同様，会社とは委任関係にあり，総会での説明義務，利益相反取引規制などについても取締役と同様に扱われる．また株主代表訴訟の対象となる．

執行役制度の狙いは，会社の業務執行の決定権限のうち，経営の基本方針の決定権限のみを取締役会に残し，その他の決定権限を大幅に執行役に対して委任することで，執行役が意思決定権と執行権を伴って業務遂行を行うことができ，その結果，弾力的かつ迅速な業務遂行を可能にしようとしたところにある[19]．一方，取締役会は，会社に関する基本方針以外の意思決定を執行役に任せ，自らは執行役の業務執行を監督することに専念することが期待されている．

2005年8月現在で委員会等設置会社へ移行した会社は108社にのぼったものの，2004年から2005年にかけて移行した企業は12社にすぎない[20]．重要財産委員会と比較すると，その導入は進んでいるといえるが，前述の日本監査役

協会が 2004 年に行ったアンケート調査によると，回答した上場会社 936 社のうち 82.6％が委員会等設置会社に移行する予定はないと答えており，今後の動向が注目される．

第5節 社外取締役

　社外取締役とは，社内取締役に対する概念で，会社の業務執行に関与せず，業務執行を担当する代表取締役や業務担当取締役，執行役の業務遂行を客観的かつ中立な立場で監督することをその職務とする取締役である．そのため，社外取締役が適切に職務を遂行するためには，監査を受ける者からの支配，影響力を受けないことが必要となる．それゆえ，社外取締役の中立性・独立性を確保することが重要となる．

　従来から日本には社外取締役は存在していた．しかし，その多くは親会社や金融機関から派遣されており，健全性および適法性の観点から経営を監督する目的で採用されていたわけではない．また，社外取締役の役割を疑問視する風潮が強い．2001 年に東京弁護士会が行った社外取締役に関するアンケート調査によると，回答した会社 939 社のうち，社外取締役がいる会社は 331 社（35.3％）であったが，そのほとんどの会社が社外取締役にアドバイザー的役割を期待しているにとどまっていた．人数は 8 割近くの会社が 2 名以内（1 名が 49.7％，2 名が 27.3％）であった．また，社外取締役を導入していない会社の 70％以上が，その有用性に疑問をもっていると報告している[21]．

　このような風潮が財界を占める中，委員会等設置会社では業務執行の監督を強化することを目的に社外取締役の採用が義務づけられた．社外取締役の要件としては過去および現在にその会社または子会社の業務を執行する取締役，執行役または支配人そのほかの使用人となったことがないことが求められている．ただし，社外取締役の要件として社外であることは重視されているが，特別の取引関係や親族関係がないこと，親会社関係者でないことなどは要件とされていないため，社内取締役や監査役と利害関係の一致する親会社や取引銀

行,取引先などの従業員でも要件を満たすことができる.

2003年に日本監査役協会が委員会設置会社に対して行ったアンケートによると,回答した会社42社(独立会社13社・計58人,非独立会社29社・計120人)の社外取締役延べ178人の職業および会社との関係は図表3―8,9のとおりであった.独立会社においては自社から独立した会社の経営者,弁護士が多い.会社との関係をみても会社の資本・取引関係の10名(17.2%),経営トップの個人的知己・友人4名(6.9%)を除けば,会社または経営者と関係の深い社外取締役はいないようである.これに対し,(支配株主を持つ)非独立会社においては親会社の経営者,その他が多い.会社との関係をみると,会社の資本・取引関係のある者が106人(88.3%)と突出している.この結果から,社外取締役の独立性について,独立会社はある程度確保されていると理解できるが,非独立会社においては親会社または関連会社による支配に力点が置かれ,

図表3―8 社外取締役の職業

(単位:人)

	経営者(独立)	経営者(親会社)	経営者(取引先)	経営者(金融機関)	弁護士	会計士	大学教授	官庁OB	司法関係	税理士	その他	合計
独立会社	21	0	4	7	10	4	3	4	1	1	3	58
	36.2%	0.0%	6.9%	12.1%	17.2%	6.9%	5.2%	6.9%	1.7%	1.7%	5.2%	100.0%
非独立会社	7	39	0	1	2	1	1	0	0	0	69	120
	5.8%	32.5%	0.0%	0.8%	1.7%	0.8%	0.8%	0.0%	0.0%	0.0%	57.5%	100.0%

出所)山田泰弘「委員会等設置会社の運用実態」『月刊監査役』No.478, 2003年, 42~43ページ.

図表3―9 社外取締役と会社との関係

(単位:人)

	経営トップの個人的知己・友人	経営トップの血縁者	会社の資本・取引関係者	日本経団連等財界関係	学者・マスコミ等の著名人	日本弁護士連合会等	人材派遣業の紹介	その他	合計
独立会社	4	0	10	9	4	5	0	26	58
	6.9%	0.0%	17.2%	15.5%	6.9%	8.6%	0.0%	44.8%	100.0%
非独立会社	1	0	106	0	0	2	0	11	120
	0.8%	0.0%	88.3%	0.0%	0.0%	1.7%	0.0%	9.2%	100.0%

出所)図表3―8に同じ.

社外取締役の独立性に配慮されていないことが明らかである[22]。

　非独立会社の実態について日立グループを例に見てみよう。日立グループは委員会等設置会社制度を業務執行の監督機能の強化といった目的で用いるのではなく、グループ会社の連結経営を徹底する子会社管理の手段として用いるとしており、2003年時点で、グループ会社21社が移行し、日立製作所の取締役や経験者延べ33人を社外取締役として派遣している[23]。2004年も新たに日立製作所の元副社長ら6人がそれぞれ3社、会長ら6人がそれぞれ2社の社外取締役候補に挙がった。これに対して、米議決権行使助言サービス会社 ISS（Institutional Shareholder Services）社や欧州年金基金などが、社外取締役の独立性を疑問視し株主総会で役員選任に反対票を投じている。日立グループ側は「グループ出身者であっても取締役として責任を問われることに変わりはない」と反論するが、日立マクセルでは議決権総数の10％近く、日立化成工業では14％の反対票を投じられている。これは筆頭株主である日立を除いた株主の2～3割が異を唱えたことになる[24]。

　一部の公開会社では機関投資家が主張するように社外取締役に高い独立性を求める声があるものの[25]、日立の事例が示すように、現時点において、社外取締役の独立性を高めるべきだとする公開会社はそう多くない。同様のことが社外監査役についても指摘できよう。現状において法令では最低限度の独立性を要求するにとどまっているため、今後、会社経営の健全性および適法性を確保する上で、証券市場の自主規制、機関投資家の行動などが非常に重要といえよう。

おわりに

　「執行」と「監督」を分離させるには、ドイツのように執行機関と監督機関の間での兼任を禁止することが、理論的には最も徹底している。平成14年の商法改正は「執行」と「監督」の分離を意図したものであり、従来の制度と比較して「執行」と「監督」の分離を一層推し進める形態になっていることは事

実であるものの,商法改正後も取締役は執行役を兼任することを認めているため,執行役を兼任する取締役はその地位において一定の業務を決定し,執行することができる.そのため,改正商法は厳密な意味で「業務の意思決定・監視と業務執行の分離」を迫る制度ではないといえる.

それゆえ取締役会を業務執行の監督機関として強化するには,執行役の支配から独立した立場に立ちつつ,長期的な利益の向上を求める株主の視点から会社の業務執行につき客観的に判断できる立場にある社外取締役の存在が重要となる.しかしながら,現在の法律では利害関係の排除という点から独立性の確保が十分ではない.そのため,法令以外の手段で独立性の確保がなされるべきであろう[26].

(安田賢憲)

注)
1)『朝日新聞』2004年4月30日夕刊18面
2) 商事法務研究会編「株主総会白書93年版」『旬刊商事法務』No.1339,1993年,56～59ページ,商事法務研究会編「株主総会白書2004年版」『旬刊商事法務』No.1715,2004年,75ページ.
3) 株主総会の民主化の動向については佐久間が下記の本で既に指摘している.本稿の図表3―4はそれに加筆修正したものである.佐久間信夫編『現代の経営学』学文社,2003年,35ページ.
4) 吉原和志他『会社法1(第4版補訂版)』有斐閣アルマ,2004年,132～136ページ.
5) 佐久間信夫編,前掲書,44～47ページ.
6) 常務会は一般に3つの類型が考えられる.第1に,取締役会から委任された事項を決定する決議機関である場合,第2に,重要な業務執行や経営に関する事項について取締役間で協議を行う協議機関である場合,第3に,社長が業務執行を行うにあたって意見を述べる諮問機関である場合である.あさひ法律事務所他編,前掲書,105～126ページ.
7) 橋本綱夫「グループ経営のためのソニーの機構改革」『別冊商事法務』No.214,3ページ.
8) あさひ法律事務所他編『コーポレート・ガバナンス改革と株主総会制度の改正』中央経済社,2002年,180ページ.

9) 東京弁護士会会社法部編「執行役員・社外取締役の実態調査」『別冊商事法務』No.243, 2001年, 69ページ.
10) 『日本経済新聞』2001年6月16日朝刊.
11) 東京弁護士会会社法部編, 前掲書, 79ページ.
12) 同上, 108ページ.
13) 日本監査役協会事務局「第3回ネットアンケート結果報告―本年定時総会における平成13年・14年商法改正への対応」『月刊監査役』No.477, 2003年, 31ページ. このアンケート調査は1,852社から回答を得ており, このうち1,259社が上場会社である. 紙面に会社数は明記されていなかったが, 逆算すると526社が執行役員制を導入していると理解できる.
14) 日本監査役協会「委員会等設置会社への移行動向等コーポレート・ガバナンスに関するアンケート集計結果『第4回インターネット・アンケート』」『月刊監査役』No.488, 2004年, 79ページ.
15) 佐久間信夫編, 前掲書, 40～43ページ.
16) 日本監査役協会「『社外監査役候補者リスト』および「Net会員相談室」に関するアンケート集計結果」『月刊監査役』No.483, 2004年, 55～61ページ.
17) 日本産業新聞, 2004年5月26日付, 22面.
18) 西脇敏男「コーポレート・ガバナンスと監査役」『銀行法務21』No.617, 2003年, 68～69ページ.
19) ここでいう経営の基本方針とは, ① 中長期の事業計画・資金計画などの決定, ② 事業構造の変更に関する事項の決定（新規事業進出・撤退, 事業展開の方針など), ③ 子会社・関連会社などのグループ経営施策の決定, などが考えられる. 日本監査役協会監査法規委員会編「監査役から見た平成14年商法・商法特例法改正の捉え方」日本監査役会, 2003年, 8ページ (http://www.kansa.or.jp/PDF/el03_kh15410.pdf).
20) 日本監査役協会HPより (http://www.kansa.or.jp/PDF/iinkai_list.pdf)
21) 東京弁護士会会社法部編, 前掲書, 112～117ページ.
22) 山田泰弘「委員会等設置会社の運用実態」『月刊監査役』No.478, 2003年, 28～51ページ.
23) 『日本経済新聞』2003年8月13日朝刊11面.
24) 『日本経済新聞』2004年7月6日朝刊15面.
25) 2003年に日本取締役協会が協会会員会社の社長・会長140名に行った「改正商法に関するアンケート調査（回答会社79社)」によると, 社外取締役の定義をもっと厳格にして,「独立性」を高める必要がありますか? という質問に対して,「法律の定義で独立性を高めた方がよい」(8％),「法律ではこのままでよいが, 証券取引所の上場規則でより独立性を高めた方がよい」(12％),「法律ではこのままでよいが, 各社ごとの規定（「取締役会規則」など）でより独立性

を高めた方がよい」(35％), 「現行のままでよい. これでも厳しすぎるから」(8％), 「現行のままでよい. あまり独立性を高めると, 現状ではなり手がいないから」(34％), 「その他」(3％) という結果となっている. 日本取締役協会「改正商法に関するアンケート調査報告」2003年, http://www.jacd.jp/report/030302_02_repo.pdf.

26) 森本滋「委員会等設置会社制度の理念と機能—監査委員会と監査役制度を中心に—」『別冊商事法務』No.263, 2003年, 158ページ.

参考文献

菊澤研宗『比較コーポレート・ガバナンス論』有斐閣, 2004年.
吉原和志他『会社法1』有斐閣アルマ, 2004年.
川口幸美『社外取締役とコーポレート・ガバナンス』弘文堂, 2004年.
佐久間信夫編『現代の経営学』学文社, 2003年.
末永敏和他『委員会等設置会社・重要財産委員会導入の実務』中央経済社, 2003年.
土屋守章『コーポレート・ガバナンス論』有斐閣, 2003年.
佐久間信夫編『企業統治構造の国際比較』ミネルヴァ書房, 2003年.
小林秀之編『委員会設置会社 vs. 監査役強化会社』中央経済社, 2003年.
あさひ法律事務所他編『コーポレート・ガバナンス改革と株主総会制度の改正』中央経済社, 2002年.
大塚章男『平成14年商法改正のすべて』中央経済社, 2002年.
出見世信之『企業統治問題の経営学的研究』文眞堂, 1997年.

第2部 韓国のコーポレート・ガバナンス

第4章　所有構造とコーポレート・ガバナンス

はじめに

　韓国経済は金泳三政権期からグローバリゼーションがはじまったが，資本市場の全面的開放に伴う外国資本の韓国進出が本格化したのは，1997年のIMF経済危機以降である．金大中政権下での危機からの回復過程において，多くの上場企業の大株主に外国資本が登場した．その背景には，企業および金融機関の構造調整の中で，政府が先頭となって外国資本への企業売却を推進したという事情もある．現在，韓国を代表する高収益企業の多くにおいて外国資本が大株主となっているが，外国資本の存在は，上場企業全体といういわば一国レベルでの所有構造と同時に，個別財閥レベル（個別企業レベル）での所有構造においても，重大な影響力を行使するに至っている．その具体例が敵対的M&Aの脅威の高まりであり，経営権防衛というデリケートな問題となって現れている．

　以上のような現実的状況を踏まえ，本章では，韓国における所有構造の変化がコーポレート・ガバナンス構築にどのような影響を与えるに至っているかを，韓国最大の財閥である三星グループを事例として考察していく．現在進行している所有構造の変化に影響力を行使している決定的要素のひとつが外国資本の存在であるとの認識を，まず示しておきたい．と同時に，現在の盧武鉉政権の財閥政策もまた，財閥のコーポレート・ガバナンス構築への重要な影響要因となっている．

　本章ではまず上場企業全体における所有構造の変化を整理し，個別財閥における所有構造の特徴を明らかにする．財閥および個別企業次元での外国資本の存在が，従来から歴史的構造的に形成されてきた韓国財閥特有の所有構造にどのような影響力を及ぼしているのかを考察する．その上で，グループ経営権防衛を巡る緊張という問題に焦点を当て，盧武鉉政権の財閥政策の特徴を明らか

にする．さらには敵対的M&Aの脅威の対象となるキャピタルグループの存在が三星の経営権防衛にどのように関わってきているかも考察していく．

第1節　上場企業における所有構造の変化

(1) 上場企業全体の所有構造

　1999年から2003年までの上場企業の株式分布について，図表4—1は所有株式数基準，図表4—2は時価総額基準で示したものである．各部門の概況を見てみよう．1997年のIMF経済危機以後の構造調整過程，さらに現在に至る時期を比較してみると，その間，株式分布には大きな変動があったことがわかる．「政府・公共機関」の所有株式は1999年に16.31％を超えたがその後低下し，2003年には5.04％にまで低下している．時価総額においても，1999年の16.59％から2003年にはわずかに4.58％を示しているに過ぎない．

　IMF危機以前は全体の3割前後が「機関投資家」所有であった．官治金融の要として政府の強いコントロール下にあった「銀行」が従来から一定の所有単位となっていたが，IMF危機当時，多くの金融機関の統廃合が行われ，所有状況が大きく低下した．株式数で見る限り，機関投資家全体では13.38％（1999年）から19.69％（2002年）をピークに再び12.57％（2003年）へと低下したが，時価総額が示すところではほぼ15％台を占めている．銀行部門を取り出してみると，株式数では13.83％（2002年）をピークに2003年は5.90％にとどまった．2002年の状況は，銀行部門が保有するハイニックス半導体（旧現代電子）の転換社債が2002年中に株式に転換し，32億株もの株式が増加したことが作用している．もっとも同社の株価はきわめて低水準にあるため，時価基準で見ると状況は異なる．時価総額では6.87％（2001年）以後，最近では5％台後半に位置している．

　「個人」部門は従来から所有株式数における最大の株主比重であり，常に全体の4割弱を占めてきた．ここ数年の動きとしては，株式数における緩やかな増加が確認でき，41.98％（1999年）から48.29％（2003年）への変化が見られ

図表4―1　上場企業の株式分布（所有株式数基準）

(%)

株　主	1999	2000	2001	2002	2003
政府・公共機関	16.31	10.70	6.78	6.58	5.04
機関投資家	13.38	15.28	16.49	19.69	12.57
証券会社	0.87	1.50	0.94	0.90	0.99
保険会社	1.68	0.78	1.43	0.80	1.02
投資信託会社	4.72	4.90	2.56	2.54	2.73
銀行	3.44	4.97	9.56	13.83	5.90
その他金融	2.67	3.13	2.00	1.62	1.93
一般法人	17.47	19.46	19.30	20.05	20.11
個人	41.98	43.15	45.66	44.20	48.29
外国人	10.87	11.41	11.77	9.48	13.99
合　計	100	100	100	100	100

出所）証券去来所『株式』2004年8月号，88～89ページより作成．

図表4―2　上場企業の株式分布（時価総額基準）

(%)

株　主	1999	2000	2001	2002	2003
政府・公共機関	16.59	13.20	8.94	6.56	4.58
機関投資家	14.26	16.43	15.35	15.28	15.70
証券会社	0.65	1.34	0.66	0.72	0.63
保険会社	2.19	0.73	2.41	2.02	2.55
投資信託会社	7.12	8.38	4.37	5.56	4.45
銀行	2.48	2.54	6.87	5.67	5.49
その他金融	1.81	3.43	1.04	1.31	2.56
一般法人	18.99	19.93	17.12	19.82	18.77
個人	31.68	23.47	26.42	25.55	23.29
外国人	18.47	26.98	32.17	32.79	37.67
合　計	100	100	100	100	100

出所）図表4―1に同じ，85ページより作成．

る．反面，時価総額では31.68％（1999年）から23.29％（2003年）と，正反対の減少傾向にあることが読み取れる．

最後に「外国人」部門である．各種規制の撤廃により外国資本への市場開放が進み敵対的M&Aも完全開放されたことの影響は明白である[1]．所有株式数で見ると11％強が続いた後一時9.48％（2002年）まで低下したが，2003年は再び13.99％にまで上昇している．時価総額で見ると，18.47％（1999年）から一貫して外国人株主の比重は上昇し続け，2003年は37.67％にまで達し最大規模の株主比重となっている．2000年を境に，時価総額基準では個人株主に代わって外国人株主が最大の所有主体となっているが，企業統治における影響力行使の面でも外国人株主の存在が最重要要因になっている．

(2) 上場企業における外国人株主

では上場企業の中で外国人株主は具体的にどのような位置にあるのだろうか．図表4－3は上場企業485社における外国人持分率の分布状況を2003年末と2004年10月とで比較したものである．この調査によると，両年とも485社中7割強の350社程度が10％未満の持分率になっている．しかしその反面，外国人持分率50％以上の上場企業は6社から12社へと倍増し，30～50％の上場企業も42社から48社へと増加している．

次に図表4－4から外国人持分率上位10社を具体的に見てみよう．最大持分率の上場企業はポスコ（旧浦項綜合製鉄）で68.75％，以下，大林産業（66.56％），現代産業開発（65.77％）と続いている．韓国最大の財閥・三星グループの中核企業である三星電子の場合，55.34％の外国人持分率に対し，グループ総帥・李健熙の持分率は特殊関係人までも含み24.35％にとどまっている．国内最大株主の持分率と外国人株主の持株率の乖離こそが，財閥が最も警戒する外国人資本による敵対的M&Aの脅威を生む背景となっているのは明らかである（後述）．

図表4—3　外国人持分率分布（会社数基準）

(社, %)

	2003年末		2004年10月26日		増減	
	会社数	比重	会社数	比重	会社数	増減率
50%以上	6	1.24	12	2.47	+6	100.00
30～50%	42	8.66	48	9.90	+6	14.29
10～30%	85	17.53	84	17.32	-1	-1.18
10%未満	352	72.58	341	70.31	-11	-3.13
合　計	485	100.00	485	100.00	±0	0.00

注）　対象は12月決算上場法人で新規上場・管理種目などを除いた485社．最大株主の持分には特殊関係人の持分も含まれている．外国人が最大株主となっている企業は除外．
出所）証券去来所（2004/10/29）『最大株主持分と種目別外国人全体持分比較』より作成．

図表4—4　上場法人における外国人持分上位10社（200年10月26日現在）

(%)

上場法人名	最大株主		外国人持分率
	株主名	持分率	
ポスコ	浦項工科大学	12.55	68.75
大林産業	大林コーポレーション	25.14	66.56
現代産業開発	鄭夢圭	17.02	65.77
SK	SKC&C	17.53	61.18
第一企画	三星物産	26.18	60.03
現代自動車	現代モービス	25.65	56.43
釜山銀行	ロッテ奨学財団	14.13	56.29
三星電子	李健熙	24.35	55.34
大邱銀行	三星生命保険	7.36	53.98
新世界	李明熙	33.33	53.69

出所）図表4—3に同じ．

第2節 財閥における所有構造
(1) 財閥の本質と現状

韓国財閥の基本的概念としては，かつて日本に存在した戦前の財閥との共通点として「家族・同族による封鎖的な所有支配」と「高度に多角化した事業構造」の2つの特徴が確認できる．しかし韓国財閥の場合，後述のように相対的に株式の分散化が進んでいない状況で，大株主としての創業家一族が，圧倒的な所有に基づき経営をも完全に掌握しているという側面がある．ここでは，韓国財閥の持つきわめて韓国的なこの側面を「オーナー経営体制」と呼ぶことにする．また，従来，持株会社については設立が禁止されてきたため，財閥の支配構造上欠如している一方，系列内に独自の銀行部門を所有していないことなども韓国財閥の特徴といえる[2]．では次に，韓国財閥の現状を見てみよう．

図表4－5は主要グループにおける時価総額と外国人株主保有分の時価総額を比較したものである．公正去来委員会指定（2004年4月）の資産基準上位10グループ（LGグループは除外）が対象である．上場企業全体の時価総額397兆ウォン（1ウォン＝約0.1円）のうち10大グループのみで47％相当の187兆ウォンを計上している．しかしこの割合以上に目につくのは三星グループの突出した存在である．三星グループは単独で122兆ウォン，上場企業全体の31％を占めている．さらに外国人保有分は70兆ウォン，三星グループ全体の57％を占めている．この外国人保有分の規模は，2位の現代自動車グループと3位のSKグループの時価総額合計（約50兆ウォン）よりもはるかに大きなものである．

三星グループの中心企業は三星電子であるため，同社の時価総額を見ておこう．2004年3月末現在，三星電子の時価総額は93兆891億ウォンで[3]，同時期の上場企業時価総額全体（387兆7,872億ウォン）の24.00％になっている．以下，2位はSKテレコム（18兆ウォン，4.55％），3位は国民銀行（16兆ウォン，4.03％），4位はポスコ（14兆ウォン，3.72％），5位は現代自動車（13兆，3.38％）と続く状況からも，三星電子単独での存在感の大きさが浮き彫りになる．

図表4―5　主要グループにおける時価総額現況（2004年4月16日現在）

(社, 億ウォン, %)

順位	グループ名	上場法人数	グループ合計 時価総額	グループ合計 比重	外国人保有分 時価総額	外国人保有分 割合
1	三星	14	1,223,809	30.83	697,974	57.03
2	現代自動車	6	238,295	6.00	112,548	47.23
3	SK	11	281,416	7.09	117,188	41.64
4	韓進	7	32,429	0.82	8,986	27.71
5	ハンファ	5	16,958	0.43	3,094	18.25
6	現代重工業	2	26,586	0.67	5,162	19.42
7	錦湖アシアナ	3	5,501	0.14	581	10.56
8	斗山	5	12,780	0.32	204	1.60
9	東部	7	15,008	0.38	2,452	16.34
10	現代	3	18,720	0.47	2,964	15.83
10グループ合計		63	1,871,502	47.14	951,154	50.82
上場法人全体		―	3,970,122	100.00	―	―

注) 公正去来委員会指定「出資総額制限企業集団」中，公企業および分割・合併が行なわれたLGを除外した資産総額上位10グループを対象（2004年4月基準）．「グループ合計の比重」は上場法人全体の時価総額に占めるグループ時価総額の比重．「外国人保有分の比重」はグループ時価総額に占める外国人保有分の比重．
出所) 証券去来所（2004/04/20）『主要グループ時価総額及び外国人保有現況』より作成．

　前述のように同社株式の55.34％が外国人株主によって占められている点も考えると，上場企業全体→三星グループ→三星電子→外国人株主といったラインが形成され，現在の韓国経済の中軸をなす部分がまさにこの部分であることが推察できる．

　こうした考察と関連して，証券去来所の資料などでは外国人持分率の高い上場企業は経営成果も高いといった議論がよくなされる．たとえば『外国人持分率と実績状況』[4]では，調査対象上場企業498社中，外国人持分率が10％未満の企業が345社で負債比率119.35％，売上高営業利益率7.04％，自己資本利益率6.45％である一方，外国人持株率50％以上が22社あり，順に59.39％，19.40％，14.77％の実績となっている．外国人持分率の高さは，経営透明性の

図表4—6　5大グループの内部持分率（上場・非上場合計）（2004年，カッコ内は2003年）

(%)

	同一人	特殊関係人	系列会社	自社株	合　計
三　星	0.4 (0.4)	1.6 (1.6)	37.8 (38.1)	1.7 (2.7)	41.5 (42.8)
Ｌ　Ｇ	0.8 (0.9)	5.7 (6.5)	34.6 (34.1)	1.6 (3.9)	42.7 (45.4)
現代自動車	2.8 (2.6)	0.3 (0.1)	48.2 (46.0)	0.4 (1.3)	51.7 (50.0)
Ｓ　Ｋ	0.7 (1.4)	0.6 (0.7)	50.0 (52.9)	0.7 (3.0)	52.0 (58.0)
韓　進	2.9 (2.8)	8.5 (8.4)	23.8 (29.3)	8.7 (4.7)	44.0 (45.1)
全　体	1.5 (1.5)	2.6 (2.6)	40.0 (39.9)	2.1 (3.3)	46.2 (46.6)

注）　同一人：グループ総帥，特殊関係人：総帥の家族・親戚．「全体」の数は，2004年は13グループ，2003年は11グループ．公正去来法の規定による「出資総額制限企業集団」（資産総額5兆ウォン以上）のうち「総帥のいる民間企業集団」の数．
出所）　公正去来委員会（2004），『2004年出資総額制限企業集団株式所有現況分析』．

高さを示すと考えられ，市場からの高い評価に結びつく側面がある．しかしそれだけではない．株主価値の最大化を主張し高配当を要求する外国人，特に欧米人株主の比重が高まっていることは経営の舵取りを短期的視野に押し込め，長期的視野からの経営の推進がスムーズにいかなくなる弊害を生み出しつつあるのも事実である．外国人持分率の高い一部企業においては，積極的かつ大胆な投資行動を控え，保守的な経営を志向するようになってきているとの指摘は看過できないものがある．では，次に歴史的構造的に形成されてきた韓国財閥特有の所有構造について考察してみよう．[5]

(2) **内部持分率**

　図表4—6は13グループおよび5大グループの内部持分率（上場・非上場合計），図表4—7は5大グループ内部持分率（上場・非上場別）を示している．内部持分率とは，グループのオーナー（総帥）一族が直接的および間接的な株式所有を通してグループ全体および系列企業に対して行う実質的な支配の程度を示す指標である．同一人（グループ総帥），特殊関係人（総帥の家族・親族），系列企業，自社株の4つの持分率からなり，その合計が内部持分率である．
　まず図表4—6により内部持分率（上場・非上場合計）を見てみよう．2004

図表4—7　5大グループの内部持分率（上場・非上場別）（2004年）

(％)

		同一人	特殊関係人	系列会社	自社株	合　計
三　星	上場	0.50	0.85	18.64	2.39	22.39
	非上場	0.30	3.19	77.86	0.11	81.47
Ｌ　Ｇ	上場	1.37	9.18	20.56	2.71	33.82
	非上場	0.02	0.27	56.04	0.00	56.33
現代自動車	上場	3.19	0.08	33.17	0.58	37.01
	非上場	1.86	0.75	84.36	0.00	86.96
Ｓ　Ｋ	上場	0.27	0.58	40.36	1.03	42.24
	非上場	1.80	0.53	72.54	0.00	74.87
韓　進	上場	3.18	9.52	10.40	10.40	33.50
	非上場	1.59	3.34	93.03	0.00	97.96

出所）図表4—6に同じ．

　年の全体（13グループ）では同一人1.5％，特殊関係人2.6％，系列会社40.0％，自社株2.1％で合計46.2％となっている．この数字から，オーナー一族が実質的に影響力を行使できる範囲は5割弱の程度である様子がわかる．同じ証券去来所資料が示すところでは，13グループ全体で，上場企業の内部持分率は35.4％であるのに対し，非上場企業の場合には63.7％にも達している．その内訳は，上場企業の場合，同一人2.0％，特殊関係人3.7％，系列会社26.4％，自社株3.3％であり，非上場企業では同一人0.6％，特殊関係人0.9％，系列会社61.9％，自社株0.3％になっている[6]．非上場企業の場合，特に系列会社が所有主体となった高い持分率が形成され，これに支えられた形で6割強にも及ぶ内部持分率が実現している．

　次に図表4—6の5大グループ部分を見てみよう．現代自動車グループとSKグループの内部持分率は50％を超える高い水準となっている．三星グループの場合は42.8％（2003年）から41.5％（2004年）へと若干の減少が確認でき，いずれの年においても5大グループ中最も低くなっている．では図表4—7により，5大グループ内部持分率を上場・非上場別に見てみよう．どのグル

ープでも共通して指摘できるのは，上場・非上場間の内部持分率の乖離が非常に大きいことである．非上場系列企業の存在がグループ全体の所有構造上きわめて重要な役割を果たしていることを意味している．

第3節　三星におけるグループ経営権防衛を巡る緊張

(1)　グループ所有構造の特徴

次に三星グループの所有構造について具体的に考察してみよう．三星の内部持分率は上場では合計22.39％，非上場では合計81.47％できわめて大きな乖離状況を示している．上場の場合，同一人0.50％，特殊関係人0.85％，系列会社18.64％，自社株2.39％であり，他のグループよりも相対的にはるかに小さい同一人持分率が注目できる[7]．前述したように三星の場合，上場企業全体に占める時価総額比重は突出して大きかった．しかし同一人（0.50％）に特殊関係人（0.85％）を加えても1.35％にしか達せず，系列会社や自社株を加えた内部持分率合計でようやく22.39％にしかなっていない．この数字からは，上場企業に対するオーナー一族の実質的影響力が限定的になっている様子が推測できる．反面，非上場の内部持分率では全体で81.47％，特に系列会社持分は77.86％にも達している．ここで現在の三星グループの所有構造を確認してみよう．

図表4―8はオーナー一族を頂点とした三星グループの所有構造の基軸を示している．オーナー一族（総帥・李健熙，長男で事実上の後継者となっている李在鎔など）を頂点とし，その下にグループ持株会社格の三星エバーランド（不動産開発・総合レジャー開発，非上場），さらにその下に三星生命（国内最大の生命保険会社，非上場）と続き，その下にはグループ中核企業である三星電子が位置づけられている．この基本所有構造に多くの系列企業の出資が関与して循環出資関係が形成されている．この構造で特に注目されるのが，オーナー一族が三星エバーランドを強固に支配している様子であるが，特に同社の最大オーナーが総帥ではなく，すでに一人息子の李在鎔になっているということ（25.1％

76　第2部　韓国のコーポレート・ガバナンス

図表4−8　三星グループの所有構造（主要部分）

(%)

（オーナー一族）　　　　　　　　　（系列企業）

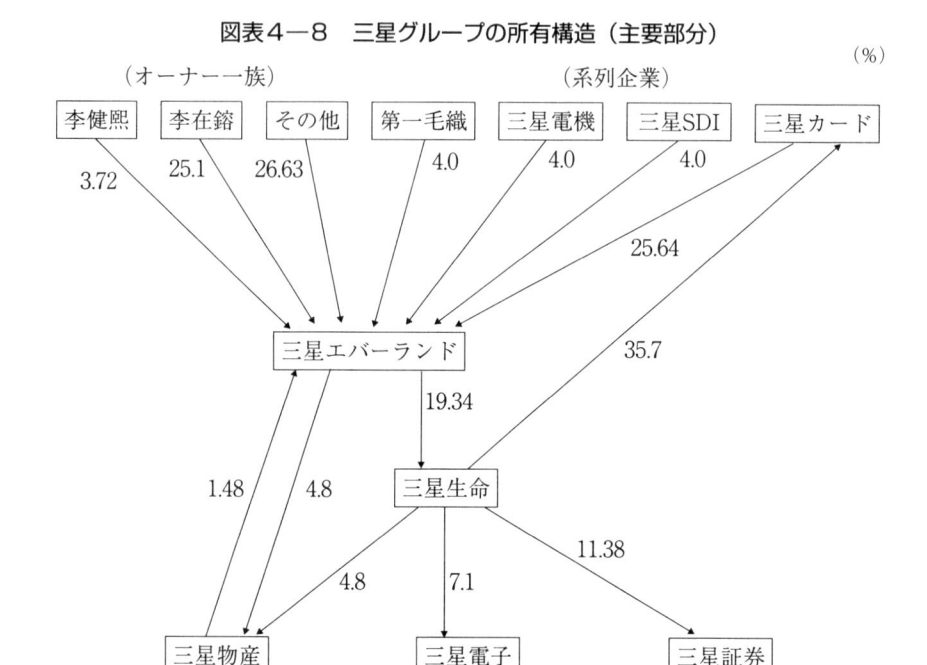

```
┌─────┐ ┌─────┐ ┌─────┐ ┌─────┐ ┌─────┐ ┌──────┐ ┌──────────┐
│李健熙│ │李在鎔│ │その他│ │第一毛織│ │三星電機│ │三星SDI│ │三星カード│
└─────┘ └─────┘ └─────┘ └─────┘ └─────┘ └──────┘ └──────────┘
  3.72    25.1    26.63    4.0      4.0     4.0
                                                    25.64
            ┌──────────────┐
            │三星エバーランド│                    35.7
            └──────────────┘
                  19.34
            ┌────────┐
            │三星生命│
            └────────┘
     1.48      4.8
                     4.8      7.1        11.38
  ┌────────┐      ┌────────┐  ┌────────┐
  │三星物産│      │三星電子│  │三星証券│
  └────────┘      └────────┘  └────────┘
```

注）　オーナー一族中，「その他」には総帥・李健熙の3人の娘である李富眞・李叙賢・李允馨がそれぞれ8.37％ずつ所有しており，甥の李在賢（三星から系列分離したCJグループ会長）が1.52％を所有している．持株会社格の三星エバーランドからは図に示した以外でも多数の系列企業への持株関係が確認されている（省略）．
出所）『毎経エコノミー』2004年4月28日号より作成．

を所有）である．支配の根源となる株式所有という点に限ってみるならば，三星における後継体制づくりはすでに十分な段階に到達したと考えることもできる．しかし現在の盧武鉉政権では，後述するように，財閥保有の金融系列社の議決権制限を盛り込んだ公正去来法改正案を実現する方向にある．そのため三星エバーランドのすぐ下に位置づけられる三星生命の議決権が制限されるような事態となれば，三星のグループ所有構造にも重大な影響を及ぼしかねない．その意味では政府の財閥政策がどういった方向に進むのか，予断を許さない状況となっている．

　図表4−9にあるように，中核の三星電子については，オーナー一族による

図表4−9　三星電子の所有構造

(%)

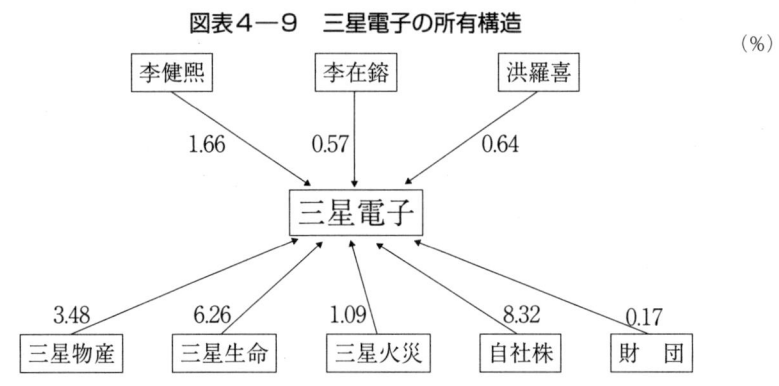

```
  李健熙        李在鎔        洪羅喜
    \ 1.66      | 0.57       / 0.64
           →  三星電子  ←
    / 3.48   / 6.26  ↑ 1.09  \ 8.32  \ 0.17
  三星物産  三星生命  三星火災  自社株  財　団
```

注）　「財団」の内訳は三星文化財団（0.02%），三星福祉財団（0.05%），奨学財団（0.10%）である．
　　　洪羅喜は総帥・李健熙の夫人．
出所）証券去来所電子公示システム（2004年11月2日現在）より作成．

直接持分関係と主要系列企業による持分関係が構成されており，グループ全体として22.18%の持分が維持されている（2004年11月2日現在）．図表4−4に示した通り，同社に対する外国人持分率は50%を超える状況にある現在，中核企業である三星電子の所有状況自体もけっして安泰とは言い切れないであろう．

　いずれにせよ三星の場合，相対的に低い上場企業内部持分率（22.39%）を，非上場企業内部持分率（81.47%）が支え，グループ全体の内部持分率（41.5%）が形成されている．この数字が安定的な経営のための所有基盤として十分かどうかは見方の分かれるところであろう．外国人持分率の高まり，さらに公正去来法改正案の動向などを考慮すると，中核企業である三星電子，さらにはグループ全体の経営権の防衛・強化はきわめて緊急性の高い経営課題となっていると考えられる．

(2) 公正去来委員会との確執

　従来の官僚出身の委員長とは異なり，現在の公正去来委員長の姜哲圭は経済学者（元ソウル市立大教授）で，経済正義実現市民聯合という市民団体の設立・運営にも参加し，財閥規制や解体論を表明してきた人物である．現政権の

財閥政策の実行機関ともいうべき公正去来委員会は，姜哲圭委員長の財閥理念に象徴されるように，「財閥に外国資本と同じような規制解除してしまうと，再び支配力拡大，不当内部去来拡大など弊害が深刻化してしまう．したがって規制は必要」というものであり，財閥政策は「先進国に進む過渡期に現れる構造的な問題のため，わが国にのみ特殊に存在するもの」と認識されている．

その一方，「現在の財閥体制は変えねばならなく，欧米式の個別企業の連合体が望ましい．しかしいきなりの変化は無理なので，代案として持株会社体制がよい．持株会社体制では系列企業間の相互出資や循環出資がなくなり，所有関係が透明になる[8]」として，公正去来委員会は持株会社体制への誘導を強めている．また別のインタビューの席上，姜哲圭委員長は，財閥に対する評価として次のような発言を行っている．「過去の高度成長期の財閥の功を否定はしない．しかしその過程で累積した問題点が，透明で公正な先進経済へ向けての跳躍に負担になっている点もある．前政権が企業構造改革を推進した結果，規模よりも収益性を重視し，株主を尊重するなどの経営戦略面でも相当な変化があった．しかし企業集団の所有支配構造の本質的な部分においては変化が微弱である．特に総帥が小さな資本で系列社を支配するのは後進国型支配構造である（以下略）[9]」．

こうした発言を受け，財閥にとっては従来以上に公正去来委員会委員長の言動には神経質になっており，構造調整本部長レベルの人間が同委員長に政策実行に際してのさまざまな申し入れなどを展開している．公正去来委員長側からも財閥に対し，財閥改革断行に向けての強力なメッセージの伝達を行っている．

三星の場合，2003年8月末にグループ構造調整本部長の李鶴洙（当時は三星電子社長．2004年1月の人事異動で同副会長に昇進）が姜哲圭委員長と会談し，金融機関の議決権制限撤廃を強く要請している．外国資本の影響力が高まっている状況下で敵対的M&Aの脅威を除去し経営権を防衛するためには，財閥にとって金融機関の議決権制限撤廃は不可欠の要求事項であった．しかし委員

長は「この制限を撤廃するとかつての財閥のような支配力拡大につながる危険がある」との認識を示し,要求を拒否したのである[10].

　三星の場合,三星電子に対し三星生命が5.98％所有（数字は2003年8月当時.以下同じ）しているが,同社の議決権が制限されると総帥保有分（1.61％）を加えて三星が影響力行使できる比重は19.37％になってしまい,これだけでは経営権が危機に陥る,との主張であった.そもそも金融機関の議決権制限は外国資本にはすでに全面許容されており,財閥側は「こうした状況は外資優遇＝内資冷遇であり逆差別だ」と主張し,一層危機感を強めてきたのである.

　こうした財閥側の要求とは正反対に,公正去来委員会では財閥保有の金融系列社の議決権を段階的に縮小し,最終的に廃止する方針を盛り込んだ公正去来法改正案を成立させた（2004年12月）.従来の公正去来法では,「資産2兆ウォン以上の企業集団所属の系列金融・保険社が保有している上場・登録系列企業の株式に対し,非金融・特殊関係人と合わせて30％まで議決権行使を可能とする」というものであった.これを最終的に議決行使の許容範囲を15％にまで縮小することを目標にしている.2006年4月1日から25％に縮小,2007年4月1日から20％に縮小,そして2008年4月1日から15％に縮小するというものである[11].こうした政策推進は,グループ支配構造に金融機関が深く関与していないグループにはそれほど深刻な問題とはならないかもしれないが,三星グループの場合などは前述のように三星生命の役割がきわめて重大であるため,経営権防衛のための緊急課題となっている.

　公正去来法改正案のもうひとつの柱が出資総額制限制度の強化である[12].系列他企業への出資は当該企業の純資産の25％までとするという出資総額制限制度もまた,外国資本からの敵対的M&Aを回避し経営権を防衛するためには是非とも除去しなくてはならない規制制度である.出資総額制限制度は経済危機からの回復過程の中で,景気回復策の一環として一時期廃止されていた制度である.しかし経済回復が目に見えてきた段階で再び財閥規制の役割を担って登場してきた.財界首脳や財閥オーナーたちは,同制度の撤廃なくしては外国

資本がどんどん持株を増加させていく状況を無抵抗のまま受け入れるしかないとの厳しい認識を示している．

ところで従来の公正去来法には出資総額制限制度について「負債比率が100％を下回ったグループはこの対象から除外する」という適用除外規定があった．これを使うことで三星は2004年7月に適用除外申請を出している．適用除外は速やかに行われたが，[13]公正去来法改正案ではこの適用除外規定は廃止され，再び「総資産5兆ウォン以上」という規定にあてはまるグループはみな一律に規制対象となってしまった．2004年に適用除外された三星は，2005年には再び適用グループとなってしまったのである．

(3) キャピタルグループの存在

繰り返し述べてきたように，国内最大財閥の三星グループの中核企業は三星電子であり，代表的上場企業でもある同社の株式所有割合や時価総額割合において外国人株主は決定的ともいえる立場にあった．では支配的外国人株主は具体的にどのような論理に基づいて三星への株式投資を実行しているのであろうか．

57.3％を超える株式所有を誇る外国人株主の中で，米国・シティグループ（Citi Group）やキャピタルグループ（Capital Group）などから構成される10大外国人株主は18.3％の持分率を占めている．[14]そのキャピタルグループが2004年9月14日，自らが巨額の投資を行う優良企業のCEOを招き非公開での個別歓談会を実施した．同グループが子会社であるキャピタル・リサーチ・アンド・マネジメントとともに合計5％以上の持分を保有する国内企業は31社，総評価金額は8兆7,000億ウォンを超えるといわれ，韓国証券市場最大の外国人投資家と位置づけられている．具体的には新韓持株会社の15.33％，SK㈱の6.72％，現代自動車の5.61％，そして三星電子の約8％をそれぞれ保有しているとの報道がある．[15]この日の歓談会では，各社ともIR担当者のみではなく，代表権を持つ最高経営者がそれぞれキャピタルグループとの意見交換に望んだ．新韓持株会社社長の崔永輝，三星電子副会長の尹鍾龍，SK㈱の崔泰

源，現代自動車副会長の金東晉などが直接出向き，当該企業の最高意思決定に関し集中的な質問に対応している．三星電子との間でのやり取りとして，同席した朱尤湜専務（IR担当）が「キャピタルグループは三星電子の保有現金に対する運用計画を尋ね，今後の株主価値を高めるための措置として積極的な配当と自社株買い入れを明らかにした」と述べ，さらに「同グループは三星グループの米国証券市場への早期上場を要請した」との説明を行った．SK㈱に対しては石油産業に対し，また現代自動車に対しては同社製品の品質向上に対し質問を行ったと伝えられている[16]．

三星電子とのやり取りにあったように，キャピタルグループは，現時点においては収益性に力点を置いた明確な利益追求の意思を持っており，具体的な経営介入や経営権奪取，さらには敵対的M&Aに発展するような動きをまったく見せていない．自らが現在の経営権の脅威となりうる最大株主となることをけっして認めないという原則に，頑固なまでに忠実であるのがキャピタルグループの特徴である[17]．その意味ではSK㈱に対するソブリン資産運用（Sovereign Asset Management）の行動とはまったく正反対な動きと判断できる[18]．しかし同グループ自体は今回の個別歓談会についても積極的な広報活動はなく，ソウルに事務所も存在しない．秘密主義的な活動を行っているため，同グループの動向については今後一層の注意が向けられるものと思われる．

なお三星においては，総合商社の三星物産に対する経営権防衛の緊張感が非常に高まっているとの報道がある[19]．報道の概要はこうである．2004年7月，グループの一役員が三星物産に対するストックオプション行使の意思表明をしたところ，同社役員より会社のためにストックオプションの行使を思いとどまるようにとの要請があったという．当該役員が三星物産の役員から聞いた説明として，「最近M&Aが非常に気になっている．あなたが数十万株のストックオプションを行使すると，その量が経営権を脅かす方へ流れてしまうこともありうるではないか．行使の意思を表明しないことにしよう」とのメッセージがあり，結局，このストックオプション行使は立ち消えになったという．

三星物産には英国系ヘルメス投資運用（Hermes Fund Managing）が5.0％の持分を確保しているといわれ，外国人持分率合計では45％に達する一方，オーナー一族の内部持分率は8.14％に過ぎない．図表4－8，9からも明らかなように，三星物産もまたグループ所有構造に重要な役割を担う企業であるため，外国資本によるM&Aの脅威については，通常以上に過敏になっているものと考えられる．先のストックオプションの行使の件についても，仮に同社の数十万株としても持分率では1％にもはるかに及ばない量である．しかしこの程度の持分率に関してすらこれだけの反応があったということ自体，三星の緊張感の高まりを物語るひとつの証拠といえよう．

おわりに

　「公正去来法が改正され，金融系列社の議決権制限が一層強化されてしまうと，三星電子が外国資本から敵対的M&Aを仕掛けられた際勝てない」という内容の三星グループ内部文書の存在が明らかになった[20]．同社が経営権を奪取される際のシナリオが3通りに渡って説明されている．三星電子についての報道では，先のキャピタルグループをはじめ多くの外国資本との「友好的な関係を維持」[21]しているとの分析が大半であるが，「ウォールストリートで三星電子時価総額の3分の1に相当する200億ドル（23兆ウォン）程度を集めるのは一晩のゲームに過ぎない．……解決策はない[22]」と同文書が示すように，当事者としてはきわめて深刻な危機感に陥っているものと思われる．

　そうした中，経営権の防衛のため，多くの財閥総帥たちが個人の直接持分を高め経営権強化を志向している．三星・李健熙をはじめ，現代自動車・鄭夢九，ハンファ・金昇淵，コーロン・李雄烈などが代表例である．しかしこれとて十分な方策とはなっていないのが現状である．

　三星の場合では，オーナー一族を頂点にした三星の所有構造，およびそれに基づいたグループ支配に対しキャピタルグループが引き続き「友好的」であり続けるのかが大きな課題となる．現在のように史上最大の収益を誇っている限

りにおいては，株主としての大きな不満には結びつかないであろう．しかし同社の収益が悪化し，十分な配当を実現できなくなった時，政治変動に巻き込まれグループ経営がうまく行かなくなった時，キャピタルグループとの関係が「デリケートな」関係となり，さらに「危険な」関係へとエスカレートしてしまう可能性は排除できない．

　欧米的な価値観を持つ外国資本がどこまで韓国的な経営風土や韓国的な企業社会を理解できるかという要素も，大きな鍵となりうる．財閥に対し最も急進的な批判を繰り広げる参与連帯のように，財閥のあり方そのものを後進的なものとして否定し，オーナー一族の経営権継承をグループを私物化した「世襲」であると一方的に否定するような見方を外国資本はどのように考えるのであろうか．

　市場や株主を重視した透明性の高い経営を行い，一層強化することは，世界的規模での競争のプレーヤーとして活躍し，世界的規模での資本調達を志向する以上はきわめて当然のことである．アカウンタビリティー（説明責任）やコンプライアンス（法令順守）もまたいうまでもないことである．しかしあえてその上で，韓国財閥の持つオーナー経営体制の強みにも眼を向け，積極的な評価を下すことも重要であろう．IMF経済危機からの回復過程において，グループ総帥自らの果敢な構造調整の断行によって多くの財閥が危機を乗り切ったという客観的事実を，今一度思い起こしてみる必要があろう．

　歴史的構造的に形成されてきた経営風土を一朝一夕に変えることも困難である．現在の韓国財閥を取り巻く環境を見ても，効果的なコーポレート・ガバナンスの構築に向けての法律的制度的な枠組みづくりが強制的に出来上がった面が強い．社外理事の選任などは典型的な例だが，大多数の企業においては未だに数合わせの域に止まっている．社外理事市場がきわめて小さく，社外理事が十分な独立性を持ちえていない点，また代表理事が理事会議長を兼務し機能の効果的分離を目指す理事会改革もまだ本格化していない点などは，韓国の企業社会を取り巻く価値観の改革が遅れていることを物語っている．

さらに韓国の企業社会を特徴づける政府の官治発想の残存，先鋭化する労働組合，理念先行で進む市民団体など，財閥を取り巻く環境は内部・外部ともに難問が山積している．効果的なガバナンス構造の構築はけっして一律に与えられるものではなく，外部構造・内部構造ともに，自らの企業目的に最も合理的な方策を実現していくことに限られよう．さまざまな環境変化に対応し，この合理性もまた変化しうるものである．

(柳町　功)

注）
1）外国資本の関連したM&Aについてみておこう．公正去来委員会の資料によれば，金大中政権期の5年間の外国資本によるM&A実績（件数と資産規模）は1998年が132件・9.25兆ウォン，1999年が168件・10.87兆ウォン，2000年が114件・3.12兆ウォン，2001年が102件・2.0兆ウォン，2002年が90件・1.3兆ウォンで，全体で606件，その資産規模は約27兆ウォンであった．この件数はM&A全体（2,992件）の20.2％に達する状況であったが，政府の積極的な外国人投資の誘致および資本市場の自由化措置の結果であった（『韓国日報』2003年4月21日）．
2）韓国における財閥概念については，柳町功「韓国財閥におけるオーナー経営の執拗な持続」（服部民夫・松本厚治編『韓国経済の解剖』文眞堂，2001年）193～195ページを参照．
3）証券去来所『株式』2004年8月号，8ページ（「上場株式総括」）および68ページ（「時価総額上位50社」）．
4）証券去来所『外国人持分率と実績状況』，2004年8月24日．
5）『Money Today』2004年7月5日．
6）公正去来委員会『2004年出資総額制限企業集団株式所有現況分析』2004年．
7）グループ粉飾決算事件を経てオーナー一族の持株関係に大きな変動が発生したSKのケースは同一人持分率が0.27％であるが，これは例外として扱う．
8）『毎日経済新聞』2003年5月30日．
9）『エコノミスト』中央日報社，2003年4月29日号．
10）『韓国経済新聞』2003年8月30日，および『毎日経済新聞』2003年9月1日．
11）『毎日経済新聞』2004年12月22日．
12）公正去来委員会『公正去来法改正及び向後計画』2004年12月13日．
13）三星グループは，2004年6月30日公示の直前事業年度結合財務諸表におい

て，非金融保険業分野の企業集団負債比率が84.26％となり，100％未満という適用除外規定に該当するに至った．同年7月2日，三星は出資総額制限企業集団からの指定除外を要請したが，同年7月21日に開催された公正去来委員会全員会議でその要請が受け入れられる内容の議決がなされた．この結果，2004年7月21日現在，出資総額制限企業集団は全体で17集団である．なお，現在まで負債比率が100％未満ということで出資総額制限企業集団から除外されて企業集団は三星，韓国電力公社（公企業集団），韓国道路公社（公企業集団），ロッテ，ポスコ（民営化された元・公企業集団）の5集団で，純粋な民間集団は三星とロッテの2つだけである．両グループは，きわめて健全な財務体質を持つグループとして有名である（公正去来委員会『企業集団・三星の出資総額制限企業集団指定除外』2004年7月23日）．

14)『エコノミスト』2004年10月12日号．
15)『朝鮮日報』2004年9月15日．
16) 同上紙．
17)『Korea Herald』March 15, 2004.
18) 2003年2月に発生したSKグループ粉飾決算事件以後，SK㈱の株式を大量に買い入れ，一気に筆頭大株主に登場したのがソブリン資産運用である．同事件に絡みSKグループ創業一族の崔泰源（SK㈱会長）が背任容疑で逮捕・収監され，一審で有罪となる一方，その後，大統領選挙秘密選挙資金問題などでグループ会長の孫吉丞も逮捕・収監されるなど，SKグループの経営は危機的状況に陥った．保釈で再び経営の第一線に登場した崔泰源は，社会的な批判に対応し透明性のあるガバナンス構造の構築を掲げ，孫吉丞などの引退と大量の社外理事の起用を進め，オーナー家主導のガバナンス改革を断行する意思を表明した．

こうした中2004年3月には株主総会が開催されたが，ソブリンは一審で有罪となった経営者の退任を求め，人事案は総会での票対決にまで発展した．結果はSK側の「勝利」であったが，その後同年10月になってソブリンは再度人事刷新を求め臨時株主総会の開催を理事会に要求した．理事会は3月に行われた株主総会での否決議案の蒸し返しであるとして臨時株主総会の開催を拒否すると，ソブリン側はソウル地裁への提訴に踏み切り，法廷闘争へと移行したのである．

ではソブリンはどのような主張をしているのであろうか．同社ホームページ上（日本語版）では次のような記述がある．「ソブリンは長期スタンスのバリューに重点を置く投資家であり，その投資期間は4年を超えるのが通例です．ソブリンはこれまで，敵対的買収を手掛けたり，上場企業への役員派遣を試みたりしたことはありません．また，ソブリンはヘッジファンドではなく，空売りも行いません．（中略）ソブリンの強みであり，ソブリンを決定的に特徴づけているのは，中立性，一貫性，長期投資の姿勢にあるといえます．投資対象の国

や企業に対して，高い水準のコーポレート・ガバナンス，透明性，株主の権利を追求し，当該企業に加えてコミュニティーやあらゆるステーク・ホルダーがメリットを享受できることを目指します」．

　このような視点から，ソブリンはSKグループへの改革圧力，具体的には崔泰源SK㈱会長の退任要求を強く要求しているのである．なお同社ホームページ上（韓国語版）には，「ソブリンが臨時株主総会召集を要請する理由」「SK㈱について」といった項目で，きわめて詳細かつ積極的な主張が展開されている．

19)『Forbes Korea』2004年8月号．『Korea Herald』June 20, 2004.『Korea Times』July 28, 2004 および同 October 28, 2004.
20)『中央日報』2004年9月23日．
21)『Korea Herald』May 1, 2004.
22)『エコノミスト』2004年10月12日号．

参考文献
〈日本語〉
安部誠「韓国：通貨危機後における大企業グループの構造調整と所有構造の変化」星野妙子編『発展途上国の企業とグローバリゼーション』アジア経済研究所，2002年．
柳町功「韓国財閥におけるオーナー経営の執拗な持続」服部民夫・松本厚治編『韓国経済の解剖』文眞堂，2001年．
柳町功「韓国における企業構造改革の展開—外国資本の影響と韓国的経営風と—」梅垣理郎編『総合政策学の最先端　Ⅲ』慶應義塾大学出版会，2003年．
柳町功「韓国の企業統治構造」佐久間信夫編著『企業統治構造の国際比較』ミネルヴァ書房，2003年．
〈韓国語〉
公正去来委員会『公正去来政策推進方向』2003年8月29日．
公正去来委員会『2004年度相互出資制限企業集団等指定』2004年4月2日．
公正去来委員会『大企業集団所属金融保険社の議決権行使範囲縮小方案』2004年5月27日．
公正去来委員会『2004年出資総額制限企業集団株式所有現況分析』2004年8月5日．
公正去来委員会『公正去来法改正及び向後計画』2004年12月13日．
証券去来所『主要グループ時価総額および外国人保有現況』2004年4月20日．
証券去来所『外国人持分率と実績現況』2004年8月24日．
証券去来所『最大株主持分と種目別外国人全体持分比較』2004年10月29日．
韓国企業支配構造改善支援センター『2004年上場企業株主総会議案および決議内

容分析』2004年4月8日.
韓国企業支配構造改善支援センター『理事会構成と社外理事業務支援現況分析』2004年7月28日.
韓国企業支配構造改善支援センター『社外理事制度導入以後　理事会運営の変化調査』2004年8月25日.

第5章　内部統制システムとコーポレート・ガバナンス

はじめに

　1997年の通貨危機以降，韓国においては産業構造とさまざまな法制度上の変化を含めた急激な経営環境の変化が見られている．通貨危機以前には内部統制はトップ・マネジメントの関心を引き寄せるような重要な課題ではなかった．しかし，通貨危機以降，内部統制はコーポレート・ガバナンスおよびリスク・マネジメントとともに，企業の競争力，存続可能性に大きく影響を及ぼすような重要な要素のひとつとして認識されている．実際に，韓国では財閥大企業のディスクロージャーと会計情報の信頼性の問題が通貨危機の主な原因のひとつとして取り上げられ，その解決のためのさまざまな制度的な整備とその議論が行われた．通貨危機発生直後，この問題に関連して復興開発銀行（IBRD）と国際通貨基金（IMF）は救済金融の提供を条件としながら，監査委員会の導入などのような制度的整備を強力に要求していた．さらに，近年発生した総資産規模では財界3位のSKグループの一企業であるSKグローバルの粉飾事件は，通貨危機以降整備されている法制度のさらなる改革の必要性が問われる契機となった．

　周知の通りに，このような動向は2002年に米国で制定されたサーベンス・オクスレー法（Sarbanes-Oxley Act），いわゆる「企業改革法」による影響が大きい．これによって，近年，エンロンやワールドコムなどの米国大企業で続発している企業不祥事を事前に防止するための装置，すなわち，米国公開株式会社における内部統制システムを一層強化するための制度的基盤が整ったと考えられる．本章ではこれらの問題に着目し，近年多発している企業不祥事の対応策として注目を浴びている内部統制システムをコーポレート・ガバナンスとの関連で考察する．具体的には，韓国主要企業の内部統制システム，企業不祥事の発生要因，近年制定された法制度の改正などを中心に明らかにする．

第1節　サーベンス・オクスレー法の影響

　上述したように，サーベンス・オクスレー法案，いわゆる「企業改革法」にブッシュ大統領が署名することによって，米国においては内部統制システムを強化するための制度的基盤が整った．同法は11種類の条項から構成されているが，その主な内容は以下のようである[1]．

- CEOとCFOによる確認書提出および内部統制に対する経営者報告書と外部監査人の監査
- 上場企業とトップ・マネジメントに対する開示基準の強化
- 監査委員会の責任強化
- 監査人の独立性強化
- 監査法人を監督するためにSEC (Securities and Exchange Commission；アメリカ証券取引委員会) 傘下に独立機構である会計監督委員会の新設
- 企業不正および不祥事に対する処罰の強化

　この法律の制定によって経営陣の投資家への責任強化，情報開示の向上，コーポレート・ガバナンスの強化など従来の企業不祥事の事前防止策に加え，さらなる法制度上の強化が期待される．本来なら，企業のマネジメント・プロセスにおいて当然果たされるべき機能が実行されないため，米国政府が公的規制によって企業不祥事を事前に防止しようとする意図として解釈できる．

　同法律の制定は近年，監査法人，格付け機関や非監査人など当該企業に対して第三者機関として情報開示に関する法律や社会的ルールの遵守を確保する機能を果たす存在として関心が高まっているゲートキーパー（gatekeeper）に対する規制強化を示すものである[2]．

　この法律の前身である1934年で制定された証券取引法（いわゆる34法案）より一層関心が寄せられているのは，「有価証券がどこに動くのか（where securities go）」の問題ではなく，「人々が何をするのか（what people do）」の問

題を取り扱ったからに他ならない.34年法(the '34 Act)の制定によって証券取引委員会(SEC)が発足し,1933年の有価証券法にしたがって株式公開した会社を規制するための枠組みが設定された.サーベンス・オクスレー法はちょうどそれらの法律を微調整したより若干多く変更したくらいである.

このサーベンス・オクスレー法は直接的に米国証券取引所に上場されている韓国企業とその子会社,そして海外法人の国内子会社および支店などにも大きな影響を受けている.同法の第409条は,期限は定められていないものの,外国国籍の企業に対してSECに財務状況や会社経営上の重要な情報を即時に(on a rapid and current basis)開示することを義務づけている.当該外国企業が年次報告書のなかに主要経営責任者,主要財務責任者,主要会計責任者(principle accounting officer),会計監督員,または同様の職務に携わる人々に対して社内倫理規定の内容を書面で提出していることを義務づけており,もし関連する諸規定が存在しない場合はその理由について開示することを強制している.現在,米国証券市場には外国株式の現物に代わって売買される代替証券である預託証券(DR:deposit receipt)を発行する形で上場されているSKテレコム,韓国電力,KT,ハナロ通信,未来産業などの5社と,ナスダック(NASDAQ;National Association of Securities Dealer's Automated Quotations)に直接に上場されているThru-Net,ニューヨーク証券取引所(NYSE)に直接に上場されている国民銀行を含む7社がある.したがって,上記の7社およびその子会社は同法案に規制されることとなった.

第2節 内部統制とコーポレート・ガバナンス

サーベンス・オクスレー法のベースとなっているのは1992年に公表されたトレッドウェイ委員会支援組織委員会(COSO:Committee on Sponsoring Organization of the Treadway Commission)の「内部統制の統合的枠組み(Internal control-integrated framework)」という報告書である.この報告書によれば,内部統制の目的は業務の有効性と効率性,財務報告の信頼性,コンプラ

イアンスであり，その具体的なコントロール構成要因は大きく統制環境，リスクの評価，統制活動，情報と伝達，監視活動から構成されている[4]．

　内部統制におけるCOSOの定義によれば，「業務の有効性と効率性，財務報告の信頼性，コンプライアンスという目的の達成に関して合理的な保証を提供することを意図した，事業体の取締役会，経営者およびその他の構成員によって遂行されるプロセス」である[5]．これに対して内部監査（internal audit）は，内部統制システムを評価するものである[6]．したがって，内部統制のさらなる統制という二重統制の意味を有する．

　米国を中心とした内部統制に関わる動向はいうまでもなく韓国の企業社会においても大きな影響を及ぼしている．韓国の企業社会におけるさまざまな変化を明らかにする前に戦後の韓国における法制度の変遷について取り上げる．

(1) 内部統制と関連するコーポレート・ガバナンス改革の動向

　コーポレート・ガバナンスと内部統制との関係については，コーポレート・ガバナンスにおける内部統制の位置づけを検討することによって明らかにする．実際にコーポレート・ガバナンスの定義を行う際に一般的に取り上げられているのが狭義と広義の概念である[7]．前者の場合は，経済学のエイジェンシ理論でしばしば説明される，プリンシパル（株主）とエイジェンシ（経営者）との関係を指す．すなわち，従来まで米国の大企業で発生した経営者支配の問題をいかに抑制するのかという観点に立ち，企業の投資者かつ所有者である株主の権益をいかに保護するかというアプローチである．一方，後者の場合は，社会の一構成員である企業が社会全体に対して及ぼすさまざまな影響力（権力）に注目し，株主を含む多様な利害関係者の権益保護が企業行動のための方針に取り込まれるべきであるという観点に立っているものとして認識される．これに対し，内部統制は1992年に発表されたCOSOの報告書が世に出される以前までは少なくとも経営者が投資者の資産保護のために行うべき会計監査の手段として限定されたものとしての印象が強かった．

　しかし，米国の資本市場に2002年から2003年にかけて勃発したエンロンや

ワールドコムなどの上場大企業の粉飾事件は，従来，内部統制の主体であった経営者を監査対象とさせるきっかけを提供した．さらに，サーベンス・オクスレー法の制定のような米国での一連の動きはコーポレート・ガバナンスの定義をそれ以前までの狭義から広義への移行の流れ，すなわち，経営者の意思決定が株主だけにウェイトがおかれたものから利害関係者全体を重視する流れを，株主のみを重視する傾向へと逆戻りさせた動きとして理解される．

韓国企業は従来まで商法による監査役会制度を設けて運営してきたが，トップ・マネジメントに対する監視機能の限界性，所有と経営の未分離などが原因で実際的な牽制機能を遂行することが困難であった．経営トップに対する金融会社内部者の違法な行為や経営政策上の問題あるいは個別企業に対する違法な信用供与などのような問題は，内部監査組織が適切に経営トップを監視することが難しかった．

近年，コーポレート・ガバナンスと関連するさまざまな改革の中で最も注目を浴びているのが，少数株主権の行使要件の変化による株主行動主義（stockholder's activism）の台頭，「事実上の取締役（de facto director）」の責任規定の新設，取締役会内における各種委員会の制度の設置，そして社外取締役制度の導入などである．[8] これらの動向の中で内部統制システムと関連する最も中心的な内容が監査委員会制度の導入である．

韓国の商法は上記のように基本的に日本の商法典を導入しているため，内部監査を担当する常勤監査役が執行役（line management）を牽制する統制役割（controllership）を担っていた．このような監査報告体系は常に執行部署の運営上の問題を顕在化して改善策を提示することに焦点が合わせられている．これは人事・予算・会計に対する全社的な内部経営統制業務を担当する副社長レベルの会計監督員（controller）制度を採択し，営業担当副社長はマーケティング業務に専念するような二元化された体系を維持する欧米のそれとは異なる様子である．

韓国においては1997年のIBRDやIMFの強力な勧告により，取締役会の強

化を目的とした取締役会内における監査委員会の設置義務条項を新設した．これは1999年の商法改正の際，米国模範事業会社法（MBCA）に範をとり，取締役会の中に監査委員会の設置を義務づける条項として新設されたものである．しかし，監査委員会以外の，執行委員会，指名委員会，報酬委員会，代表訴訟委員会などの設置に関しては，義務ではなく，各企業の定款の定めるところによって自由に設置することが可能であった（孫，2000）．

しかし，取締役会内での監査委員会の設置義務化には，証券取引法（資産総額2兆ウォン以上の上場会社または証券会社），保険業法（資産総額2兆ウォン以上の保険会社），銀行法（すべての金融機関）の新設条項の適用をうける企業数が少な過ぎるという批判が多かった．実際に，2000年11月現在の上場企業数650社のうち，ただ65社のみがこの新たな規定の適用をうけることになっている．

次に，監査委員会の設置条項と関連して制定されたのが社外取締役の選任義務化である．これは商法（3人以上の取締役によって構成される監査委員会に関する規定，その3分の2以上を社外取締役で構成），証券取引法（証券会社の資産総額が2兆ウォン以上，取締役総数の2分の1以上が社外取締役で構成，社外取締役数は3人以上），保険業法（保険事業者の資産総額が2兆ウォン以上，取締役総数の2分の1以上が社外取締役で構成），銀行法（すべての金融機関は3人以上の社外取締役を設置，取締役総数の2分の1以上が社外取締役で構成）等々によってそれぞれ新たな法律が改正された．これらの法律は，銀行法以外に「社外取締役候補推薦委員会」の設置が義務化され，株主総会（または社員総会）はこの委員会が推薦した候補者の中から社外取締役を選任することになっている．

監査委員会の主な役割は，内部監査業務，監査担当部署の指揮・監督，順法職員の報告および依頼事項，外部監査業務，金融事件の予防業務，株主総会，取締役会および取締役の関連業務などの業務に定められている．

(2) コンプライアンス

コンプライアンス・オフィサー (compliance officer) の主な役割は，内部統制政策の樹立，内部統制実態に対するモニタリングおよび改善要求，日常業務に対する事前監視，内部統制に対する役員の教育，顧客保護関連業務の適正性点検，監査当局および監査組織との協調・支援，監査結果記録の維持などである[9]。

内部統制規準およびコンプライアンス・オフィサー制度の導入は，金融会社の内部統制機能を強化するために2000年に銀行法，総合金融会社に関する法律，総合信用金庫法，証券取引法，証券投資会社法，証券投資信託業法，先物取引法，保険業法などを改正した．同法律によって銀行・保険・投資信託領域は2000年6月23日に，総合金融会社領域は2000年7月10日に，そして証券領域は2000年9月8日に各々の法律施行令に内部統制規準に含まれるべき内容およびコンプライアンス・オフィサーの任免と選任資格関連事項が規定された[10]．その後，証券，投資信託および証券投資領域は2001年3月28日に，銀行は2002年4月27日にそれぞれの金融関連法律施行令で定めていたコンプライアンス・オフィサーの任免および選任資格関連内を法律で規定するよう法律を改正した．この制度の導入は預金者および投資者などのための保護装置として設けられたが，導入の背景にはやはりCOSOなどの制定のような米国からの影響が大きい．

日本の金融監督庁にあたる金融監督院は金融機関に対して「遵法監視室」(compliance department) の設置を義務づけている[11]．韓国大手A銀行の場合，2003年現在，コンプライアンス・オフィサーは最高経営責任者が担当しており，監査委員会のメンバーにもなっている[12]．遵法監視室の組織は銀行ごとに異なるが，約14名で構成されているのが普通である．A銀行の場合，倫理教育，倫理プログラム，会社内でホットラインなどの設置と運営などの義務化の動向は見られるものの，その成果は未だに表れていない状況にある．実際に，A銀行の場合，カード偽造事件で顧客の預金口座から巨額の金額が引き出される事

図表5－1　監査委員会とコンプライアンス・オフィサーの機能比較

区分	監査委員会の役割	コンプライアンス・オフィサーの役割
主な役割	トップマネジメントの業務遂行を第3者的な観点から牽制・監視（株主の立場）	トップマネジメントが職務遂行の際に，自ら内部統制基準を遵守させるためのシステムを構築・運営（トップマネジメントの立場）
根拠となる法律	商法	金融関連法律
活動主体	監査委員会及びその支援組織	遵法職員及びその支援組織
主な業務	取締役に対する業務・会計監査，取締役の処罰，外部監査人の任免，監査当局への各種提出書類の事前検討，監査議事録の作成及び報告など	内部統制システムの構築，内部統制実行実態の監視と改善要求，日常業務に対する事前監視（法律遵守の側面から），内部統制制度における取締役の教育，倫理綱領の制定及び運営，監督当局及び監査組織との協調
上位機関	取締役会	代表取締役，銀行頭取
相互関係	取締役会，経営陣及び法律遵守に対する監査 遵法職員及び支援組織に対する監査	内部統制基準の違反が発見された際に監査委員会に報告する義務，監査業務の支援及び諮問

出所）金融監督院「監査業務便覧（Ⅳ）内部統制及びコーポレート・ガバナンス関連監査業務」2002年．韓国証券業協会証券研修院「内部統制及び職務倫理課程」2002年．

件が発生した際，経営トップによる銀行内部でのもみ消しが発覚，株価が暴落する悪影響を及ぼした．

　監査委員会は取締役会の内部に存在する委員会として主に株主の立場から経営陣の職務に対する監督と監査業務を遂行しているのに対し，コンプライアンス・オフィサーは経営陣の立場から会社の内部統制制度の構築とそのシステムの運営および監視をする．図表5－1は上記の監査委員会とコンプライアンス・オフィサーの機能を比較したものである．

第3節　韓国企業における内部統制システム

　2000年から2003年の間に発生したエンロン，ワールドコム，ゼロックスの

企業不祥事は全世界からの大きな衝撃を与えた．これらの企業不祥事の発生の主な要因となっている粉飾会計問題は韓国においても新しい問題ではなかった．図表5—2は1980年以降発生した大企業の不祥事を整理したものである．

(1) 粉飾会計の問題

総資産規模で財界3位にランクされているSKグループの一企業であるSKグローバルが2兆ウォン程度の粉飾会計を行った事件は韓国経済に大きな打撃を与えている．

今までの韓国における粉飾会計の発生原因は以下のように要約できる．

第1に，良質な会計情報に対する需要が不足していることである．この問題が発生している原因は多くの株主たちが不適切な財務報告書でも株価が一定水準を維持したり，ある程度の配当さえ保証されればよいという認識をもっていたことに起因する．これは通貨危機以前に多くの大企業が株式発行などのような直接金融より銀行からの融資などのような間接金融に頼っていたからである．したがって，近年まで，効率性より資金融資の過程において「官治金融」のような政治的要因に影響を受けている部分が大きい．

第2に，企業内部の会計統制の欠如がある．すなわち，内部での会計帳簿の作成の主体や方法に対する原則と手続きに関わる問題である．実際に，韓国企業の多くが随時に会計情報を修正可能な状況にある．

第3に，外部監査機能の欠如がある．外部監査人が粉飾防止という本来の機能を発揮するためには監査人が外部からの圧力を受けることなく監査できる独立性が保証されなければならない．しかし，韓国企業においては監査人を決定する権限が実際に会社側，特にオーナー側にあるため，外部監査人の独立性が阻害される可能性が高いと指摘される．この問題は，実際，米国のエンロンが会計監査と経営コンサルティングを平行して受けたアンダーセンとの結託で粉飾会計が生じかねない原因となったことで有名である．とりわけ，近年では会計法人の業務領域がコンサルティング領域まで拡大される傾向や，会計法人が特定の企業に依存する傾向が強くなり，監査人の独立性の維持が難しくなりつ

図表5—2　内部統制問題と関連する企業不祥事（80年代以降発生）

企業名	発生年度	内容	事件の原因	損失額（ウォン）
光州銀行	1989年	為替取引による売買損失	担当者個人への過度な信頼	344億
水協中央会	1995年	為替取引による売買損失	担当者個人への過度な信頼	194億
SKグローバル	2003年	経営破綻と粉飾会計	海外現地法人への連帯保証	2兆5千億
ウリィ・クレジットカード	2004年	横領事件（株式・先物・オプション投資による損失）	M&A直前の統制機能の低下	400億
KOLONキャピタル	2004年	横領事件（株式・先物・オプション投資による損失）	M&A直前の統制機能の低下	475億

出所）三星経済研究所サーベンス・オクスレー法Forumより筆者作成．（www.seri.or.kr）

つある．さらに，会計法人が会計監査手数料を競争的に低下した結果，十分かつ忠実な監査の遂行を困難にさせる原因ともなっている．

　第4に，粉飾会計を行った企業に対する処罰の寛大さがある．1997年末の通貨危機以降，韓国では粉飾会計に対する効率的な取締りと処罰のための制度的な改善が行われた．粉飾会計を故意に起した企業に対しては原則的に刑事告発が可能となり，また，業務過失で違反した場合でも担当者の解任勧告や課徴金附加など処罰措置が可能になった．また，監査人および公認会計士が重大な粉飾会計を黙認・放置した場合には資格剥奪・登録取消などの行政措置を行い，業務過失による監査に対しても監査業務に不利益を与えるようになった．

　しかし，実際の粉飾会計と関連する企業や監査人・会計士に対する処罰は，1998年から2001年の間に粉飾決算を行った企業に対する告発は1999年に1件，2000年に5件，2001年に1件に過ぎなかった．担当役員の解任勧告についても，1999年に6件，2000年に7件に過ぎなかった．さらに，粉飾会計と関連する監査人あるいは会計法人に対する設立認可の登録取消に対する処罰は未だに1件も行われていない．

(2) 通貨危機前後の変化

韓国においては，上述したさまざまな粉飾事件の多発をきっかけにその防止策として有効と思われる企業の内部統制システムに対する関心が高まっている[13]．実際に，このような傾向は，通貨危機以降コーポレート・ガバナンスと関連する一連の改革と同時に行われた点に注目したい．韓国政府と多くの財閥大企業を中心に行われた重要な会計情報のディスクロージャー向上のための努力にはIT活用による会計情報のデジタル化，会計情報開示の義務化，監査・指名委員会の設置による外部監査人の独立性の強化，企業会計基準の改正，民間会計基準制定機関である韓国会計研究院の設置などが見られる[14]．

では実際にこれらの動向はいかなる変化をもたらしたのかについて考察する．黄聖植と韓仁九（2004）は，韓国企業の内部統制システムについて通貨危機の前後の変化を比較した．

彼らは米国のCOSOの定義に基づいて統制環境と，ITシステム環境およびモニタリングの2つに分けて分析した．統制環境は組織構造，リスク・マネジメント，トップ・マネジメントのモニターリングについて分析し，またITシステム環境およびモニタリングについてはITの組織・システム・モニタリングについて分析を行った[15]．

図表5―3が示しているように，韓国企業の全般的な内部統制水準はATP加重平均の結果が明らかにしているように1997年の2.77から2002年には3.48に改善された．その最も改善された要素はリスク・マネジメントであり，最も改善が見られない要素はIT機能と組織である．

(3) 近年の内部統制と関連する法律改正の動向

第1は，2003年12月11日から実施された公認会計士法の改正である[16]．これは外部監査人が使用人（非監査人）のコンサルティングなどの業務の兼務を禁止することにその制定の目的がある．具体的には，非監査人に対して会計記録と財務諸表の作成，内部監査業務の代行，財務情報体制の構築および運営，非監査人の立場から財務報告と直接的に関連する価値評価，取引および契約の

図表5—3　内部統制システムと関連する法律改正

法　律	実施日	主な改正内容
公認会計士法	2003年12月11日	非監査業務の制限，独立性関連制限対象に配偶者を追加，会計法人関連職務制限条項の明確化，公認会計士の修習期間の短縮（2年から1年に）など
株式会社外部監査法	2004年4月1日	外部監査人の定期的交代義務化，監査調書の作成および保管義務，不正行為申告者の保護，内部会計管理制度，会計基準の明文化，監査報告書の作成及び内容の明文化，監理指摘事項の通報など
証券取引法	2004年4月1日	有価証券申告書及び事業報告書に対するCEO・CFOの確認及び署名，虚偽告示関連刑事処罰対象の拡大，監査委員会の専門性向上，半期報告書に対する公認会計士の検討対象の拡大など
証券関連集団訴訟法	資産総額2兆ウォン以上の公開企業は2005年1月1日から施行，資産総額2兆ウォン未満の企業は2007年1月1日から施行	集団訴訟の適用範囲，時効期間の明示，訴訟提起の前提条件，損害賠償額の算定など

出所）晟都会計法人「韓国の会計関連法律改正の主要内容」2004年．

公正性に対する意見提示，人事業務などの主要経営職務の総括代行などがある．これら以外の非監査業務については非監査企業の監査あるいは監査委員会との協議後，内部統制手続に準拠して実行が可能となっているが，その具体的な内容は文書化して8年間保存するように義務づけられている．

　第2は，2004年4月に試行された株式会社外部監査法の改正である．これは監査法人および公認会計士の換算責任の強化を主な目的としたが，具体的な内容には外部監査人の定期的交代（6年以内）の義務化，「事実上同一監査人に属する人」の規定，監査調書の作成および保管義務（8年間），不正行為申告者に対する保護条項の新設，内部会計情報管理規定とその運営組織の新設の義務化，会計監査基準の明文化（従来は公認会計士が定め事後的に金融監督委員会の承認を得たが，改正後は事前承認へ），監理指摘事項の証券取引所への通報

義務などがある.

　第3は，2004年4月に実施された証券取引法の改正である．これは経営者や公認会計士の財務報告書に対する責任強化，監査委員会の機能強化を主な目的としている．具体的な内容は有価証券申告書，事業報告書に対する CEO と CFO の確認・署名の義務化，虚偽告示関連刑事処罰対象の拡大（特に故意的な記入漏れに対しては），監査委員会の専門性の向上（監査委員会の3分の2以上が社外取締役，その委員の中の一人は会計専門家，監査委員会の代表は社外取締役），四半期報告書に対する公認会計士の検討対象の拡大（資産1兆ウォン以上の証券取引所や KOSDAQ の企業，改正前は2兆ウォン以上）などがある．

　最後に，証券関連集団訴訟法の改正についてである．これは，1990年以降その制定をめぐって学界をはじめ政治界，財界，市民団体との間に活発な議論が行われていた．2001年12月，証券関連集団訴訟法案を政府が国会に提出することによって具体的な論議が行われた．この問題は盧武鉉韓国大統領が大統領選挙当時，経済・財閥改革の一案として，集団訴訟制の導入を政府が出帆100日以内に導入・施行すべき課題のひとつと挙げて注目された[17]．

おわりに

　以上，われわれは内部統制についての近年の流れを概観した．韓国では1997年の通貨危機以降強化された内部統制システムを一層強化する法制度の改正が2003年末から見られる．通貨危機直後の企業改革の動向が IMF や IBRD などの外圧による部分が多かったならば，2003年以降のさらなる改革は SK グローバル粉飾事件のような企業不祥事からの悪影響を事前に防止するための政策としての意味が強いと考えられる．しかし，近年銀行間で行われている M&A の直前に続発している横領事件（株式・先物・オプション投資による損失）や電算システムの監視機能の隙間を狙った支店レベルでの実務担当者の不正行為の発生などは，近年強化された内部統制に対する規制強化とは別の次元での課題として残されている．すなわち，本社のトップ・マネジメントに限ら

れて規制される現在の法律以外に,全社あるいはグループ企業全体レベルでの体系的な内部統制が必要とされる.

また,今までのような法律改正による同一形式を義務づける強制的適用だけではなく,優れた内部統制を実行している企業に対してはインセンティブ制度などのようなより積極的な支援策が必要とされる.

(文載皓)

注)

1) Moeller, Robert, *Sarbanes-Oxley and the New Internal Auditing Rules*, John Wiley & Sons Inc., 2001, pp.3-7.
2) ゲートキーパーに関する近年の業績は以下のようである.
Coffee, John C., "The Acquiescent Gate Keeper : Reputational Intermediaries, Auditor Independence, and the Governance of Accounting," *Center for Law and Economics Studies Working paper*, No.191, Columbia Law School, May, 2001. Healy, Paul M. and Krishna G. Palepu, "The Fall of Enron, *Journal of Economic Perspectives*, Vol.17, No.3, 2003, pp.49-70.
3) Wiesen, Jeremy, "Congress Enacts Sarbanes-Oxley Act of 2002 : A Two-Ton Gorilla Awakes and Speaks," *Journal of Accounting*, Auditing & Finance, 2003, p.429.
4) COSO (The Committee of Sponsoring of the Tready Commission), Internal Control, AICPA1992 and 1994. 鳥羽至英・八田進二訳『内部統制の統合的枠組み』白桃書房,1996年,5～9ページ.
5) 同上訳書,18ページ.
6) 日本管理会計学会編『管理会計学大辞典』中央経済社,2002年,70～71ページ.
7) コーポレート・ガバナンスの概念規定については,出見世『企業統治問題の経営学的研究』文眞堂,1997年を参照されたい.
8) 近年の韓国企業のコーポレート・ガバナンス改革については,文載皓「韓国における企業倫理と企業統治の現状と課題」中村瑞穂編著『企業倫理と企業統治の国際比較』文眞堂,2003年を参照されたい.
9) 日本で「遵法職員」として訳されている "Compliance officer" は,韓国では「遵法監視人」という表現を使うのが普通である.
10) 金融監督院「銀行の遵法職員制度運営のための模範規準」2002年,3ページ.
11) 金融監督院は金融機関に対する監査・監督業務を行うことによって健全な信用者・投資家などの金融消費者を保護することを目的とする政府機関である.

「金融監督機構設置などに関する法律」により1999年1月設立された．金融監督委員会と証券先物委員会の執行機構として従来の銀行監督院・証券監督院・保険監督院・信用管理基金の4つの監督機関を統合して設置された．組織は院長1人，4人以下の副院長，9人以下の副院長補，監査1人を置く．院長には，金融監督委員会の委員長が兼任し，副院長と副院長補は院長の推薦で大統領が任命する．副院長・副院長補・監査の任期は3年である．この他に金融機関・保険会社など金融監督院の監督を受ける機関と預金者などの利害関係のある人との間に紛争が発生した場合，これらの事項に関する審議・議決を行う機関として金融紛争調整委員会を措く．この委員会は委員長1人を含んだ30人以下の委員で構成される．主な業務としては，① 金融監督委員会や証券先物委員会の指示・委任・委託による金融機関監督，② 金融機関の業務・財産状況に対する検査とその結果に伴う措置，③ 金融監督委員会と証券先物委員会の業務補佐などがあげられる．（出所：金融監督院ホームページ：http://www.fss.or.kr/kor/koreanIndex.html）

12) A銀行の場合，2004年3月15日の順法監視室を訪問し，インタビュー調査した．
13) 韓国企業の内部統制について実証的に分析した近年の研究には，黄聖植・韓仁九（2004），金チャンス（2003）などがある．
14) 金チャンス「会計環境変化が内部統制構造および会計情報の質に及ぼした影響」『大韓経営学会誌（DAEHAN Journal of Business）』2003年，1～27ページ．
15) 分析方法については先述した六つの統制要素の相対的重要性を決定するために10年以上の経歴を持つ5人の監査人の意見を適用したAHP（Analytic Hierarchy Process）が使用された．これは複数の代替案を評価する際に多く利用される方法である．また，調査対象企業は韓国を代表する企業51社が入っている．（出所：黄聖植・韓仁九「IMF通貨危機前後の韓国企業における内部統制水準の変化に関する研究」『CFO』2004年，79～80ページ．
16) 韓国で法定監査を担当するようになったのは，1963年に証券取引法が改正されてからである．1960年代までは公認会計士の社会的認識がきわめて希薄で，一般事業界における会計管理者に対する関心も少なかった．さらに，1973年に政府が行った資本市場育成政策の一環として，証券取引法の一部修正，企業公開促進法の制定が行われた．実際に，これらの法制度改革は，上場法人，公募増資法人，社債発行法人，上場を準備する法人に対して政府に有価証券申告書の提出が義務づけられた．（出所：権泰殷，前掲書，86～87ページ）
さらに，2004年4月現在，公認会計士として登録されている数は7216名である．この数字は登録が始まった1960年の81名から徐々に増加傾向にあり，毎年約100名程度の人数で増加している．1972年12月の株式会社の外部監査に関

する法律の制定された後,その数が急激に増加している.(出所:KICPA(The Korean Institute of Certificated Public Accountans ; http://www.kicpa.or.kr/index.html)
17) イ ジョンファン「米国の証券集団訴訟制度とわが国の証券集団訴訟法制定に関する検討」良い企業統治研究所,2003年.

参考文献
〈日本語〉
醍醐聰責任編集・今福愛志編著『企業統治の会計』東京経済情報出版,2003年.
權泰殷『韓国会計制度論』同文舘,1989年.
佐久間信夫編著『企業統治構造の国際比較』ミネルヴァ書房,2003年.
日本管理会計学会編『管理会計学大辞典』中央経済社,2002年.
文載晧「韓国における企業倫理と企業統治の現状と課題」中村瑞穂編著『企業倫理と企業統治の国際比較』文眞堂,2003年.
森實『内部統制の基本問題』白桃書房,2000年.
柳町功「韓国財閥におけるオーナー支配の執拗な持続」松本厚治・服部民夫『韓国経済の解剖』文眞堂,2001年.

〈英　語〉
Coffee, John C., "The Acquiescent Gate Keeper : Reputational Intermediaries, Auditor Independence, and the Governance of Accounting," *Center for Law and Economics Studies Working paper*, No.191, Columbia Law School, May, 2001.
COSO (The Committee of Sponsoring of the Tready Commission), Internal Control, AICPA1992 and 1994. 鳥羽至英・八田進二訳『内部統制の統合的枠組み』白桃書房,1996年.
Healy, Paul M. and Krishna G. Palepu, "The Fall of Enron," *Journal of Economic Perspectives*, Vol.17, No.3, 2003, pp.49-70.
Klein, April, "Likely Effects of Stock Exchange Governance Proposals and Sarbanes-Oxley on Corporate Boards and Financial Reporting," *Accounting Horizons*, Vol.17, No.4, December 2003, pp.343-355.
James, Kevin L., "The Effects of Internal Audit Structure on Perceived Financial Statement Fraud Prevention," *Accounting Horizons*, Vol.17, No.4, December 2003, pp.315-327.
KICPA (The Korean Institute of Certificated Public Accountants (http://www.kicpa.or.kr/index.html)
Kim, J., "Recent Amendments to The Korean Commercial Code and Their Effects On International Competition," *University of Pennsylvania journal of*

International Economic Law, Vol.21, 2000, pp.273-330.

Geiger, Marshall A. and Taylor Ⅲ, Porcher L., "CEO and CFO Certifications of Financial Information," *Accounting Horizons*, Vol.17, No.4, December 2003, pp.357-368.

Moeller, Robert, *Sarbanes-Oxley and the New Internal Auditing Rules*, John Wiley & Sons Inc., 2001.

Park, Yoon-Shik, "Reform of the Political-Social Culture in the Northeast Asia : Corruption and Government," ICAS Spring Symposium (Asia's Challenges Ahead), Institute for Corean-American Studies (University of Pennsylvania), Inc., May 7, 1999.

Wiesen, Jeremy, "Congress Enacts Sarbanes-Oxley Act of 2002 : A Two-Ton Gorilla Awakes and Speaks," *Journal of Accounting*, Auditing & Finance, 2003, pp.429-448.

〈韓国語〉

金チャンス「会計環境変化が内部統制構造および会計情報の質に及ぼした影響」『大韓経営学会誌 (DAEHAN Journal of Business)』2003 年，1 〜 27 ページ．

金融監督院「銀行の遵法職員制度運営のための模範規準」2002 年．(金融監督院ホームページ：http://www.fss.or.kr/kor/koreanIndex.html)

Anjin 会計法人「証券取引法，外部監査法改正の影響とその対応―企業に及ぼす影響と企業の対応策を中心に―」2004 年 3 号．(www.anjin.co.kr)

李チャンウ「監査委員会の導入方向」『経営論集』第 36 巻 2・3 号，2002 年，547 〜 579 ページ．

晟都会計法人「韓国の会計関連法律改正の主要内容」2004 年.

李ジョンファン「米国の証券集団訴訟制度とわが国の証券集団訴訟法制定に関する検討」良い企業統治研究所，2003 年.

KICPA (The Korean Institute of Certificated Public Accountants ; http://www.kicpa.or.kr/index.html)

黄聖植・韓仁九「IMF 通貨危機前後の韓国企業における内部統制水準の変化に関する研究」『CFO』2004 年，79 〜 80 ページ．

第6章　会社機関構造とコーポレート・ガバナンス

はじめに

　最近，先進主要国のみではなく，アジア諸国におけるコーポレート・ガバナンスの問題が注目を浴びている．韓国においても，1997年の経済危機をきっかけにコーポレート・ガバナンスに対する関心が高まるとともに日本より先行して抜本的な法制度の改革が行われ，施行されている．コーポレート・ガバナンスが効率的に行われるためには，企業内部の監視体制としての会社機関の役割が重要であることはいうまでもない．特に，所有経営者が経営に大きな影響力を持つ韓国企業においては，株主総会，取締役会，監査役会および監査委員会などの会社機関のモニタリング機能が適切に行われなければならない．したがって，本章においては，韓国上場企業の会社機関構造を中心にコーポレート・ガバナンスの動きを分析する．韓国上場企業の会社機関の構造とその問題点を指摘し，コーポレート・ガバナンスの改革によって制度的に変化した会社機関構造を検討した上で，改革後における会社機関の最近の動向を分析し，残されている課題を明らかにしたい．

第1節　会社機関構造の問題点

(1) 韓国の会社機関の制度的構造

　韓国の会社機関構造の制度的変化は商法および証券取引法の改正により，行われた．韓国の会社法は，1962年まで第2次世界大戦後も植民地時代の日本の商法をそのまま適用していたが，1963年になり，旧商法を再編する一方，日本の1950年の商法を参考にして新商法を制定した．日本の会社法と同じように，商法典の一部（第3編）になっており，会社編の内容も合名・合資・株式・有限会社の4種で構成され，韓国商法は1962年1月20日に制定，1963年1月1日から施行された．これが基本的な商法で，全文5編（総則・商行

為・会社・保険・海商）と補則で構成されている．その後も数回にわたって改正されている．

韓国の会社の機関としては，「株主で構成され，会社の基本的事項に関して会社の意思を決定する必要常設機関」としての最高意思決定機関である株主総会（商法第361条）と，「会社の業務執行に関する意思決定および取締役の職務執行を監督する権限を有し，取締役全員で構成される株式会社の必要常設機関」として取締役会（商法第383条）および「取締役の業務執行を監査し，また，会計を監査する権限を有する株式会社の必要常設機関」としての監査役（商法第412条）がある．これらの会社機関がガバナンスの役割を果たすこととなっている．代表取締役は，「対内的には会社の業務執行を行い，対外的には会社を代表する二つの権限を持つ株式会社の必要常設の独立的機関」（商法第383条）である．1999年の商法改正以前の制度的構造は，商法改正以前の日本とほぼ同様であった．

(2) 株主総会の形骸化

株主総会は企業において最高意思決定機関であり，取締役・監査役に対する任免権を有し，合併，営業譲渡，定款変更，新株発行など会社の重要な事項についての意思決定権をもっている．したがって，株主総会がその機能を果たしていれば，企業経営活動に対し監視・牽制の機能は効果的に発揮されるはずである．

しかし，株主総会は名目上の行事に留まっており，経営監視機構としてその機能を発揮していないのが事実である．株主総会が形骸化した要因としては，1997年度の上場企業の開催日を見ると，約70％が2月末から3月中に開催しており，上場企業の株主総会が特定期間，特定日に集中している．このように株主総会の開催日が集中していることは，会社とその支配株主が少数株主の参加を制限していることを意味している．大企業グループの場合，大部分の創業者およびその家族が支配的株式持分を保有し，経営権を掌握している[1]．そのため，株主総会において大株主以外の少数株主の発言力は影響力を持ちにくい．

また，機関投資家も，会社の提案に対して支持する程度の役割しかなく，機関投資家の活動はきわめて弱いことも問題である．株主に対する情報開示が適切になされていないことも挙げられる．

(3) 取締役会の監視機能の不在

韓国では株式会社の業務執行機関は取締役会と代表取締役になっており，取締役会は業務執行と経営監督機能を兼ねる．商法上，株式会社（資本金5億ウォン未満の会社は例外）は3人以上の取締役で構成される取締役会を置かなければならない．この取締役会は会社のすべての業務執行に関する意思決定の権限をもつ（商法第383条）．

韓国の株式会社において，取締役会は上場企業の場合でも支配株主および所有経営者が会長，代表取締役，または非常勤取締役の名称で取締役会の構成員として参加し，経営権を行使している．2002年度の上場企業の代表取締役631名にうち企業の創立者およびその家族が232名（36.8％）を占めており，最も多い．韓国大企業における重要な経営意思決定は所有経営者によって行われている．そのため，1998年度の上場企業の取締役会構成比率をみると，内部昇進者が63％，親族関係にある者が12％，外部者（社外取締役とは違って，当該会社と利害関係にある政府，銀行，取引会社などから選任されて来た者）が22％，社外取締役が3％で構成されている．このように支配株主である所有経営者が取締役の選任に実質的な権限を行使しているため，取締役の独立性が欠如しており，彼らによる監視機能はほとんど機能していない．また，企業の規模が大きければ大きいほど取締役会の人数も多かった．たとえば，1996年から1998年までの1兆ウォン以上の企業における平均取締役数は25.7名であった．取締役会の問題点として，取締役会を構成する取締役の人数が多いこと，最大株主によって取締役の選任が左右されること，取締役が執行活動と監視機能を兼ねていること，代表取締役に権限が集中していること，取締役会の運営が形式的になされていることが挙げられる．

(4) 監査役会の独立性の欠如

監査役は会計および業務の監査を任務とする株式会社に必要とされる常設機関であり，度重なる商法改正によって監査役に会計監査だけではなく業務監査権も認め，任期を延長するなど監査役の地位が強化された．しかし，大企業の所有経営者と特殊な関係にある者および従来その会社の使用人であった者を常勤監査役に選任するケースが多く[6]，その常任監査役は独立性を喪失し，監査業務を遂行することも難しい．監査役の問題点も取締役会と同様，監査役が取締役会および代表取締役から独立していないこと，監査役の選任が代表取締役によって実質的になされていることなどが挙げられる．

以上のように，経営者の執行活動に対する監視・チェック活動を行わなければならないトップ・マネジメントが絶大な経営権および支配権を有する支配株主・所有経営者の執行活動を監視することはなかった．以上の通り，韓国企業の会社機関はガバナンスの観点から多くの問題を抱えており，形式的に存在するのみで，その機能はまったく果たされていなかった．こうした問題の改善を目的として，制度的見地から再構築をはかるため商法の改正に踏み切った．

第2節　コーポレート・ガバナンスの改革と会社機関構造の変化

(1) コーポレート・ガバナンスの改革

1997年の経済危機以後，非効率的かつ不透明な経営などが原因で，多くの大企業が相次いで破綻したことにより，コーポレート・ガバナンスの改革が行われた．その経済危機の根本的な原因は，企業内部（internal discipline）および外部の市場（market discipline）からのガバナンス・システムの欠如であるといわれている．韓国企業のガバナンス問題は，オーナー経営体制という経営環境の中で，所有経営者に対する執行活動の監視・監督が行われていないことである．このような問題を解決するために，政府主導下で，企業経営の透明性を向上させるために本格的なコーポレート・ガバナンスの改革が推進された．この改革は，IMFやOECD等外部からの強い要求によるものであったが，韓国

国内でも民間委員会として「企業支配構造改善委員会[7]」が設立され，企業統治のガイドラインとなる「企業支配構造模範規準」を作成するなど，国内でもガバナンスの構築に取り組んだ．この企業支配構造模範規準はその後行われる商法，証券取引法などの改正に影響を及ぼしている．韓国の企業支配構造模範基準は，企業支配構造改善委員会が上場企業を対象に，OECD のコーポレート・ガバナンスの原則をもとに作成し，株主，取締役会，利害関係者，情報開示などが共通内容となっている．

韓国で行われたコーポレート・ガバナンスの改革の主要内容として，次の4つが挙げられる．第1に，株主権利を保護する目的として，少数株主権の強化や支配株主の責任強化，機関投資家の議決権の認定が行われた．支配株主の責任強化として，事実上の取締役（de facto directors）の制度を導入した（商法第401条[8]）．第2に，取締役会の制度改革として，全上場企業の社外取締役の導入義務化（4分の1以上）と監査役に代替できる監査委員会制度を導入した（商法第415条）．このような取締役会の制度の改革は，経営者の執行活動に対する監視機能を強化し，経営の透明性を向上させることを目的としている．第3に，企業会計の透明性を高めるために企業会計制度（企業会計基準の改正，外部監査強化，「企業集団結合財務諸表」の作成）および開示「公正開示」（fair disclosure）制度（四半期報告書の開示）を強化した．第4に，市場規律を強化するための改革には，M&A 関連各種規制の廃止，外国人の株式投資限度の廃止などがある．このなかで，会社機関構造の制度的変化を詳しくみていこう．

(2) **会社機関構造の制度的変化**

商法改正以後，社外取締役の導入，取締役会内委員会の設置，監査役会の変わりに監査委員会の設置の選択など会社機関構造が大きく変わっている（図表6―1）．

コーポレート・ガバナンスの改革の中心となったのは，社外取締役制度と監査委員会制度の導入である（図表6―2）．これは，取締役会の機能を活性化させて企業経営の透明性および監視機能を高めるために取り入れたアメリカ型の

図表6—1　企業統治システムの制度的変化（1999年12月改正）

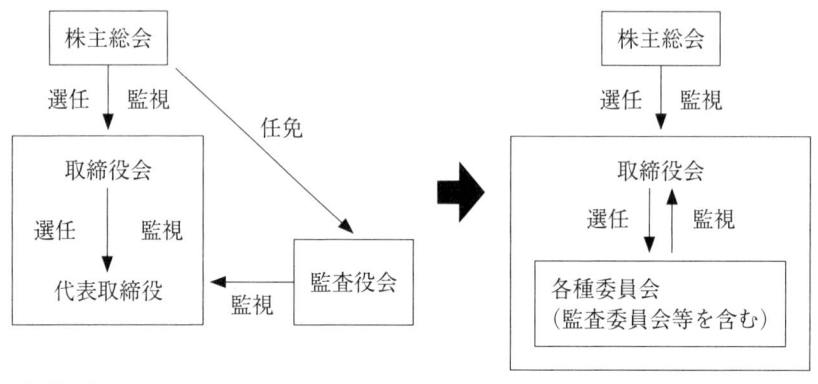

（左図）
株主総会 →（選任／監視）→ 取締役会 →（選任／監視）→ 代表取締役
株主総会 →（任免）→ 監査役会 →（監視）→ 代表取締役

（右図）
株主総会 →（選任／監視）→ 取締役会 ⇄（選任／監視）⇄ 各種委員会（監査委員会等を含む）

出所）筆者作成．

図表6—2　韓国の社外取締役制度および監査委員会制度の導入に関する法規定の主要内容

年	法規定	主要内容
98年2月	有価証券上場規定	全上場企業の社外取締役選任義務化（1人以上）
99年12月	商法改正	監査役の代わりに社外取締役を中心とした監査委員会（3分の2以上の社外取締役）を選択設置
00年1月	証券取引法改正	資産規模2兆ウォン以上の上場企業と証券会社の場合，社外取締役が取締役数の2分の1以上，（3人以上）選任義務化および監査委員会設置義務化（社外取締役を3分の2以上） 社外取締役候補推薦委員会（社外取締役を2分の1以上）設置義務化
00年1月	銀行法改正	全金融機関において社外取締役の選任義務化（2分の1以上）および監査委員会設置義務化（3分の2以上の社外取締役）
01年3月	証券取引法改正	店頭登録法人（資産総額1千億ウォン未満のベンチャー企業は除外）の社外取締役制度の導入，大型店頭登録法人は大型上場企業同様社外取締役および監査委員会の設置義務化

出所）法規定をもとに筆者作成．

第6章　会社機関構造とコーポレート・ガバナンス

ガバナンス・システムである．商法では，監査役に代替できる監査委員会を会社定款により設置できると定めている（商法第393条）．しかし，証券取引法では，大規模の上場企業に対し，監査委員会の設置を義務づけている（証券取引法第54条）．

1）社外取締役制度

社外取締役の制度の導入は，会社機関構造の改革の中心になっている．

① 有価証券上場規定においては，すべての上場企業に対し，取締役の4分の1以上の社外取締役を選任しなければならない．

② 銀行法においては，全体取締役数の2分の1以上を社外取締役に選任しなければならない（銀行法第22条）．

③ 商法においては，3人以上の取締役によって構成される監査委員会の委員の資格要件として，その3分の2以上を社外取締役によって構成しなければならない（商法第415条）．

④ 証券取引法においては，資産が2兆ウォン以上の証券会社と株式上場企業において社外取締役を選任しなければならない．取締役会の構成は3人以上で取締役数の2分の1以上が社外取締役でなければならない（証券取引法第54条）．この場合，社外取締役を選任するには，2分の1以上が社外取締役で構成される「社外取締役候補推薦委員会」を設置し，この委員会から推薦を受けた者から選任しなければならない．

2）取締役会内委員会

株式会社の取締役会は定款が定めるところにより委員会を設置することができる（商法第393条）．その委員会の構成は2人以上の取締役となっている．つまり，監査委員会以外の各種委員会を設置する場合は社外取締役を選任する必要はなく，会社の定款によって各種委員会を設置することができる．

3）監査委員会

従来の商法上，株式会社の監査機関としての監査役の権限は，取締役の職務の執行を監査することであった（商法第412条）が，殆ど機能しないため，株

式会社の監査制度の問題を改善すべくアメリカの監査委員会（audit committee）制度を取り入れる形で商法改正の実現に及んだものであり，経営監督機能を活性化させようとするのが立法の趣旨である．

① 商法においては，定款で監査に代わり，監査委員会を設置できる．すなわち，監査委員会を置くのか監査役を置くのか二者択一である．監査委員会は3人以上の取締役で構成し，その3分の2以上が必ず社外取締役でなければならない．

② 証券取引法においては，資産が2兆ウォン以上の上場企業または証券会社は，監査委員会を置くことが義務づけられている（証券取引法第54条）．

③ 銀行法においては，金融機関は資産総額に関係なく取締役会に監査委員会を義務的に置くことになっている（銀行法第23条）．

監査委員会は，特別三法[10]では必要的機関であるのに対して，商法では任意機関となっている．すなわち，会社が定款の定めるところにしたがって監査委員会または監査役のどれかを選択し設置できるようになっている．

以上のように商法改正は社外取締役制度と監査委員会制度を導入し，取締役会制度を強化すると同時に監査制度を強化することによって韓国の独自な監督モデルを再整備したといえる．

(3) 日本の「委員会等設置会社」制度との比較

このように韓国においてコーポレート・ガバナンスの改革によって会社機関構造が大きく変わっている．日本においても企業業績の悪化や一部企業の不祥事などが多発したことから，2001年の議員立法による監査役制度の強化と2002年の法制審議会・会社法部会による取締役会の機能を強化するための商法が改正されている．

日本の「委員会等設置会社」制度は，2002年5月22日に成立され，2003年4月から施行されている．大企業が社外取締役を起用することを前提に監査役の廃止を認め，経営監視と業務執行を分離する制度である．社外取締役を強化し，アメリカ型のガバナンス・システムを選択的に導入できるというのが主な

内容である．新たな経営形態を選べるのは，資本金5億円以上または負債200億円以上の大企業の約1万社で，選んだ企業は「委員会等設置会社」と呼ばれるようになる．監査役廃止を認める条件としては，以下3つの通りである．①取締役の中に，それぞれ3人以上で構成する委員会を設置（報酬委員会―取締役と執行役の報酬を決定，指名委員会―株主総会に示す取締役候補者を決定，監査委員会―執行役の業務を監督），②3つの委員会の過半数は社外取締役で構成（最低2人以上），③日常業務を担当する執行役員を置くことが義務化されている．

日韓においてコーポレート・ガバナンスに関する法制度が改正されているが，日本（法制審議会・会社法部会による「委員会等設置会社」改正商法）と韓国における改正商法の制度の比較を行い，共通点と相違点を確認しておきたい．

共通点としては，第1に，両国ともに社外取締役制度を中心としたアメリカ型のガバナンス・システムを取り入れていること，第2に，選択制であることが挙げられる．

相違点としては，第1に，韓国の場合は商法では選択制になっているものの，証券取引法によって，資産2兆ウォン以上の上場企業に対しては社外取締役の導入と監査委員会の設置が義務づけられているが，日本においては，「委員会等設置会社」を選択できる企業の対象が資本金5億円以上または負債200億円以上の大企業になっており，義務づけられていない．第2に，韓国においては，執行役員制度の規定は特に定めていないが，日本においては，「委員会等設置会社」を導入する場合は，執行役員制度も導入しないといけない．第3に，韓国においては，監査委員会以外の委員会の設置は2人以上の取締役で構成し，特に社外取締役の構成員を取り入れなくてもよいが，日本においては「委員会等設置会社」を選択する場合，3つの委員会の構成員は過半数以上を社外取締役で構成するとともに執行役員制導入が義務づけられている．

このように日韓において，社外取締役制度を中心としたガバナンスの改革が行われている．韓国の新制度の特徴は上場企業が対象になっていて，しかも，

大規模の上場企業においては義務づけられている．一方，日本においては，「委員会等設置会社」の導入をすべて企業の自由選択に委ねており，現在の日本の企業においてはさまざまなガバナンスの構造が存在し，もはや日本型のガバナンスともいえる一律的なガバナンス構造ではなくなってきているように思われる．また，現在この「委員会等設置会社」を導入している企業も数十社に留まっており，新制度の普及はまだ時間がかかりそうである．

第3節　最近の動向

前述した通り，韓国ではコーポレート・ガバナンスの改革が行われ，施行されているが，どのように運営されているのか，会社機関に焦点を当てて最近の動向を分析する．

(1) 株主総会

従来の株主総会の形骸化を防ぐために，OECD原則は少数株主が株主総会に参加できるよう，人為的な障害（集中開催日）を取り去ることを勧告している．しかし，実際は，1999年において5大企業グループは，少数株主との論議を避けるために3月20日に株主総会を開催している[11]．また，すべての上場企業における定期株主総会の開催状況をみると，殆どの企業が3月中に開催をしており，開催日が集中している（図表6-3）．たとえば，2000年の場合，12月決算法人の中で株主総会を実施した515社のうち，3月16日に集中開催

図表6-3　上場企業の定期株主総会の開催状況

(単位：社，％)

区　分		2000年	2001年	2002年	2003年
日付（集中日）		3月16日	3月15日	3月21日	3月19日
会社数		221	198	165	217
構成比		42.9	38.1	30.1	39.1
3月中開催企業	会社数	492	484	492	508
	構成比	95.5	93.1	89.8	91.6

出所）韓国上場会社協議会（2002d，2004b）により，筆者作成．

した企業は221社（42.9％）に上っている．また，2003年においても3月19日に集中開催した企業は217社（39.1％）を占め，開催日が集中している傾向が強く見られる．

このように相変わらず株主総会の開催日が集中しており，少数株主が議決権の行使が困難な状況である．しかしながら，このような状況でも少数株主権の要件が緩和され，少数株主権が強化されたこともあって，少数株主の活動は市民団体[12]が中心となって委任状による議決権を利用して大企業グループの株主総会に参加するなど株主行動主義を展開しているが，一般の株主の活動は少ない．

また，データとしてはやや古くなるが，2001年の定期株主総会の出席率は平均約60％前後を占めている[13]．

株主総会を開催したすべての上場企業のうち，上場企業の株主総会に上程された議案の割合をみると，財務諸表の承認以外に，取締役の報酬限度の承認（92.6％），取締役の選任（81.7％），定款変更（73.6％）が株主総会で多く上程されている[14]．取締役の選任において取締役の候補者の確定に実質的に影響力を行使するのは，経営陣が69.7％と最も高く，次に大株主および主要株主が62.3％を示しており[15]，経営陣および大株主の影響力が依然として大きい．また，株主総会においての株主の活動をみると，発言をした株主は1社当たり平均5.94名で，株主1人当たりの平均発言時間は2分23秒を示しており[16]，まだ株主の権利行使が十分に行われていない．

累積投票制（cumulative voting）[17]は株主権利の保護のための代表的な制度であり，これは，少数株主が取締役を選任できる可能性を高めてくれる．この点において累積投票制の導入は支配株主および経営陣の影響力を低下させることにもなり得る．取締役選任の案件がある企業においては，累積投票制を導入していない企業が92.9％（224社の内208社）で，累積投票制を導入している企業16社においても累積投票制による投票は行われていない[18]．これは，国内企業の支配株主と経営陣が株主権利の保護に対し，協力的な態度をみせていない

ことを示している.

(2) 取締役会

コーポレート・ガバナンスの改革の核心であった社外取締役制度および監査委員会制度は,導入が義務化されたこともあり,取締役会の人数も大幅に減少している.たとえば,「三星電子」の場合,1997年度の58名から2001年度は14名までに減少している.社外取締役の導入状況をみると,2002年度の上場企業の平均取締役数は6.14人に対し,平均社外取締役数は2.03人である[19].また,社外取締役数が2名の会社が42.9%ともっとも多く,1名の企業が34.1%,3名の企業が11.9%,5名以上の企業が6.7%の順である[20].全上場企業の社外取締役の導入(4分の1以上)と2兆ウォン以上の上場企業における2分の1以上の社外取締役の導入が義務化された結果,全体の取締役のうち社外取締役が占める割合も1998年の11.4%から2002年33%にまで増加している[21].

業種別社外取締役数の分布をみると(図表6—4),平均して2名の社外取締役を選任している企業が多数を占めているが,1名から5名以上まで,企業間の差異も大きい.製造業や非製造業に比べて,金融業は社外取締役が5名以上である企業が22.0%と多くを占めている.また,業種別1社当たりの社外取締役数は金融業が3.92名で最も多く,非製造業が2.30名,製造業が1.98名である.このように金融業が製造業および非製造業に比べ,1社当たり社外取締役数が多い理由は資産規模が2兆ウォン以上の大企業が多く,これらの企業は全取締役数の2分の1以上の社外取締役を選任しているからである.

社外取締役の取締役会の出席率は社外取締役がその役割を果たしているかどうかを図るひとつの尺度になる.韓国上場企業の社外取締役の平均出席率は59.9%で,全体の29.5%の企業においては40%以下の低い出席率を示しているが,全体の企業の31.7%が90%以上の高い出席率を示しており(図表6—5),上場企業の間の格差が大きい.つまり,韓国の上場企業において社外取締役が積極的に取締役会に出席し,その役割を果たしている企業とそうではない企業が存在し,社外取締役を中心とするガバナンスの格差が大きく,その格

図表6−4　業種別社外取締役数の分布

(単位：社, %)

区　分	社外取締役数					計
	1名	2名	3名	4名	5名以上	
製造業	176	201	56	21	14	468
構成比	37.6	42.9	12.0	4.5	3.0	100.0
非製造業	34	58	21	9	8	130
構成比	26.2	44.6	16.2	6.9	6.2	100.0
金融業	3	13	17	13	13	59
構成比	5.1	22.0	28.8	22.0	22.0	100.0
計	213	272	94	43	35	657
構成比	32.4	41.4	14.3	6.5	5.3	100.0

出所）韓国上場会社協議会（2004a）.

図表6−5　社外取締役の取締役会への出席率

(単位：社, %)

区　分	40％以下	40−60％	60−80％	80−90％	90％以上
会社数	129	66	62	42	139
構成比	29.45	15.07	14.16	9.59	31.73

出所）Bark kyung sue（2004）.

差を縮めることが急務であると思われる.

(3) 監査委員会

　取締役会内に設置される各委員会は，経営陣の選任，評価，監視などに関連する委員会の役割は取締役会の主要機能が委譲され，取締役会の実質的な機能を向上させる．特に監査委員会は経営陣に対する監視機能が強化される効果があると思われる．

　2004年度における監査役および監査委員会の設置状況をみると（図表6−6），570社の上場企業の内，104社（18.2％）が監査委員会を設置，466社（81.8％）が監査役をおいている．監査委員会より監査役をおいてある上場企業が80％以上を占めているのは，大規模の上場企業以外の上場企業においては，

図表6—6　監査役および監査委員会の設置現況

(単位：社，％)

区　分	会社数	比率
監査役設置会社	466	81.8
監査委員会設置会社 （義務的） （自律的）	104 (61) (43)	18.2 (58.7) (41.3)
合　計	570	100.0

出所）韓国上場会社協議会（2004c）により筆者作成．

社外取締役が3分の2以上必要な監査委員会より1人以上の監査役を起用する企業が多く，まだ，全上場企業において監査委員会の設置がそれほど普及していない．監査委員会の設置企業の内，設置が義務づけられた企業（資産規模2兆ウォン以上の上場企業および証券会社，金融機関）は61社（58.7％），自発的に設置した企業は43社（41.3％）である．1社当たり平均監査役数は1.29名で，1社当たり平均監査委員数は3.24名である．また，監査委員会を設置した企業の内，3名の監査委員で構成される企業は86社（82.7％）と最も多く，4名が14社（13.5％），5名が3社（2.9％），6名が1社である．

(4) 企業支配構造の模範企業の選定

韓国証券取引所は，上場企業のコーポレート・ガバナンスの改善を誘導するために，企業経営透明性の向上および投資家の権益保護など証券市場の発展を目的として，2001年度より，毎年6月に「支配構造模範企業」を選定している．その選定の主要基準は，株主の権利保護，取締役機能の活性化および運営の効率性，経営透明性の向上，監査機構の効率的運営などである．その模範企業として，最優秀企業および優秀企業に選定される企業に対しては優待待遇をし，上場企業のガバナンスの改善を促している．

しかし，2004年度においても上場企業の12社が模範企業として選定されているが，12社のうち6社が毎年選定されている企業で，新たに選定される企業は半分にすぎない．これは，ガバナンスの改善に努力している企業が限られ

ているようにみえる．

(5) 上場企業のガバナンスの格差

2004年度に「韓国企業支配構造改善支援センター」（以下，KCGSと省略）がコーポレート・ガバナンスの評価に応じた上場企業407社のうち，評価点数の高い上位100社と上位41社を対象に行った「取締役会の構成と社外取締役の支援現況」の調査結果をみると，全般的にガバナンスが進んでいる優秀企業である上位41社が社外取締役の独立性を確保するための選任方式を採択しており，積極的にガバナンスの向上に取り組んでいる．しかし，全体の企業においては経営陣および最大株主とその特殊関係人による推薦が86.5％を占めており，全般的にはまだ社外取締役の独立性が確立しているとは思えない．最大株主および特殊関係人による社外取締役の推薦が全体においては27.8％，上位100社の場合は11％，上位41社の場合は4.9％で，経営陣による推薦は，全体においては58.7％，上位100社の場合は51％で，上位41社の場合は11％を示している．

このように韓国の上場企業においてはガバナンスの改善がみられる企業とそうではない企業が存在している．ガバナンスの改善が進んでいる企業に共通してみられるのは，比較的資産規模が大きい大規模な上場企業，外国資本の導入が目立つ企業である．特に業種別では，金融業および銀行が著しくガバナンスが進んでいる．業種別における外国人の上場株式の保有状況をみると銀行業種（63％），保険業種（53％），金融業（50％），電気・電子（52％）が50％以上を保有している[22]．これらの業種はKCGSの業種別の評価においてもほかの業種に比べて高得点を得ている[23]．KCGSの資産規模別の評価をみると，1千億ウォン未満の企業の平均点数35点であるのに対して，2兆ウォン以上の企業の平均点数は55点と資産規模が大きいほど比較的ガバナンスが進んでいることが明らかである[24]．

外国人の株式保有比率は2002年度の持ち株ベースでは11.5％と個人（35.5％），法人（21.0％）を下回るものの，時価総額ベースでは1996年度の13％か

ら 2002 年には 36％まで上昇し，外国人株主による株式所有が増大してきている[25]．時価総額では，最大の保有主体となって，外国人が優良企業への投資を集中させており，株式市場での企業選別が強まっている．外国人持分比率が 10％未満の企業（345 社）は全体の約 70％を占めているが，純利益率は全体の約 13％しか占めていない[26]．これに比べて，外国人持分比率が 40％以上の企業（49 社）は全体の約 11％を占めており，純利益率は全体の 59.6％も占めている[27]．これは，外国人の持分比率が高い企業ほど負債比率も低く純利益率や売上高営業利益率など収益性も良好であることを示している．つまり，外国人投資家は好業績の企業，収益性の高い企業を選択して投資をしていることを意味している．このように株式の持分比率が増加した外国人投資家は，企業によい緊張感を与えるとともに，企業経営の透明性の向上，積極的な IR 活動等を促し，株式市場からの規律を働かせるモニターとして，企業統治の面でも企業経営に良好な影響を与えていると考えられる．また，資産規模が大きい上場企業や金融業においてガバナンスが進んでいる理由として，外国資本の導入および商法および証券取引法，銀行法などの改正による社外取締役の導入および監査委員会の導入などが義務づけられたことも寄与していると考えられる．

おわりに

以上，韓国上場企業の会社機関構造の変化とコーポレート・ガバナンスに対する行動を分析してきた．1998 年より，コーポレート・ガバナンスに関する法制度および規制の改革が行われ，施行され，もう 7 年が経過しようとしている．この間，韓国企業はコーポレート・ガバナンスに対する認識が高まってきており，さまざまな試みがなされてきている．

しかしながら，新制度の定着はみられるものの，効果的に運用されているとはいえないのが現状である．上場企業全般において平均的にガバナンスの進展はあるが，600 社ある上場企業のうち，積極的にガバナンスの改善に取り組んでいる企業は，約 1 割程度で，比較的大規模の上場企業や金融業に集中してお

り，これらの企業は外国の資本の影響力および法制度の改正が影響している．しかし，全体の上場企業においては，まだ，それほどの進展がみられない．たとえば，株主総会の開催日を集中させ，少数株主の参加を避けようとする動きがあり，社外取締役の選任においても経営陣および最大株主とその特殊関係人による推薦が全体の企業の86.5％を占めるなど支配株主つまり所有経営者が経営に深くかかわっており，社外取締役中心の取締役会，株主総会，監査役会および監査委員会など会社内部からの監視および牽制を回避しようとする傾向がある[28]．そのため，まだ，韓国上場企業の会社機関が十分にその機能を果たしているとはいえない．コーポレート・ガバナンスの向上のためには，支配株主および経営陣の意識が変わらなければならないとともに上場企業の会社機関が有効にその役割および機能を果たすべきである．今後韓国上場企業の会社機関は支配株主つまり所有経営者の影響力から独立した方向に進まなければならない．韓国における好ましいコーポレート・ガバナンスの構築は，改革によって整備された制度を効率的に活用し，企業経営の透明度を向上させ，国際社会から失われた信頼を取り戻すことが最大の課題であろう．

（金　在淑）

注）
1) 30大企業グループの創業者およびその家族の平均持分は約6％であるが，系列会社の持分を合わせると約45％を占めている．公正取引委員会（1996～2000) 30大企業グループの内部持分比率．
2) 韓国上場協議会（2002b) 34ページ．
3) 韓国大企業での経営意思決定において所有経営者が最終権限を持つ比率を見ると，役員の人事権が79.1％，新規事業の投資決定が66.4％，海外進出決定が55.4％を占めている．金龍烈（2000) 110ページ．
4) 鞠潗杓・李洪悅（1999) 52ページ．
5) 同上書，51ページ．
6) 1995年の調査によると大株主および取締役会によって選任される監査役の比率が93.4％である．Jung chan hyun（1998) 50ページ．
7) 韓国においてコーポレート・ガバナンスは「企業支配構造」と訳されている．
8) この制度は，会社に対し自己の影響力を利用して取締役に業務執行の指示を

なした場合，取締役の名義をもって直接業務を執行した場合，取締役でないにもかかわらず，名誉会長，会長，社長，副社長，専務，常務など会社の業務を執行する権限があると認められるような名称を使用して会社の業務を執行した場合，もしくは指示した場合，取締役としてみなすことである．

9) 1998年度の有価証券上場規定の改正により，監査役会を維持する場合，社外監査役の選任が義務づけられている．
10) 特別三法＝証券取引法，保険業法，銀行法．
11) Solomon, J., Solomon, A. and Chang-YoungPark（2002）p.31.
12) 1994年9月に発足した参与連帯など．本来の名称は「参与民主社会と人権のための市民団体」である．「参与連帯」は国家権力に対する監視，政策案の提示，実践的市民行動を通じた民主主義の建設を目標にしており，最近では少数株主運動を主導している．
13) 韓国上場会社協議会（2002a）49ページ．
14) 同上　50ページ．
15) 同上．
16) 同上　52ページ．
17) 累積投票制とは少数株主の権限を保護する制度で，2名以上の取締役を選任する場合，株式数により票数を一人の候補者に集中して投票する方法であり，韓国においては「集中投票制」という．1998年の改正商法は取締役制度の改善方案として取締役の選任において累積投票制度を導入した．しかし，会社が定款において取締役の選任決議に累積投票制を採用しないという規定をおく場合はこれを排除できる（商法第382条）．
18) 韓国上場会社協議会（2002a）53ページ．
19) 韓国上場会社協議会（2002b）25ページ．
20) 韓国上場会社協議会（2002c）49ページ．
21) 金在淑（2004）129ページ．
22) 韓国証券取引所の報道資料（2004）「2004年上半期外国人上場株式保有現況」．
23) 韓国企業支配構造改善支援センター（2004b）．銀行（67点），金融（51点），保険（48点），電気・電子（38点）と全体企業の平均点数39点を上回っている．
24) 同上．
25) 韓国証券取引所の資料（2002）「上場法人の株式保有比率の推移」．1998年の外国人の投資限度が廃止など外資に対する規制が緩和され，外国人の株主が増えている．
26) 韓国証券取引所（2004b）．
27) 同上．
28) Park kyung sue（2004）19ページ．

参考文献

〈英　語〉

Solomon, J., Solomon, A. and Chang-YoungPark, A Conceptual Framework for Corporate Governance Reform in South-Korea, *Corporate Governance 10*, No.1, 2002.

〈日本語〉

菊池敏夫「企業統治と企業行動―欧米の問題状況が示唆するもの―」『経済集志』第72巻第2号，日本大学経済学研究会，2000年．

金在淑「韓国企業の最高経営組織の制度的変化―商法改正による変化の特徴と動向―」第43回経営行動研究学会研究部会の要旨，2002年．

金在淑「最高経営組織の機能および構成の日韓比較―制度的観点から―」『経営行動研究年報』第12号，経営行動研究学会，2003年．

金在淑「韓国の企業統治改革に関する分析―改革の実態と問題と評価―」『経営教育研究』第7号，日本経営教育学会，学文社，2004年．

孫珠瓚「韓国における最近の株式会社法の改正とその問題点」『証券研究年報』大阪市立大学，証券研究センター，2000年．

日本監査役協会・韓国調査報告書「韓国のコーポレート・ガバナンス」『月刊監査役』465号，日本監査役協会，2002年11月．

柳町功「韓国の企業統治構造」佐久間信夫編『企業統治構造の国際比較』ミネルヴァ書房，2003年．

〈韓国語〉

鞠潗杓・李洪悦「取締役会の役割と企業価値に関する実証研究」韓国財務学会『1999年秋季学術研究発表論文集』1999年．

金龍烈他『先進経済跳躍のための企業支配構造改革』産業研究院　ウルユ文化社，2000年．

鄭燦亭『商法講義要論』博栄社，2001年．

Jung chan hyun「英米法上の監査制度」月刊『考試』10月号，1998年．

Park kyung sue「韓国上場企業の支配構造の決定要因」月刊『上場』2004年1月号．

韓国上場会社協議会「12月決算上場会社2001事業年度定期株主総会運営現況（要約）」月刊『上場』2002年10月号，2002a．

韓国上場会社協議会「2002年度上場会社経営陣現況」月刊『上場』2002年8月号，2002b．

韓国上場会社協議会「2002年度上場会社社外理事現況」月刊『上場』2002年9月号，2002c．

韓国上場会社協議会「12月決算上場会社2001年事業年度定期株主総会開催日程分析」月刊『上場』2002年4月号，2002d．

韓国上場会社協議会「2004年上場およびコスタック法人社外理事の選任現況の比較分析」月刊『上場』2004年4月号, 2004a.
韓国上場会社協議会「2003事業年度12月決算上場会社定期株主総会開催日程など調査・分析」月刊『上場』2004年5月号, 2004b.
韓国上場会社協議会「12月決算上場会社監査および監査委員の現況」月刊『上場』2004年5月号, 2004c.
韓国企業支配構造改善支援センター報道資料「理事会の構成と社外理事の業務支援の現況分析」2004年, 2004a.
韓国企業支配構造改善支援センター「2004年度企業支配構造評価結果分析」『CGREVIEW』2004年5月6日号, 2004b.
韓国証券取引所の電子公示システム「企業支配構造模範企業」2004年.
韓国証券取引所「2004年上半期外国人上場株式保有現況」2004年7月1日, 2004a.
韓国証券取引所「外国人持分率と実績現況」2004年8月24日, 2004b.

第3部 中国のコーポレート・ガバナンス

第7章　市場構造と外部統治システム

第1節　中国企業統治の基本構造

　企業統治とは，基本的には企業の内外から企業の経営に対する監督・監視の制度設計とそのメカニズムである．一連の制度設計とその運用によって，企業が適正経営を保たれ，企業価値の最適化が実現され，諸々の利害関係者の利益を最大限に配慮されることが実現せしめるのである．

　企業統治には，株主総会や取締役会ならびに監査役などの会社機関による内部統治と，資本・債権市場，経営者市場，会社支配権市場および法律・行政の規定や規制などによる外部統治が含まれる．

　第7章では主に，中国の資本・債権市場，会社支配権市場，機関投資家市場ならびに証券業監督管理機関などの中国企業の外部統治機能を取り上げ，その実態を明らかにする．その前にまずは，中国企業統治の基本構造を見てみる．

　中国の企業統治に幾たびの変更があった[1]．1950年代前半から1970年代末までの中国企業統治は，主に国有企業の経営自主権を最大限に剥奪し，国家が直接経営に携わることを特徴とする「政治型ガバナンス」であった．1978年11月に開催された中国共産党第11期中央委員会第3回全体会議（「三中全会」）で「改革・開放」政策を打ち出した以後の中国では，経済体制改革の進展に伴い，中国の企業統治はいったん「放権譲利」（企業への権限委譲と利潤譲与）を主要内容とする「契約型ガバナンス」（1980年代）に変わり，1990年代以後には，「現代企業制度」の確立を追求する中で，内部には法律に決められた特定の会社機関の整備と外部には競争的市場環境の整備を主要内容とする「制度型ガバナンス」が確立されたのである．

　制度型ガバナンス構造は，主に中国の会社法に規定されている株式会社（中国語「股份有限公司」，以下同）と有限会社（「有限責任公司」）に見られるが，ここでは主に株式会社に限定し，その統治構造の特徴を検討する．

中国の株式会社の会社機関は，日本のそれとはさほど変わっていない．会社法によって決められている会社機関が4つあり，なかには，株主総会（「股東大会」）は会社の最高意思決定機関であり，その下に取締役会（「董事会」）が設置される．取締役（「董事」）は，株主総会で選任され，5～19人が任命される．取締役会会長（「董事長」）は，取締役会で選ばれ，会社の法人代表となる．日常業務を委ねられるのは社長（「総経理」）であり，社長は取締役会によって外部から選任される．会社の財務を監査し，役員の職務を監督する機関として，監査役会（「監事会」）が設けられる．監査役会は株主代表と従業員代表で合わせて3名以上によって構成される（図表7－1参照）．

以上のような中国の会社機関構造と日本のそれとの相違点は，主に，① 代表取締役に当たる総経理が取締役会より会社の外部から聘任されることと，オブザーバーとして取締役会に出席することという規定（会社法第119条）と，

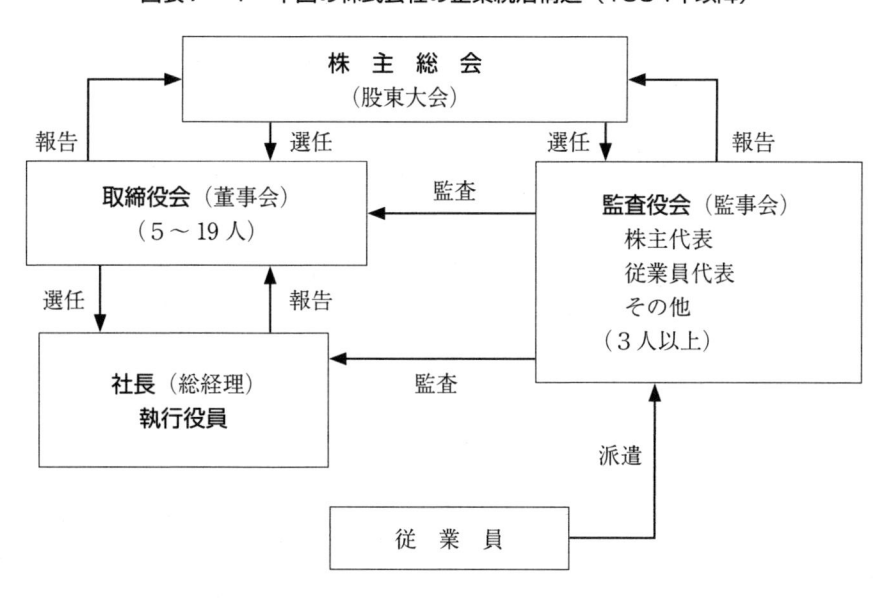

図表7－1　中国の株式会社の企業統治構造（1994年以降）

出所）関連資料に基づき筆者作成．

② 監査役会のメンバー構成には従業員代表が入るという規定（会社法第124条）である．①の規定はアメリカの慣行に近いが，②の規定はドイツの慣行に近い．ただし，会社法第120条には「取締役会の決定により，取締役が総経理を兼任することができる」という条項も同時に定められており，その規定は，中国の株式会社の内部出身者（インサイダー）の経営機能担当をむしろ助長し，インサイダー・コントロール現象をもたらす結果となったのである．また，中国の監査役会のメンバー構成はドイツのそれと似ているものの，監査役会の果たしている役割はかなり違うことにも注意が必要である．

　中国の「社会主義市場経済」の進化に伴い，一連の法律が整備されるなか，2002年を境に中国の会社機関に大きな変化が見られた．1999年7月に，「証券の発行および取引行為を規範化し，投資者の合法的権利と利益を保護し，社会経済秩序および社会の公共利益を擁護し，社会主義市場経済の発展を促進する」ことを目的とする証券取引法（「中華人民共和国証券法」，以下は「証券法」とする）が施行され，資本市場の規範化が図られた．また，2001年8月に中国証券監督管理委員会（CSRC）より「上場会社のガバナンス構造を完全化し，上場会社の規範的運営を図る」ことを目的とする「上場会社における社外取締役制度の確立に関する指導意見」（以下，「指導意見」とする）が公表された．「指導意見」には，(1)上場会社に対して社外取締役の選任を求め，(2)社外取締役の人数は，2002年6月30日までに少なくとも2名としなければならず，(3)さらに2003年6月30日までには，取締役の構成員の3分の1以上としなければならない．(4)その内，少なくても1名は会計専門家でなければならない．また，(5)取締役会の下には各種委員会が設けられた場合，各委員会における社外取締役の人数は過半数でなければならない．「指導意見」の公表によって，社外取締役制度が中国の上場会社に定着しはじめたのである．さらに，2002年1月に，CSRCと中国国家経済貿易委員会（SETC）の連名で，「上場会社コーポレート・ガバナンス準則」（以下，「準則」とする）が公表され，「準則」には，会社法と証券法によりながら，株主総会，取締役会，監査役会およ

び会社の情報開示などについて，より詳細な規定を盛り込まれた．特に取締役会における戦略委員会，監査委員会，指名委員会，および報酬ならびに考課委員会などの専門委員会の設置に関する規定が詳細に設けられているのである．一連の法律・法規および通達の頒布ならびに施行に伴い，中国の会社機関も上場会社に限ってしだいにアメリカ型の企業統治構造に近づくように至ったのである（図表7－2参照）．

会社機関の整備とともに，資本・債権市場，会社支配権市場，機関投資家市場などの形成に伴い，中国企業の外部統治システムも，1990年代以後，中国のコーポレート・ガバナンスの重要な内容となったのである．以下では，これについて見てみよう．

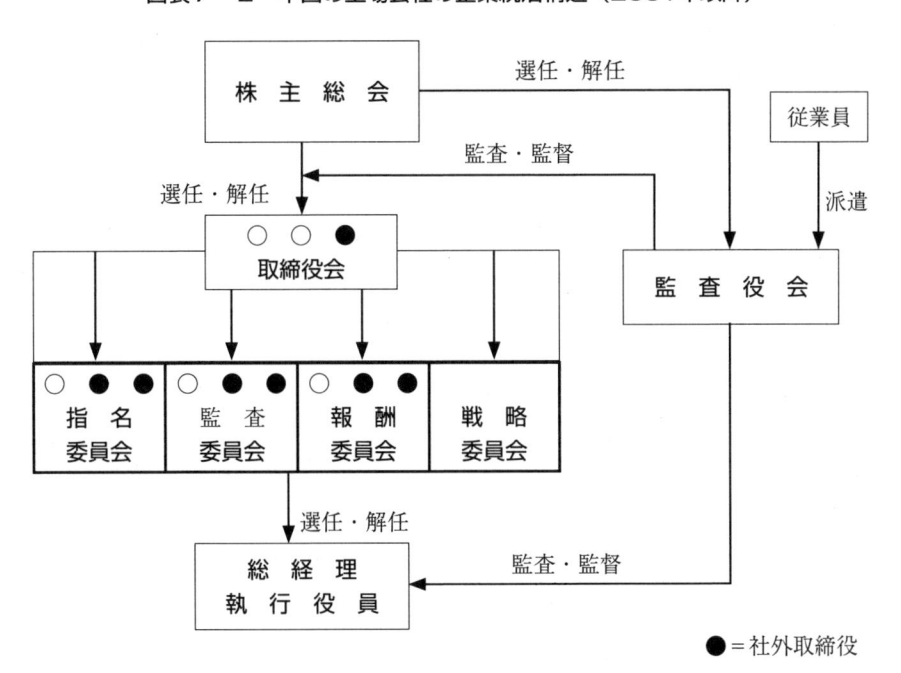

図表7－2　中国の上場会社の企業統治構造（2001年以降）

●＝社外取締役

出所）筆者作成.

第2節　中国の市場構造と外部統治の実態

(1) 中国の資本・債権市場の生成とその企業統治の特徴

1980年代以前の中国には資本市場が存在しなかったといってよい．共産党政権が誕生してから1978年までの間に，企業の投資はほとんど国家財政によってまかない，証券市場はなく，銀行も国家財政の「出納」の役割しか果たさなかった．

1979年，中国が「改革・開放」政策の実行に伴い，新規投資に対してはじめて今までの財政支出から銀行の貸し出しに改める試行（「撥改貸」）を行った．これにより，銀行が国家財政に代わって正式に固定資産投資の領域に進入しはじめた．これにつづいて1981年には，国債の発行も決定され，債券市場の確立につながった．1984年から「撥改貸」が全国範囲に広がるに伴い，銀行からの中長期融資が中国の債券市場の主役となった．

1980年代半ば以後，企業債と株式が一部の企業で発行され，店頭取引も始まった．1987年に中国最初の証券会社—深圳証券会社の設立を皮切りに，証券会社や代理ショップおよび交易センターが各地で現れるようになった．これらを背景に，上海証券取引所（1990年11月）と深圳証券取引所（1991年7月）が相次ぎ設立され，中国の証券市場，特に株式市場が成長期を迎えたのである．

中国の資本・債権市場には以下のような特徴が見られる．

① 金融構造が，単一の銀行与信から債券・株式などを含む複合構造に変化した

中国の金融構造はかつてほとんど銀行融資であったが，1993年以後，証券市場が急速な発展を遂げ，債券・株式などの証券類金融資産も金融資産全体に占める割合が増えはじめた（図表7—3参照）．1978年の時点で証券類金融資産が金融資産全体のわずか0.44％だったところ，20年経った1998年には12.43％まで増大した．また，株価総額の金融資産総額に占める割合も1991年の0.24％から1998年の8.83％に増大した．一方，銀行などの金融機関の融資

図表7-3　中国の金融資産の規模と構成

(億元, %)

	1978年		1986年		1991年		1995年		1998年	
	金額	比重	金額	比重	金額	比重	金額	比重	金額	比重
キャッシュフロー	212	6.2	1218.4	7.81	3177.8	7.01	7885	6.28	11204.2	5.07
預金残高	1300.5	38.05	5814	37.27	18079	39.88	53882.1	42.91	95697.9	43.33
その内：個人預金	210.6	6.16	2237.6	14.35	9107	20.09	29662	23.62	53407.5	24.18
企業・事業部門預金	902.5	26.41	3264.9	20.93	7065.1	15.58	15149.4	12.06	32486.6	14.71
財政部門預金	187.4	5.48	311.5	2	485.8	1.07	1005.4	0.8	1285.4	0.58
その他部門預金			1421.1	3.13	7915.4	6.3	8518.4	3.86		
貸出残高	1890	55.3	8116.5	52.04	21021.5	46.37	51000	40.62	86524.1	39.17
その内：国有商業銀行	1850	54.13	7590.8	48.66	18044	39.8	39393.4	31.37	52888	23.95
都市・農村信用組合	40	1.17	525.7	3.37	1766.5	3.9	7492	5.97	10029	4.54
その他金融部門			1211	2.67	4114.6	3.28	23607.1	10.69		
財政部門借金			370.1	2.37	1067.8	2.36	1131.6	0.9	1582.1	0.72
債券・株・保険の総計	15	0.44	449.2	2.88	3057.9	6.74	12798.4	10.19	27443.3	12.43
政府債券残高			83.8	0.54	896.5	1.98	3500	2.79	5508.9	2.49
企業債券残高			30	0.19	331.1	0.73	1700	1.35	521	0.24
金融債券残高					123.1	0.27	1100	0.88	521	0.24
国家投資債券残高					245.1	0.54	245.1	0.2	139.4	0.06
株式時価総額					109	0.24	3474	2.77	19506	8.83
国内保険費	15	0.44	42	0.27	209.7	0.46	453.3	0.36	1247	0.56
金融資産総額	3417.5	100	15598	100	45336.2	100	125565	100	220869	100
金融資産/GDP	94.3	153	209	214	278					

出所）張漢亜・林志遠編『中国資本市場的培育和発展』人民出版社, 2002年, 14ページ.

総額の金融資産全体に占める割合は，1978年の55.3％から1998年の39.1％まで大きく低下した．また，国債発行の規模も急速に伸び，国債の金融資産全体に占める比重が「改革・開放」当初の0％から1998年の2.5％弱に増えた[2]．

② 株式構成には国家株と国有法人株を内容とする未流通株が圧倒的なシェアを占め，2/3の株式が流通していない

1990年代以後，資本市場の成長に伴い，上場企業が株式発行などによって資金調達をはじめたが，最初に上場した企業のほとんどが国有企業より株式会

社に改組転換された企業であり，その株式構成には国家株ないし国有法人株が大きなシェアを占めている一方，市場での売買もされていない．図表7—4は，1992年から2001年間の中国上場会社の株式構成を表したものである．これを見ると，上海と深圳の両取引所に上場している企業の株式には「未流通株」が一貫して6割台にとどまり，これに対して，「流通株」が2001年の時点においても36.6％しか占めていない（図表7—4参照）．90％の株式が未流通株である上場会社さえ存在する．未流通株を有しない上場会社が全体のわずか0.4％である．

③ 未流通株の所有集中度が異常に高く，「一株独大」現象をもたらしている

中国の上場会社の株式所有集中度を見ると，最大株主が50％以上の株式を所有している上場会社の比率が，1996年度には38.3％，1998年には42.1％，2002年には40.9％をそれぞれ占めている．平均集中度も40％台になっている（図表7—5参照）．2001年末現在，中国A株上場会社の最大株主の平均持株比率は44.26％であり，40％以上のA株上場会社における最大株主の持株比率は

図表7—4　上海・深圳株式市場上場企業の株式構成

(単位：％)

	1992年	1993年	1994年	1995年	1996年	1997年	1998年	1999年	2000年	2001年
上場企業数(社)	51	180	290	322	529	744	851	949	1,088	1,160
時価総額(億元)	n.a	3,531	3,691	3,474	9,842	17,529	19,506	26,471	48,091	43,522
流通株計	31.9	28.8	32.9	41.3	35.2	34.6	34	35.2	36.6	36.6
A株	15.4	16.8	20.9	21	21.9	23	24.1	26.9	29	25.7
B株	16.5	6.4	6.1	6.7	6.4	6.4	5.4	4.3	4.2	3.1
H株	0	5.7	6	7.7	6.9	5.2	4.5	3.9	3.5	6.4
未流通株計	68.1	71.2	67.1	64.6	64.8	65.4	66	64.8	63.3	65.3
国家株	44.6	48.1	42.7	38.9	37.7	35.4	34.3	31.6	37.1	46.2
法人株	22.1	21.3	23.1	24.5	24.9	26.7	28.2	29.6	24.9	18.3
その他	1.5	1.7	1.3	1.2	2.2	3.3	3.4	3.6	1.3	0.8
総計	100	100	100	100	100	100	100	100	100	100

注）　1990年の上場企業数7，1991年の上場企業数8．
出所）今井健一編『中国の公企業民営化』（アジア経済研究所，2002年）139ページ．

図表7－5　中国上場会社における最大株主への株式所有集中度

	1996年		1998年		2002年	
	企業数	比率(%)	企業数	比率(%)	企業数	比率(%)
30％以下	135	25.5	209	24.8	193	26.3
30％～50％	192	36.2	279	33.1	241	32.8
50％以上	203	38.3	355	42.1	300	40.9
総計	530	100	843	100	734	100
平均集中度		43.9		45.5		44.3

注）　1996年と1998年のデータは，全上場会社を対象．
　　　2002年のデータは，上海証券取引所上場会社を対象．
出所）今井健一（2002）表4と，上海証券取引所研究センター（2003）の資料より作成．

50％を超えている．また，トップ5株主の持株比率は合計で50％を超える上場会社がA株上場会社の74.4％に達している[3]．

④ 流通株が過度に分散され，機関投資家の比重が過小である

2002年末現在，上海証券取引所にある株式口座数3,500万のうち，個人投資家のそれが99.5％を占め，機関投資家のそれがわずか0.5％である．アジアでは，台湾の株式構成に個人株主の占める比率が大きい[4]といわれているが，口座数に限ってみた場合，中国の個人株主の占める比率が際だって大きい．

⑤ 直接金融が近年増えつつあるものの，間接金融が依然として中国企業金融の最も重要な手段である

資本市場による資本調達いわゆる直接金融が，1990年代初期以来大きな変動を伴いながらも，増大傾向にあることは紛れもない事実である．A株に限ってみると，その額が1993年の276億元から2001年の1,182億元に増大している．しかし，企業融資の残高を見ると，その額が依然として小さい．資本市場による資本調達額が銀行融資増加残高に対して，2000年を除いて一貫して1割未満である（図表7－6参照）．この事実は，企業増資の場合，依然として銀行，特に国有銀行の融資に依存していることを物語っている．

上記の特徴からも分るように，中国の資本・債権市場の企業統治機能は，目

図表7―6　中国企業の直接金融と間接金融情況

(億元, %)

年度	国内資本調達総額(A株)(a)	銀行融資増加残高 (b)	国有銀行融資増加残高 (c)	国内資本調達/銀行融資増加残高(a/b)	国内資本調達/国有銀行融資増加残高 (a/c)
1993	276.41	6335.4	4845.61	4.36	5.7
1994	99.78	7216.62	5161	1.38	1.93
1995	85.51	9339.82	6915.45	0.92	1.24
1996	294.34	10683.33	7937.75	2.76	3.71
1997	853.06	10712.47	8149.96	7.96	10.47
1998	778.02	11490.94	9100.39	6.77	8.55
1999	893.6	10846.36	8742.71	8.24	10.22
2000	1498.52	13346.61	10074.02	11.23	14.88
2001	1182.15	12912.9	6412.91	9.15	18.43

出所) 中国証監会主編『中国証券期貨年鑑』百家出版社, 2002年.

下かなり限定的であるといわざるをえない．株式市場の6割以上が未流通株によって占められ，流通株がわずか3割台にとどまっている．しかも，上場会社の大多数が国有企業によって改組転換された企業であり，その株式所有が国家株・法人株など少数の大株主に集中しているという現状を考慮すると，先進市場経済国のような多数の株主による企業統治が当面の中国ではまだ存在していない．また，企業融資残高の9割以上が間接金融に依存しており，そのうち金融機関からの借り入れが8割を占めている．銀行が金融システムないし債券市場において支配的地位を占めているものの，そのほとんどが国有銀行であり，中央政府ないし地方政府からの干渉が避けられない一方で，銀行自身もさまざまな問題（たとえば，その内部統治問題や大量の不良債権問題など）を抱えている．銀行の自己責任に対するインセンティブが弱い一方，モラルハザードの問題も指摘されているなかで，その企業統治に果たせる役割も期待薄である．

(2) **中国の会社支配権市場の特徴と問題点**

中国の会社支配権市場の生成と発展は次のような段階をたどった[5]．

1）全流通株の上場会社の買収と反買収期（1993～94年）

1993年9月，中国の株式市場ではじめてのM&A―「宝安集団」の「延中実業」に対する買収が行われた．これを契機に，全流通株会社の「愛使股份」「飛楽音響」および「申華実業」（今は「申華持株」）などにおいても買収と反買収が繰り返された．これら事例の共通点は，会社支配権の獲得が主目的であること，買収が繰り返されたこと，買収の結果，産業構造に変化が生じたこと，である．また，この時期から「四砂股份」や「方正科技」で演じているような敵対的買収劇も現れた．[6]

2）外資による上場会社に対する初期買収期（1995～96年）

1995年，中国国務院の許可を得て，いすゞと伊藤忠商事が協議方式で「北旅汽車」の国家株と国有法人株を買い取り，フォードが「江鈴汽車」80％のB株を買い取った．これらは，外資による中国上場会社買収の最初の試みであった．

3）政府による業績の悪い上場会社に対するリストラ期（1997～2000年）

法律の整備に伴い，この時期には各地方政府の主導で業績の悪化した上場会社に対するリストラクチャリングが頻繁に行われた．協議による買収，吸収合併，間接的支配，共同買収，裁判所裁定買収などの方法で，業績悪化した上場会社をゴーイング・コンサーンとしつつ，その経営陣交代，資産組み替えなどを実現した．

4）市場開放と国有株減少を背景とするM&Aの発達期（2001年以後）

WTOへの加盟に伴い，中国証券市場の対外開放も加速しはじめた．国有資本が競争領域から徐々に退出しはじめ，国有株の減少もしだいに日程に乗せはじめた．これらを背景に，会社支配権市場も新たな段階に入った．一部の実力のある民間企業や外国の投資ファンドが国有株に対する協議買収で上場会社入りを果たし，買収された企業は石油化学，電子，自動車，輸送機械などの主導産業だけでなく，かつて外資の参入を禁止していた医薬品，小売，公的事業，金融サービス業などにも及んでいる．

上場会社の支配権変更が，近年，中国で急速に増え始めている．CSRCと

SETC の調査（2002年）によると，未流通株の協議買収によって支配権の移転を実現した会社は338社であり，上場会社全体の30％を占める．また，1997年以来，支配権変更が生じた上場会社も連年増え，2001年以後，上場会社のM&A件数が新規上場企業数よりも多くなった（図表7―7参照）．

また，1998～2002年の5年間に，中国企業のM&Aの金額は年に70％のペースで増大し，2002年の金額は300億ドルに達し，日本以外のアジア全体の5分の1を占めている．

会社支配権市場の発展は，中国の企業統治に対して積極的な意味合いをもたれている．会社の筆頭株主交代後，株式所有の集中度が明らかに低下し，取締役会長とCEOとの兼任も解消されはじめ，外部の独立取締役の導入状況も改善されはじめた．会社支配権の変更により，中国企業統治におけるインサイダー・コントロール問題が緩和され，市場などの外部からのモニタリングが強化され，企業統治効果が現れた．また，会社支配権市場の発展が産業構造の改善と国際分業の発展を促進し，資本市場の資源配分効果も高められた．

しかし一方で，中国上場企業の支配権市場に多くの問題点を抱えているのも事実である．そのひとつは，国有株と法人株の未流通が真の会社支配権市場形成の障碍となっている問題である．株式市場が分割されており，株式も二重価格となっている．流通市場で「流通株」を市場価格で買い集めて支配権を取得する方法よりも，市場外で「未流通株」を協議価格で「譲受」され支配権を取

図表7―7　上場会社支配権変更ケース一覧（1997～2002年）

	1997年	1998年	1999年	2000年	2001年	2002年
上海証券取引所平均株価指数	1188	1269	1399	1739	1881	1545
新株発行企業数	196	100	95	133	70	69
上場会社所有権移転累積件数	33	70	84	103	119	168
平均M&A金額（億元）	0.64	0.91	0.91	0.95	1.41	2.02
上場会社M&A件数/新規上場会社数	0.17	0.7	0.88	0.77	1.7	2.43

出所）上海証券取引所研究センター『中国公司治理報告2003年』復旦大学出版社，2003年．

得する方法の方がはるかに多く，後者の方が中国の会社支配権取得の主な方法となっている．今ひとつは，会社支配権の変更が主に業績の悪い上場会社で発生し，その結果，価値の移転や資源の再配分が生じるものの，価値の創造にはつながらない問題である．会社支配権取得の主な動機は，支配権益（いわゆるトンネリング便宜や，知名度・信用度アップ効果，ならびに新株や債券発行などの直接金融利権など）の取得と上場資格の確保であって，会社の再生ではないのが一般的である．また，会社支配権変更の時期が年末に集中している問題もある．年末に集中している原因は，買収が市場から選択された結果ではなく，年度報告発表直前の人為的結果なのである．さらに，支配権獲得のための資金調達手段とルーツが単一かつ未成熟であり，支配権の変更は往々にしてインサイダー取引や株価操作などの違法行為と結びついている問題も指摘されている．

中国の会社支配権市場の企業統治機能を十分果たせるのに，まだ遠い道のりが残されている．

(3) 中国の機関投資家とその企業統治機能

中国の機関投資家は以下のように分類されている[7]．

1）証券投資ファンド

2002年末現在，中国の証券市場には54のクローズ型投資ファンドと17のオープン型投資ファンドがあり，これらファンドの資産規模は1,319億元である．2002年だけで18の投資ファンドが設立され，653億元あまりの資金が集められた．また，4つの中外合弁ファンド（運営会社）も中国政府の許認可を受けて設立された．

2）証券会社

2002年12月現在，中国の証券会社は124社あり，登録資本金額が1,040億元である．また，1992～2002年の間に，証券会社によって代理販売していたA株とB株の累積発行金額は8,774億元で，そのうち，2002年の発行金額は962億元であった．証券会社が伝統的業務以外に，M&A斡旋業務，フィナンシャル・コンサルタント，ファンドの代理販売なども積極的に手がけるように

なった．

3）保険会社

今現在，中国の各種保険会社は230社ある．1999年10月，中国保険業監督管理委員会（「保監会」）から，保険金を証券投資ファンドとして証券市場への投入を正式に認めた．以来，2002年までの3年間に，各種保険会社の証券投資額はその総資産の10～15％を占めるようになった．2002年7月現在，保険会社の保有するファンド金額は233億元にのぼり，保険会社も証券投資ファンド市場における最大の機関投資家となった．

4）社会保障基金

2001年12月，中国財政部と労働および社会保障部より「全国社会保障基金投資管理暫定弁法」が公表された．それによると，社会保障基金の証券投資ファンドと株式への投資額はその総資産の40％以内であれば，証券市場への投入を認めるという．2002年末現在，社会保障基金の総資産額は1,240億元であり，もしその40％を証券市場に投入すれば，500億元弱の社会保障基金が証券市場に入る計算となる．

5）一般法人

主に国有企業，国有持株会社，上場会社および一部の民営企業が含まれる．たとえば，上海久事集団，北京首創集団，新疆徳隆集団などが比較的有名である．1999年9月，中国証監会（CSRC）から国有企業および国有持株会社の二級市場（流通市場）での証券投資を正式に認め，これら企業が直接ないしは証券会社や信託会社ならびに投資会社経由の証券投資の用件が整った．今現在，これら企業が各代理機構に委託した投資金額はおよそ1,000億元に達している．

目下のところ，中国の機関投資家の企業統治機能がまだマイナーであり，その投資先企業に対する不満表示の主な手段も依然としてEXIT（退出）である．2002年以後，一部の機関投資家がようやくEXITの代わりに，委任状収集や株主大会の議題作成などによって，投資先企業のガバナンスに積極的に関与す

るようになりはじめた（たとえば，「中興通信」の事例[8]）ものの，未だにごく稀なケースに限るのが現状である．

中国の機関投資家の企業統治機能を拒む要因として，次のようなものが挙げられる．

① 中国の証券市場が「流通株」と「未流通株」によって分断されている上，投資ファンドの持株には「2つの10％[9]」という規定が大きな障害要因となっている．

② 短期投資行為が依然として中国の機関投資家の行動パターンである上，機関投資家の投資先企業のガバナンスに関与するコストが大きすぎる．

③ 多くの機関投資家自身のガバナンス問題がまだ解決されていない．国有証券会社や国有信託会社によって設立されたファンド管理会社には，ファンド管理者のモラルハザードを防止する抑制（restraint）メカニズムが未だに確立されていない．

そんな中で，中国政府が機関投資家育成の一環として，台湾，シンガポールなどの経験を学んで，QFII（Qualified Foreign Institutional Investors：適格海外機関投資家）制度を導入した．2002年11月，中国政府が従来の規制を大幅に緩和し，QFIIに関する新規定を公表した．2003年5月26日に，中国政府に認可されたQFIIは，野村証券（日本）とUBS（スイス）である．また，中国工商銀行，中国銀行，匯豊銀行上海支店など8つの中国と外国銀行がQFIIの代理者資格を取得している．

QFIIが中国の証券市場に進入したとはいえ，今のところその数がごくわずかであり，その中国企業統治に果たせる役割も限られている．

(4) **中国の企業統治に関する法律・法規と証券業監督管理機構**

中国の企業統治を規定する基本法律は「中華人民共和国公司法」（会社法）である．これは，中国の国家体制改革委員会が1992年5月に公表した「股份有限公司規範意見」（株式会社の規範化に関する意見）と「有限責任公司規範意見」（有限会社の規範化に関する意見）をもとに制定され，1994年7月1日に施

行しはじめた法律である．また，資本市場の整備とともに，投資家の合法的権益の保護と，社会経済秩序および社会の公共利益の擁護を目的とする「中華人民共和国証券交易法」（証券法）が1998年12月29日に頒布された（施行は1999年7月1日から）．しかし，中国の会社法と証券法が制定されて以来一度も改訂せず，目まぐるしい情況変化の中で多くの問題点（たとえば，筆頭株主の有限責任制度の濫用・悪用問題，中小株主の権利に対する保護問題，市場参入者の違法行為に対して専ら行政手段によって解決するという問題，など）をすでに露呈している．これら問題に対して，中国は基本法律の改正ではなく，一連の法規・通達の頒布によって対処してきた．これら法規や通達の中で，会社機関構造の改善に直接関わり，しかも大きな影響力を与えているのは上述のCSRCより公表された「指導意見」（2001年8月）と，CSRCとSETCの連名で発布した「準則」（2002年1月）である（図表7－8参照）．しかし，法規と通達の頒布だけでは企業統治の環境変化に対する対応もすでに限界に達している．株主代表訴訟制度の導入や，株主投票手段の多様化と規範化，および支配株主の法的責任の強化などを含む中国の会社法，証券法など企業統治に関連する基本法律の改正こそが，企業，投資家，仲介組織，管理監督機関など，各方面から強く望まれているのである．

　中国の上場会社および証券業の主な監督管理機関は中国証券監督管理委員会（CSRC）である．1992年10月に設立された国務院証券委員会と中国証券監督管理委員会をもとに1998年4月に新たに発足した証券業監督管理機構が，上場会社だけでなく，中国の資本市場全般に対しても大きな影響力をもっている．

　CSRCの主な職責と機能は次の通りである．(1) 法律に依拠して証券市場の監督管理の規定と規則を制定し，(上場)審査および許認可権を行使する．(2) 証券の発行，売買，登記，委託管理，清算などに対する監督・管理．(3) 証券発行者，上場会社，証券取引所，証券会社，証券登記・清算機構，証券投資ファンド，証券投資コンサルタント，信用評価機構および証券業に従事する弁護

図表7−8　1996年以来中国証監会より制定・発布した企業統治関連通達・法規

通達・法規名	発布日時
●上場会社のビヘイビアの規範化に関する通達	1996年7月24日
●『上場会社の定款ガイド』の配布に関する通達	1997年12月16日
●上場会社の総経理と高級管理者の上場会社の筆頭株主の関連会社での兼職を禁止する通達	1999年5月6日
●上場会社の大株主の出資情況に対する検査の通達	1999年6月14日
●上場会社の財務情報の開示水準の向上に関する通達	1999年10月10日
●「上場会社株主総会の規範化意見」の発布に関する通達	2000年5月18日
●上場会社の他人への担保提供問題に関する通達	2000年6月6日
●「上場会社の取締役会長談話制度の実施方法」の発布に関する通達	2001年3月19日
●「上場会社における社外取締役制度の確立に関する指導意見」の頒布に関する通達	2001年8月16日
●上場会社の重大な購入，販売および資産の組み替え問題に関する通達	2001年12月10日
●証券会社管理方法	2001年12月28日
●「上場会社の企業統治準則」の発布に関する通達	2002年1月7日
●中国証監会と国家経済貿易委員会による「上場会社の現代企業制度の整備情況に対する検査の通達」	2002年4月26日
●外資参入証券会社の設立規則	2002年6月1日
●外資参入ファンド管理会社の設立規則	2002年6月1日
●「証券発行会社の情報開示内容と書式準則 第3号—半期報告書」	2002年6月22日
●証券の代理発行や販売を営む証券会社の営業能力に対する認定方法（暫定）	2002年9月13日
●証券投資ファンドの販売活動に対する管理の暫定規定	2002年9月18日
●上場会社のM&Aに対する管理方法	2002年9月28日
●上場会社株主の持株変化に関する情報開示の管理方法	2002年9月28日
●証券投資ファンド管理会社の内部統治に関する指導意見	2002年12月27日
●赤字上場会社の一時上場停止と上場停止に関する実施方法	2003年3月27日

出所）上海証券取引所研究センター『中国公司治理報告2003年』復旦大学出版社，2003年．

士事務所，会計士事務所，資産評価機構などに対する監督・管理．(4) 証券業従事者の資格および行動基準の制定と，その実施に対する監督．(5) 証券の発

行ならびに取引の情報公開に対する監督・検査．(6) 証券業協会の活動に対する指導・監督．(7) 証券市場監督管理の法律ないし行政法規を違反する行為に対する摘出と処分．(8) 法律と行政法規に規定されているその他職責[10]．

上記のCSRCの職責と機能からも，中国証券業監督管理機構の中国企業統治に対する影響を伺うことができよう．

第3節　中国企業統治の課題と今後の展望

中国の企業統治にはまだ多くの課題が残されている．「一株独大」をいかにして解消するかは，最大かつ喫緊の課題である．制度的，また歴史的な原因で形成された中国の今のような歪んだ株式所有構造を改めない限り，合理的かつ効率的な企業統治の形成は期待できない．2001年には，年金基金補填の原資調達問題を契機として，国有株売却政策が始動したが，始動したとたん頓挫してしまった．国有株放出の新たな政策が望まれる[11]．また，「未流通株」の「主役」である国有株の所有者不在問題と所有者代表主体の責任明確化問題の早期解決が，中国企業統治のもうひとつの重要な課題である．2003年5月以後，国有資産の代表主体が「国有資産監督管理委員会」（「国資委」）に集約するようになったが，新設の国資委の権限と責任の非対称問題が新たに生じた．つまり，かつての8つの政府部門（経済貿易委員会，企業工作委員会，国有資産管理局など）の国有企業監督管理権限を国資委が一手に握ったことから，その権限が著しく拡大したものの，出資者代表としての責任が依然として明確になっていない．国資委の位置づけとその責任の明確化は急務である．また，本書第8章で取り上げている会社機関の企業統治における実効性をいかに確保するかの問題も，中国の企業統治の大きな課題となる．さらに，本章で検討していた資本・債権市場，会社支配権市場，機関投資家市場など以外にも，専門経営者市場や仲介機構ならびに独立取締役協会や監査役協会などの自律組織などを含めた外部統治システムの確立とそのガバナンス機能強化は，中国企業統治の最も重要な課題となろう．これら外部統治システムの形成と定着には時間がかかる

だけに，早急しかも計画的に取り組むべき課題となるのである．

　企業統治構造の選択と確立には強い路径依存性がある．国によって文化的背景が違い，経済発展の段階も異なることを反映して，さまざまな企業統治構造があるはずである．2000年以後，中国の企業統治はさまざまな試行錯誤の末，その外見上ではアメリカ型のコーポレート・ガバナンスに近接するようになった．しかし，それは完全にアメリカ型のコーポレート・ガバナンスに収斂（Convergence）していったのではない．中・米の伝統や文化という土台が違うからであろう．中国企業統治の今後の発展は，先進市場経済国のコーポレート・ガバナンスをモデルとしながらも，抱えている課題とさまざまな問題をクリアしつつ，中国独自の伝統，文化および民族性を土台とする「中国的企業統治構造」が最終的に確立せしめると考えられる．「中国的社会主義市場経済」と同様に，「中国的企業統治構造」も，グローバル化と同時に多様化していく世界の中で，そのアイデンティティがしだいに得られるのであろう．もちろん，その道のりは決して短くないのも確かである．

（劉　永鴿）

注）
1）詳細は「中国企業統治の実態と課題―内部ガバナンス機構と市場モニタリング・システムを中心として―」『企業研究』第4号，（中央大学）を参照されたい．
2）張漢亜・林志遠編『中国資本市場的培育和発展』人民出版社，2002年，13～14ページ．
3）上海証券取引所研究センター『中国公司治理報告2003年』復旦大学出版社，2003年．
4）たとえば，売上高ベースでは，台湾の上場会社の株式所有構成における個人株主の占めるシェアは1997年までには90％以上であったが，1998年以後80％台に低下した．それにしても，2001年現在にも依然として84.4％の高い比率を占めている．
5）上海証券取引所研究センター，前掲書，184～186ページ．
6）廖理主編『公司治理与独立董事案例』（精華大学出版社，2003年）を参照されたい．
7）上海証券取引所研究センター，前掲書，210ページ以下参照．

8) 2002年7月20日，中興通信が2002年第4四半期にH株を増発し，香港証券取引所のメインボードに上場する計画を発表した．その計画は直ちに中興通信のA株株主の「漢唐証券」「申銀万国」「長盛基金」など37の機関投資家の反対にあった．機関投資家らが中小投資者保護という名目で中国証監会（CSRC）を通じて中興通信のH株増発にストップをかける一方で，中興通信の会社定款に則って，臨時株主総会ならびに種類別株主総会の招集を会社に求めた．8月26日，中興通信の臨時株主総会（出席株主113人，所有株式比率66％）で，大株主の賛成でH株増発の会社案が最終的に了承されたものの，その結果は大株主（未流通株株主）と多くの流通株株主の対立を招き，投票も一時中断せざるを得ない事態になった．このようなことは，中興通信の経営者に機関投資家のかつてないプレッシャーを感じさせ，増大した機関投資家のプレゼンスを思い知らされた．

　その後，国際経済および資本市場の情況変化，とくにIPO市場の持続的低迷などが原因で，中興通信の予定期間内でのH株発行と上場が大変困難な情勢となった．これらを背景に，2003年5月30日に中興通信が再度臨時株主総会を招集し，その臨時総会で「H株増発ならびに上場を停止する決議案」が了承され，H株の増発計画を破棄した．

9)「2つの10％」とは，①ひとつのファンドが持つ上場会社の株式は，当該ファンドの純資産の10％を超えてはいけない；②同一ファンドが所有する任意他社の発行済み株式の10％を超えてはいけない，という内容である．

10) 上海証券取引所研究センター，前掲書，103～104ページ．

11) 中国政府が最近，モデルケースとなる上場企業を選び，一定のルールの下で「非流通株」を「流通株」に変え始めている．2005年5月の第一陣の4社に続き，6月には宝山鋼鉄など計42社を第二陣として選んだ．テスト段階はこれで終わり，今後は本格的に推進する見通しである（『日本経済新聞』2005年6月29日）．

参考文献

劉永鴿「中国の企業統治構造」佐久間信夫編著『企業統治構造の国際比較』ミネルヴァ書房，2003年，第6章．

劉永鴿「中国企業統治の実態と課題―内部ガバナンス機構と市場モニタリング・システムを中心として―」『企業研究』第4号，中央大学，2004年3月．

劉永鴿「中国企業統治の基本構造と特徴」古賀義弘編著『日本産業と中国経済の新世紀』唯学書房，2004年，第3部第4章．

今井健一編『中国の公企業民営化』アジア経済研究所，2002年．

張漢亜・林志遠編『中国資本市場的培育和発展』人民出版社，2002年．

中国証監会主編『中国証券期貨年鑑』百家出版社，2002年．

上海証券取引所研究センター『中国公司治理報告 2003 年』復旦大学出版社, 2003 年.
廖理主編『公司治理与独立董事案例』精華大学出版社, 2003 年.

第8章　会社機関と内部統治システム

はじめに

　本章では中国企業の会社機関と内部統治システムを扱う．特にここでは上場している国有工業企業（前章で明らかにされたように，上場企業の大半は未だ国有企業である）の内部統治システムを中心に考察する．企業集団の持株会社，未上場の国有企業や私営企業は対象としない．

　中国企業においては，1993年の会社法（公司法）に規定される会社機関と会社法成立以前から存在していた老三会が内部統治システムを構成する要素となる．内部統制の主体となる機関・組織の制度と実態に見られる特徴，および，それらの意図するものを明らかにすることが本章の目的である．

　会社法企業に適用されている会社機関の制度は日本・米国などの先進資本主義国のものと似ているものの，中国独特の特徴が幾つか見られる．近年の中国の内部統治システムには，大きく分けて2つの相反する流れが並存している．一方は，先進資本主義国の企業統治改革とほぼ同様の，取締役の独立性を高める等の手段を用いて経営者への監視・監督の機能を強めようとするものである．これは上場規則や証券管理監督委員会（証監会と略される）の規定などによって個別企業が強制される形で実現されている．他方は，国家や党による統制を維持・強化しようとする流れであり，これは国有株の高い所有比率を背景として実現される．後者は，個別企業の公有制を株式会社制度のもとで維持するための中国企業の統治システムの顕著な特徴である．

　会社法では先進資本主義国と共通する企業制度を規定しているものの，中国企業のもつ歴史的な背景や所有構造が諸外国と著しく異なるため，会社機関の実際は多くの際立った特徴を持つ．取締役会の構成などには大株主である国有株・法人株の所有者の影響力を維持・強化しようとする仕組みが見られる．他方で，近年，証監会や取引所が主導する先進資本主義国と共通する企業統治改

革が行われている．

第1節　中国の企業制度の歴史と会社機関の概要

　中国においては，1949年の解放以後，数十年にわたって中央集権的計画経済体制に基づく伝統的国営企業の制度を用いていた．1978年以降，中国の国営企業の自主権拡大が行われ，それに対応する形で企業制度の改革が行われた．1980年代中頃から，中国の経済学界で公有制企業に対する株式会社制度の導入や現代的な企業制度への移行が議論され始め[1]，先進資本主義国で用いられる株式会社制度の導入が検討されるに至った．この時点での株式会社制度の導入は，個別企業の自主権拡大に対応するための企業制度改革の一環として行われたものであり，社会から広く資本を集めるための株式会社制度の導入ではないということに注意すべきである．

　1993年に会社法（会社法）が成立し，国有企業は現代的な企業形態を採用することができるようになった．会社法に基づき，一定の条件を備えた企業で，投資主体が単一である場合には有限責任会社の特殊形態である国有独資公司[2]の形態に改組することができ，そのほかの企業は有限責任会社あるいは株式会社に改組することができるようになった．

　株式会社制度を導入した経緯は諸外国と大きく異なるものの，現在の中国の株式会社制度は先進資本主義国のものと多くの共通性をもつものである．

　会社法では，株式会社・有限責任会社および有限責任会社の特殊形態である国有独資会社の3つの企業形態が規定されている．図表8―1に見られるように，中国の会社法企業における各機関の相互関係は日本の監査役設置会社とほぼ同様のものである[3]．従業員の経営参与を行う規定など，独特の特徴がみられるものの，会社法上は株主主権の立場に立った会社機関構造を採る．

　中国の株主総会・取締役会・監査役会の権限・責任関係は「三会四権」として整理できる[4]．即ち，株主総会は最終的な支配権を握る機関として，取締役の人事権を握る．また，取締役会は会社の代表として会社経営の全権を委託さ

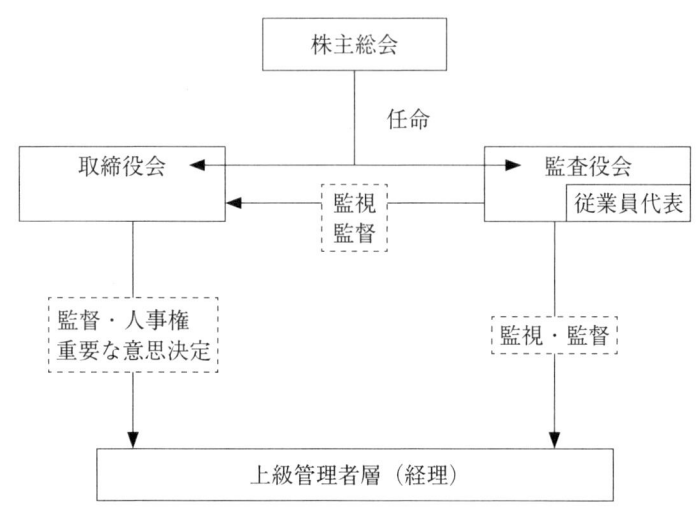

148　第3部　中国のコーポレート・ガバナンス

図表8―1　会社法で規定される会社機関（株式会社の場合）

```
            株主総会
               │
              任命
    ┌──────────┼──────────┐
    ↓          │          ↓
 取締役会 ←─────┼───── 監査役会
         ←──[監視      従業員代表
             監督]
    │                     │
    ↓[監督・人事権         ↓[監視・監督]
      重要な意思決定]
    │                     │
    └─────→ 上級管理者層（経理）←─────┘
```

出所）王書堅『国有企業経営者任職生命周期及制度環境設計』中国対外経済貿易出版社　2003年，158ページを基に筆者作成．

れ，執行層（経理人員）への監督責任とインセンティブ付与の権限を負う．さらに，執行層は日常的な経営管理に責任を負い，取締役会から委託された範囲内での意思決定権をもつ．そして，監査役会は株主総会によって選ばれ，取締役と執行層の管理の進行を監督し，定款や法規に違反する行為を監視しなければならない．

　また，伝統的国営企業時代から続く党組織・従業員代表大会・工会という「民主管理」を行う組織（老三会）も現在においても存続しており，これらも内部統制を行う主体として理解されている．

第2節　株主総会（股東大会）の制度と実際

　先進資本主義国と同様，株主総会は会社の最高権力機構として設置される．株式会社の場合，会社法第103条によって（有限責任会社の場合，会社法第38条によって）株主総会の権限が規定されている．株主総会は他の先進国と同

様,定款(公司章程)の変更,増資や社債の発行の承認,財務計画や利益処分案の批准,取締役(董事)・監査役(監事)の人事・報酬の決定などの権限を持つ[5].

　国有独資公司の場合は株主総会を持たず,株主総会の権限は出資者と取締役会に分担される.国家から授権された所有主体が取締役や社長の選任・増資・社債発行などを決定する.取締役や取締役会会長の人事権は完全に国家株の代表権主体に掌握される.さらに,監査役会の構成員は3分の2を超えない範囲で政府部門または国家から授権された所有主体から派遣される[6].また,定款の批准などの一部の事項については取締役会が株主総会に代わって決定を行う[7].

　株主総会に出席できる株主の条件に持株数の下限を設けている場合もあり,一般株主の総会への出席を制限することができる(多くの場合,大株主は国家から受託された機関やその他の国有法人,また,従業員持株会であり,個人投資家や民間の機関ではない).

　上場会社株主総会規範意見の第3条では,上場会社は会計年度終了後6ヵ月以内に年次総会を開かなければならない.川井伸一(2000)の調査では,次のような株主総会の特徴が明らかとなった[8].日本と異なり,総会の開かれる時期は分散している(4〜6月に開かれる会社が多い).出席する株主の中央値は30人ほどである.

　流通株の保有者の目的は利殖・投機目的であり,企業を監視することへの関心は薄い.米国や日本の先進的な事例では株主総会は一般の株主と経営者との交流の場として位置づけられ始めたが,中国においては一般株主との交流という側面は重視されていない.しかし,株主総会や臨時株主総会の議事録は証券取引所や多くの上場企業のウェブサイトによって広く一般に公開されており,ディスクローズに関してはある程度進展しているものと思われる.

第3節　取締役会（董事会）

(1) 取締役会の制度

会社法で定められている取締役会の構成は次のようになる．会社法第112条によって，株式会社の取締役の人数は5～19人と規定されている．また1～2名の董事長を置かなければならないとしている．有限責任会社の場合，取締役会の構成員は3～13人とされ，取締役会構成員には当該会社の従業員（職工）の代表が含まれなければならないとしている．

会社法第112条（有限責任会社の場合，会社法第46条）では取締役会は，① 株主総会の招集と株主総会に対する報告，② 株主総会の決議の執行，③ 会社の経営計画と投資政策の決定，④ 各年度の財務計画と決算計画の制定，⑤ 利益処分案の制定，⑥ 増資あるいは減資の制定，⑦ 合併・分社・企業形態の変更・解散の方針の仮決定，⑧ 企業内の管理機構の設置，⑨ 業務執行を担当する経理・副経理および財務負責人の選任・解任と報酬の決定，⑩ 企業の基本管理制度の制定，の責任を持つものと規定されており[9]，日本・アメリカなど諸外国にみられるものとほぼ同じ職責をもつ機関として規定されていることがわかる．

国有独資会社の場合は株主総会を持たず，国家から授権された部門・持株機関が取締役や社長の選任・増資・社債発行などを決定し，定款の変更などの一部の事項については取締役会が株主総会に代わって決定を行う[10]．

(2) 取締役会の構成

上海証券取引所研究センターの調査では，取締役会の実際の構成は次のようになる[11]．標準的な取締役会は10人前後で構成される．大多数の取締役は40歳以上で，40歳以下の取締役は全体の4分の1程度である．取締役会構成員は圧倒的に男性が多い．取締役会のうち，中国共産党の党員の占める割合は92％である．この数字は党員の身分をもつことが取締役としての重要な要件であることを示すものであるとともに，国有株の支配的地位および党幹部の人事制度と密接な関連をもつものである．党組織は会社機関の中枢に多大な影響力を

保持しているがこれは第4節において詳述する.

上海証券取引所研究センターは,取締役の職責についても調査を行っている.この調査の結果は,企業そのものではなく,株主に対して責任を負うと認識している取締役は少なくないことを明らかにしている.企業の利益と株主の利益が衝突した場合に取締役が優先して考慮すべきものはどちらであるかという問いに対し,企業の利益を優先すると回答した者は68.9%で,自身が代表する株主の利益を優先すると回答した者は31.1%であった[12].また,現実の業務の際には誰に対して責任を負っているのかという問いに対しては21.8%が自身を派遣した株主に対して責任を負うとしており,経営層に対して責任を負うと回答した1.5%を大きく上回っている[13].

図表8—2から明らかになることは,大株主(国家機関や国有法人)から派遣される取締役が圧倒的に多いということである.往々にして,取締役会は支配株主から派遣された取締役の「一言堂(多様な意見に耳を貸さずに自らの意見を押し通す場)」となる[14].

2001年度の上場企業を対象とした北京連城国際理財顧問有限公司(2002)の調査では[15],国家機関と国有企業の持株をあわせると39.21%の持株比率を占め,これらの機関と法人は57.73%の取締役を派遣していた.一方で,流通A株の株主の持株を合計すると35.95%の持株比率を占めるものの,わずか1.97%の取締役しか派遣していないことがわかった(流通株の株式が高度に分散しているためであろう).

これらの事実は,高い持株比率を背景として国家機関および国有法人が取締役の人事権をほぼ完全に掌握していることを証明するものである.大株主が人事権を掌握しているということからも,個別の国有企業を支配している主体が国家あるいは国家から授権された機関・法人であることが明らかである.

取締役の大半は株主によって指名されているものの,上級管理者を兼務する内部取締役が多数を占めている.中国においてもわが国と同様,取締役会の形骸化が指摘されており,「董事」ではなく「懂事」(わかる役・イエスマンの意

味)である等と揶揄されることもある．取締役会の形骸化の背景は諸外国にしばしば見られるものと近似したものであり，取締役会の構成員の大半と上級管理者が同一の人物によって担われることによる取締役会の独立性の喪失が主な原因である[16]．

(3) 独立取締役および取締役会内の専門委員会

先に見たように，中国においても取締役会の独立性および監督機能が十分ではないという企業統治上の欠陥が指摘されている．近年，これに対処するための改革がアメリカ等の先進資本主義国で既に実証された方法を移入する形で行われた．

先進資本主義国において取締役会の独立性と有効性を高めることは，企業統治改革の中核的な問題である．諸外国の企業統治改革の流れと同様，中国においても取締役会の監視・監督機能の強化のために独立取締役の導入が試みられた[17]．上海証券取引所研究センターの調査では，2000年以前の上海証券取引所上場企業における独立取締役は僅か8名（2,928の有効回答数に占める割合は0.3％）であった．2001年8月に証監会より発布された「上場企業の独立取締役制度創設に関わる指導意見（関于在上市公司建立独立董事制度的指導意見）」が独立取締役制度導入の契機となった[18]．上記の指導によって上場企業は2003年6月末までに取締役会構成員の3分の1を独立取締役によって構成しなければならないこととなった[19]．上場企業に対して独立取締役の導入は強制されるため，まず形式を整えるために設置している企業が殆どである．しばしば独立取締役は「橡皮図章」あるいは「花瓶」に例えられる（どちらも「お飾り」の意味である）[20]．

中国における独立取締役の定義はアメリカ等のそれとは異なる．中国証券監督管理委員会上場企業ガバナンス準則（中国証券監督管理委員会上市公司治理准則）の第49条では，独立取締役は会社およびその主要株主（主要股東）から独立していなければならないこと，独立取締役以外の一切の職責を上場企業において担当してはならないことが明記されている[21]．また，「上場企業の独立取締

第8章　会社機関と内部統治システム　153

役制度創設に関わる指導意見」の三の(3)において，「直接または間接に発行済み株式総数の1％以上を保有する者あるいは10位以内に入る自然人の株主とその親族」および「直接または間接に発行済み株式総数の5％以上を保有する組織あるいは5位以内に入る株主に所属する者とその親族」の独立取締役への就任を禁止している[22]。特筆すべきことは，独立性の要件に当該企業だけではなく大株主（多くの場合，国家から受託された持株会社等）からの独立性も求められていることである．

　なお，現時点においては独立取締役の効果は疑わしいとする見方もある．王立勇は，独立取締役は大株主から選出された取締役に比して（取締役の構成比率の点から）劣勢であることと，学者や各界の名士を選任しているものの，彼らに（独立取締役としての）経験が乏しいことを中国企業における独立取締役の欠陥として挙げている[23]．

　取締役会内の専門委員会も僅かながら中国の上場企業において設置され始めている．1999年の上海証券取引所研究センターの調査では，5.7％の会社が取締役会に専門委員会を設置しており，委員会を設置した事例のすべてが投資委員会と金融委員会を設置していた．次いで監査委員会（審計委員会），財務管理委員会，戦略委員会，企業体制改革委員会（公司体制改革委員会）などが設置されていた[24]．取締役会内の委員会には監督機能を果たすものと意思決定を行う委員会が存在しているが，現段階では監督機能を果たすものよりも意思決定の迅速化を意図してつくられた委員会のほうが多い．意思決定の迅速化のために用いられる委員会としては，戦略委員会・価格委員会・生産経営調度委員会などがこれにあたり，主に業務執行担当者を兼任する取締役によって構成される．

　中国証券監督管理委員会上市公司治理准則第52条では，株主総会の決議に基づいて各種専門委員会が設置できるとしているものの，上場企業に対し設置を強制するものではない[25]．指名委員会（提名委員会）や報酬委員会については，上海証券交易所上市公司治理指引において設置することができると明記されて

いるものの，設置されている事例は少ない．経営者や執行担当者への監視・監督を強めるためというよりは，意思決定の迅速化のために専門委員会が利用されているケースが多い．この事実は，中国企業における取締役会の役割として，監督機能よりも意思決定機能がより重視されているという現状を示すものである．取締役会の監督機能の強化のために，今後，個別企業の次元で独立取締役制度の積極的な活用と監査委員会・指名委員会等の監督機能強化のための専門委員会の設置を促進させる必要があるだろう．

第4節　監査役会（監事会）

(1) 監査役会の制度

　会社法第124条（有限責任会社の場合，会社法第52条）によって，監査役会（監事会）の設置が義務づけられる（有限責任会社の場合，監査役会は企業規模が大きい場合に設置される，小規模企業の場合は1～2名の監査役を設置する）．監査役は従業員代表と株主側から選ばれるが，この比率は定款によって定められる．公司法第126条において監査役の役割は規定されており，次の権限を持つ[26]（中国証券監督管理委員会上市公司治理准則の第59条にもほぼ同様の規定が見られる）．① 企業の財務の検査，② 取締役や業務執行担当者の違法行為や定款違反行為の監督，③ 会社に損害が与えられる行為を取締役や経理が採った場合の修正，④ 臨時株主総会の招集，⑤ その他定款に定める行為，の5つである．また，監査役は取締役会に出席しなければならない．

　また，上海証券取引所上市公司治理指引の第29条では監査役の3分の1は株主から派遣されなければならないとしている．同指引では，取締役会会長（董事長）・社長（総経理）の親族が監査役に就任することを禁止している．

　監査役会は日本の監査役設置会社のものとほぼ同様の役割をもつものだが，労使共同決定が会社法によって規定されている点が特色である．

(2) 監査役会の実際

　上海証券取引所研究センターの調査では，監査役会の主席の73.4％が企業

内から抜擢されているという事実がある[27].副主席以下の監査役にも相当数の内部出身者が含まれる.監査役についても設置が義務づけられているため仕方なく設置している企業が大半である.同調査では,監査役会は年2～3回程度開催され,平均参加人数は約5名である[28].

わが国と同様,監査役会の無機能化が中国企業においても引き起こされている.王立勇は監査役会の無機能化の原因として,① 独立性が保たれていないこと,② 法律で定められた監視活動の実施が困難であること,③ 監査役の教育訓練が不十分であること,の3つを指摘している[29].1点目の,独立性の問題はわが国の監査役の無機能化と似た現象である.支配株主(この場合,特に持株会社を指しているものと思われる)が監査役の任命権を掌握していることと,内部監査役の報酬と職位は上級管理者層によって決定されることが原因となって,監査役の当該企業に対する独立性が歪められてしまうというものである.2点目の,監視活動が困難であることは具体的には次のようなものである.監視・監督活動を遂行するために会計士や弁護士などの専門家を雇う必要があった場合,その費用負担を誰が負うのかということが会社法等の法規や定款等で明確に規定されていない.これは,監査役会の監視・監督の実行が保証されていないということと同じである.3点目の,監査役の教育訓練の問題は,少数の例外はあるものの,未だ多数の企業の監査役が法律・財務・技術等の専門知識が不足しているという現状を指している.このため,多くの監査役は取締役や上級管理者の錯誤や背信行為を判別することが困難な状況にある.実際,上場企業においてさえ,これらの問題が発露することが少なくない.取締役会と上級管理者層が監査役会から異なる報告を受けることすらある[30].

(3) **近年の改革と監査役会**

わずかではあるが,自主的に監査役会の独立性を高めようとしている事例もある.近年の動きとして,少数の企業で独立監査役の設置が見られ始めている.独立監査役の設置は法律・準則等で強制されるものではない.

2002年においては,中国石化工,ST東北電,南京熊猫など30以上の企業

で独立監査役の任命が見られた[31]. 独立監査役の選任は監査役会の無機能化を改善しようとするものである[32]. 独立監査役の出自は多様であるが, 上場企業の独立監査役は社会的地位の高い専門家・著名人であることが多く, 金融・経済・法律等の専門家が最も多く目立つ[33]. たとえば, 中国石化の独立監査役の崔建民氏は元国家監査署副監査長の経歴をもつ人物であり, 2004年現在, 中国注冊会計士協会会長を務めている. また, 中国石油天然ガスの独立監査役は中国証券監督管理委員会主席の劉鴻儒氏が選任されている. 独立監査役は複数の企業の監査役を兼任することもあり, 経済学者の安周良氏は江蘇舜天と栖霞建設の2社の独立監査役に選任されている.

既に見たように, 上場企業においては独立取締役の導入が強制され, 一部の先進的な企業においては監査委員会が設置されている. 多くの企業で監査役は仕方なく設置されているという現状があり, なおかつ, 独立取締役と委員会によって株主の利益を代弁させることができれば監査役会は必ずしも必要ないようにも思われる. わが国と同様, 中国においても監査役無用論が無いわけではない.

しかし, 上海証券取引所研究センターは, 取締役会の独立性を強化しても, 取締役会に監査役会の機能を完全に代替させることは不可能であるとする見解を示しているようである. 会社法に示される5つの監査役の職責のうち, 「取締役や業務執行担当者の違法行為や定款違反行為の監督」, 「会社に損害が与えられる行為を取締役や社長が採った場合の修正」の2つを取締役会が代替できないことと, 監査役会が上級管理者層・株主・従業員といったステークホルダーの複雑な利益関係の調整を行う立場にあることをその理由としている[34].

第5節 老三会

現在においても, 伝統的国営企業時代から続いている党組織・職工(従業員)代表大会・工会という独特の組織(老三会)が温存されている. しかも老三会の職責も内部統制の実行であるとされる[35]. 老三会は中国独特の「民主管

理」を行う組織であり，「全人民所有制工業企業法」の規定に依拠して設置される．

　抽象的ではあるものの，会社法には，従業員や党組織の意思を反映させるための規定も存在する．会社法第121条では，会社が従業員の給与・福利厚生・安全・保険などの従業員の利害に関わる事項を決定する場合，工会（伝統的国営企業時代から続く民主管理を行う主体であり，わが国の労働組合に相当）をオブザーバーとして招聘することを規定している．また，会社法第122条では，会社が重要な事項を決定する場合に会社の工会と従業員の意見を聴取すべきであると規定している．従業員を他のステークホルダーより重視する姿勢を示すことは，中国の企業制度の顕著な特徴であるが，従業員と会社の関係は株主と会社の関係ほど明確には規定されていない．

　また，重要な影響力をもつステークホルダーである企業内党組織（こちらも伝統的国営企業時代から続く民主管理を行う主体である）の活動は，会社法第17条によって保障されているものの，実際の運営・構成などが具体的に規定されているわけではない．彼らの活動は，会社法では明確に規定されてはいない．

　伝統的国営企業時代から続いていた従業員代表大会・工会は労働者の代表によって構成される組織であり，党委員会とともに企業ごとに設置された．これら老三会は，かつては国営企業の最高権力機構であった．現在，従業員代表大会は従業員持株会にほぼ統合されている．

　老三会の中で最大のステークホルダーである国家と最も密接に関係するものは党組織であろう．党組織の主要な任務は，企業内において党と国家の政策を貫徹させること，重要な意思決定に参与すること，思想・政治面での指導，工会等の組織の指導および利害調整などである[36]．企業における党組織の活動は，会社法第17条による民主管理活動の規定，企業内において「党組織が政治核心作用を発揮し党と国家の方針の貫徹・執行を監督する」との中共十四届三中全会において発表された政策，および党章の規定に依拠する[37]．

　上場企業においてさえ，党組織の発言力は未だ強い．2003年度の上海証券

取引所研究センターの調査では，経営意思決定において 98.8％，人事任命において 99.7％，取締役と経営者の行為の監督において 99.5％，従業員の動機づけにおいて 99.9％，管理者層と従業員層の調整において 99.8％の企業が党組織の影響を受けると回答している[38]．

　注目すべきことは企業内に設けられる党組織の指導人員が同時に会社機関の中枢を担っている事実である．党委書記と取締役会会長，あるいは，党委書記と社長は兼任を妨げられない．現在でも党委書記はエリートとして扱われ，企業内で重要な位置を占め，党委書記をはじめとする党組織の指導人員は他の役員を兼任する場合が多い．

　上海市規律検査委員会および上海市監察委員会（ともに，個別企業に設置される党組織よりも上級に位置する党の組織）は，国家株の支配権を背景に党の構成員を「法人企業制度の下での指導層」である取締役・監査役および上級管理者層に推薦するとともに，取締役会・監査役会・上級管理者層の構成員を党委員に取り立てるという「双向進入」を実現したと述べている[39]．つまり，「双向進入」とは党組織の指導人員をトップ・マネジメント層に推薦するとともに国有企業のトップ・マネジメント層を党組織に取り込むことによって党組織の指導人員と会社機関の構成員を同一の者にする取り組みである．この取り組みの結果，2001 年末の市の管理下にあるグループ持株会社において，党書記と取締役会会長を兼任する事例が 86％，党書記と取締役会副会長を兼任する事例が 10％を占めるに至った[40]と報告している．

　しかし，党組織によって取締役会の意思決定権までもが掌握されてしまっているというわけではない．図表 8―2 に見られる通り，内部統制を行う主体同士の対立・矛盾の中で最も多いものが党委員会と取締役会の対立である．現時点では，会社法で規定される会社機関と民主管理を行う老三会の権限・責任の分担関係について，会社法やその他の規定等で明確に定められているわけではない．個別企業レベルで対策を講じているケースもいくらか存在しているが，「企業における党組織の地位は（企業制度改革後も）変わらない」あるいは，

図表8－2　常に対立（矛盾）する部門はどこか？（1999年末に上海証券取引所上場企業を対象にした調査，有効回答数は234社）

	相反した事例	相反した事例の中で占める割合(%)		相反した事例	相反した事例の中で占める割合(%)
取締役会と党委員会	14	21.5	従業員代表大会と工会	3	4.6
株主総会と取締役会	12	18.6	株主総会と党委員会	1	1.5
株主総会と従業員代表大会	11	16.9	取締役会と党政連席会	1	1.5
取締役会と従業員代表大会	10	15.5	党委員会と従業員代表大会	1	1.5
取締役会と監査役会	8	12.3	株主総会と工会	1	1.5
取締役会と工会	3	4.6	回答合計	65	100

出所）上海証券交易所研究中心，『公司治理報告2003』復旦大学出版社，2004年，250ページ．

「従業員の主人としての地位は変わらない」等のように，大まかな方針を示すものに留まっているようである．

第6節　事例研究――中国石化工株式会社の内部統治システム――

　中国石化工株式会社（中国石油化工股份有限公司：以下，中国石化工）は，中国石化グループ最大の事業会社であり，国有資産監督管理委員会から直接コントロールを受ける持株会社の中国石化集団に過半数の株式を所有される国有企業である．主な事業は石油・天然ガス・石油化学製品などの採掘・輸送・開発・製造・販売などである．上海・香港・ニューヨーク・ロンドンの取引所に上場している．そのため，会社機関構造は英米型の国際標準を強く意識したものとなっている．

　中国石化工が構築した会社機関は，一般的な中国企業のケースとは言い難

い．しかし，先進資本主義国の企業統治改革と共通する改革を個別企業レベルで自発的に取り組みながらも，国家と党の影響力を維持・強化する中国独特の仕組みを構築している点で大変興味深い事例である．[41]

　取締役会のうち，会長・社長を含む5名が内部取締役である．取締役会会長は中国石化集団の社長を兼任，社長は中国石化集団の副社長を兼任していた．また，一般的な調査結果と異なり，取締役と企業内党組織の幹部との兼任は見られなかった．取締役会の構成を見る限り，監督機能・意思決定機能・執行機能はかなりの程度，分離されているようであり，上級副社長のうち1名と副社長は取締役を兼任していなかった．

　独立取締役の取締役会に占める比率は規定をなんとか満たしているだけである．しかし，独立取締役の活用については一般に見られるケースよりかなり積極的である．戦略委員会以外の専門委員会は独立取締役を中心に構成される．監査委員会は5名で構成され，大多数を独立取締役によって構成し，そのうち最低1人は会計の専門家であることを定款によって規定している．また，報酬評価委員会（報酬考核委員会：一般に報酬委員会と呼ばれるものとほぼ同様のもののようである）は5名で構成され，半数以上を独立取締役で構成することと定款で規定している．

　中国石化工では，監査役は12人と平均的なものよりかなり多い．従業員代表監査役は4名であるが，うち3名は子会社の役員を兼任している．企業内党組織の幹部を兼任するものは2名であり，両者とも親会社の企業内党組織の幹部を兼任し，うち1名は従業員代表の監査役として選任されている．さらに，1名の監査役が持株会社の管理者を兼任している．また，独立監査役（設置は任意）は2名就任している．

　会社機関構造を見る限り，中国石化工において企業内党組織の指導人員は，取締役会を通じて経営意思決定に直接影響を与えることよりも，監査役を兼任することで監視・監督機能を掌握しようと試みているようである．経営意思決定の遅延・混乱といった負の影響を与えずに党組織を関与させるには，監査役

会に企業内党組織の幹部を派遣することは取締役会に企業内党組織の幹部を派遣するよりもより有利であろう．

従業員代表監査役の大半と，従業員代表取締役は主要子会社の役員を兼任している．おそらく，従業員代表の監査役・取締役は経営側と著しく利害を異にする存在ではないものと思われる．

中国石化工の内部統制機関は，現時点の中国の企業統治に関わる制度・環境を前提にするならば，アメリカ的な監督機関の仕組みと中国国有企業として必要不可欠な国家による支配の仕組みとの現実的な折衷案として評価できる．国家・党の影響力の維持と国際標準に沿った企業統治の改革という性質の異なる2つの目的を同時に達成するためには，このような内部統制システムの構築がひとつの有効なモデルとなるだろう．

おわりに

中国の会社機関は，制度から見れば，日本の監査役設置会社を移植した制度に，アメリカ型の独立取締役制度を付加したものである．未だ上場企業においても公有制企業が大半を占めているという所有構造の特殊性を主要な背景として，会社機関の構成や実際の機能は諸外国と著しく異なっている点が幾つも見られる．先進資本主義国と共通する企業制度を用いることは大多数の企業の根源的な所有者である国家がその支配権を放棄することを意味せず，株式会社制度のもとで国家の支配力を維持・強化するための仕組みを構築した．さらに，伝統的国営企業時代から続く老三会を株式会社制度のもとでの会社機関と並存させ，特に党組織の個別企業への影響力を低下させないための対策を政府レベルと個別企業レベルで実施しているようである．

中国企業の特殊性の維持と先進資本主義国の企業統治改革との標準化という一見相反する目的を平行して行っていることが現時点での中国の企業統治改革の傾向である．依然として多くの企業において最大のステークホルダーは国家であり，国家の支配力を一般株主など他のステークホルダーより優先させなけ

162 第3部 中国のコーポレート・ガバナンス

図表8−3 中国石化工のトップ・マネジメントと役員の兼任関係(2004年11月現在)

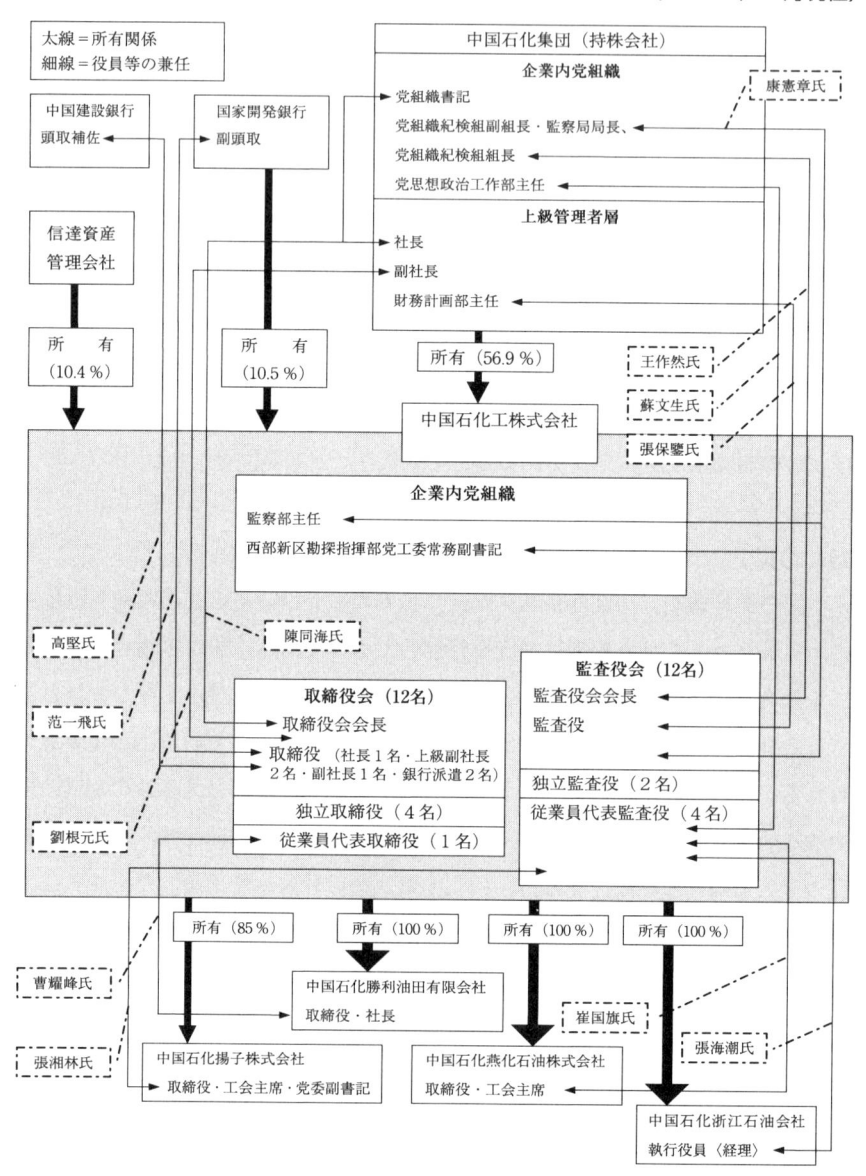

```
太線=所有関係
細線=役員等の兼任
```

中国石化集団(持株会社)

企業内党組織
- 党組織書記
- 党組織紀検組副組長・監察局局長
- 党組織紀検組組長
- 党思想政治工作部主任

上級管理者層
- 社長
- 副社長
- 財務計画部主任

中国建設銀行 頭取補佐
国家開発銀行 副頭取
信達資産管理会社

所有(10.4%)
所有(10.5%)
所有(56.9%)

中国石化工株式会社

企業内党組織
- 監察部主任
- 西部新区勘探指揮部党工委常務副書記

取締役会(12名)
- 取締役会会長
- 取締役(社長1名・上級副社長2名・副社長1名・銀行派遣2名)
- 独立取締役(4名)
- 従業員代表取締役(1名)

監査役会(12名)
- 監査役会会長
- 監査役
- 独立監査役(2名)
- 従業員代表監査役(4名)

所有(85%) 所有(100%) 所有(100%) 所有(100%)

中国石化揚子株式会社
取締役・工会主席・党委副書記

中国石化勝利油田有限会社
取締役・社長

中国石化燕化石油株式会社
取締役・工会主席

中国石化浙江石油会社
執行役員〈経理〉

康憲章氏
王作然氏
蘇文生氏
張保鑒氏
高堅氏
陳同海氏
范一飛氏
劉根元氏
曹耀峰氏
張湘林氏
崔国旗氏
張海潮氏

出所) 中国石化工ホームページ http://www.sinopec.com/ir/governance/index.shtml
及び中国石化揚子ホームページ http://www.ypc.com.cn を基に筆者作成.

ればならない．しかし，中国の優良企業の国際化が進展しつつある中で，中国企業の活動の影響を受ける者は国内の人々だけではない．中国政府と企業の関係のみでは把握できない問題も当然引き起こされる．国家と国民のみならず，内外の消費者・従業員・投資家などの多様なステークホルダーの利害を調整するために，多元的な視点に立った企業統治改革が今後の中国の大企業に求められるであろう．

(西村　晋)

注）
1) 公有制企業に対する株式会社制度の導入を主張した代表的な論者として経済学者の厲以寧をあげることができる．厲は中国公有制企業の株式会社制度への移行は公有経済の性質を弱めるものではないと主張し，政府持株と政府から派遣される取締役によって企業を支配する「新型公有制企業」として株式制の導入を検討している．厲以寧「我国所有制改革的設想」『人民日報』1986年9月26日星期五，第5版．
2) 会社法では，国有独資会社を，出資者の単一性．出資者の国有性．出資者の有限責任（伝統的国営企業の所有者は無限責任）．および経営の国家独占性の特徴をもつものと規定している．有限責任会社の特殊形態である．単飛跃『公司法学』中南工業大学出版社，1998年，130－131ページ．現在のところ，集団企業の持株会社には国有独資会社形態をとるものが非常に多い．
3) おそらく，中国の会社法は日本の株式会社制度を参考にしたのではないかと思われる．その証拠に，企業制度改革前後の中国において日本の企業制度や企業形態，また6大企業集団に関する研究が多数見受けられる．
4) 王書堅『国有企業経営者―任職生命周期及制度環境設計』中国対外経済貿易出版社，2003年，158ページ．
5) 単飛跃，前掲書，152ページ．
6) 単飛跃，前掲書，134～135ページ．
7) 単飛跃，前掲書，133ページ．
8) 川井伸一『中国上場企業―内部者支配のガバナンス―』創土社，2003年，76ページ．
9) 『中華人民共和国公司法』中国法制出版社，1999年，82～84ページ．
10) 単飛跃，前掲書，133ページ．
11) 上海証券交易所研究中心『公司治理報告2003』復旦大学出版社，2004年，149ページ．
12) 同上書，149～150ページ．

13) 同上書, 149～150ページ.
14) 同上書, 147ページ.
15) 同上書, 147ページ.
16) 王書堅, 前掲書, 161～163ページ.
17) 会社法や企業集団の生成を見る限り, 1980～90年代は日本企業をひとつのモデルとして中国の企業制度改革がなされてきたようだが, 近年の中国の企業統治改革はアメリカやイギリスの企業統治改革に大きく影響されているように思われる.
18) 上海証券交易所研究中心, 前掲書, 151ページ.
19) この「指導意見」については, 孫永祥『公司治理結構：理論与実証研究』上海人民出版社, 上海三聯書店, 2002年, 299～306ページを参照.
20) 王書堅, 前掲書, 167ページ.
21)「中国証券監督管理委員会上司公司治理准則」については, 上海証券交易所研究中心, 前掲書, 327～337ページを参照.
22) 孫永祥, 前掲書, 301ページ.
23) 王立勇『杜絶内患—企業内部控制系統分析』中国経済出版社 2004年, 110ページ.
24) 上海証券交易所研究中心, 前掲書, 151ページ.
25) 同上書, 333ページ.
26)『中華人民共和国公司法』中国法制出版社 1999年, 92ページ.
27) 同上書, 160ページ.
28) 同上書, 160ページ.
29) 王立勇, 前掲書, 110ページ.
30) 同上書, 111ページ.
31) 上海証券交易所研究中心, 前掲書, 161ページ.
32) 同上書, 161～163ページ.
33) 同上書, 161～163ページ.
34) 同上書, 163～164ページ.
35) 王洛林・陳桂貴『現代企業制度的理論与発展』経済管理出版社, 1997年, 117ページ.
36) 同上書, 121ページ.
37) 同上書, 120ページ.
38) 上海証券交易所研究中心, 前掲書, 250ページ.
39) 李玉賦『国有企業党風廉政建設実践与探索』中国方正出版社, 2004年, 3ページ.
40) 同上書, 3～4ページ.
41) 以下, 中国石化工株式会社のトップ・マネジメントに関しては, 中国石化工

ホームページ http://www.sinopec.com/index.jsp を参照した．なお，データは2004年9月時点のものである．

参考文献

王書堅『国有企業経営者任職生命周期及制度環境設計』中国対外経済貿易出版社　2003年．
上海証券交易所研究中心『公司治理報告2003』復旦大学出版社，2004年．
張卓元　主編『論争与発展：中国経済理論50年』雲南人民出版社，1999年．
李玉賦『国有企業党风廉政建設実践与探索』中国方正出版社，2004年．
単飛跃『公司法学』中南工業大学出版社，1998年．
『中華人民共和国公司法』中国法制出版社，1999年．
王立勇『杜絶内患―企業内部控制系統分析―』中国経済出版社，2004年，110ページ．
王洛林・陳桂貴『現代企業制度的理論与発展』経済管理出版社，1997年，117ページ．
廖理主編『公司治理与独立董事案例』清華大学出版社，2003年．
崔天模・黄俊立『国有企業治理結構研究』中国物価出版社，2002年．
李玉賦『国有企業党风廉政建設実践与探索』中国方正出版社，2003年．
孫永祥『公司治理結構：理論与実証研究』上海人民出版社・上海三聯書店，2002年．
張興茂『中国現階段的基本経済制度』中国経済出版社，2002年．
劉江永『日本的股份公司制度』経済科学出版社，1993年．
呉家駿『日本的股份公司与中国的企業改革』経済管理出版社，1994年．
劉永鴿「中国の企業統治構造」佐久間信夫編『企業統治構造の国際比較』ミネルヴァ書房，2003年．
川井伸一『中国上場企業―内部者支配のガバナンス』創土社，2003年．
松尾好治「中国近代企業制度確立上の諸問題」『松阪政経研究』15巻2号，1997，149ページ．
松尾好治「中国企業の源流と近代化への軌跡―大変革期を乗り越えられるか―」『松阪政経研究』18巻1号，2000年．
王旻「中国企業における国有資本と民間資本の連携」『中央大学大学院研究年報』268ページ．
中国石化工ホームページ http://www.sinopec.com/index.jsp．

第4部 その他の国・地域のコーポレート・ガバナンス

第9章　タイのコーポレート・ガバナンス

はじめに

　コーポレート・ガバナンス問題は，1990年代初頭から先進諸国を中心に議論が始まり，21世紀に入り，発展途上国や市場経済移行国をも含み，世界中の国々で盛んに取り上げられるようになった．コーポレート・ガバナンスは，現在もなお，邦訳，定義等が定まっていないほど諸説紛々としているが，おおむね，企業競争力の強化と企業不祥事への対処とを達成するための企業経営システムをいかに構築すべきか，といっても差し支えないであろう．

　このコーポレート・ガバナンス問題を，今なお活発に議論が行われている先進諸国と，今後議論が本格化すると考えられる東南アジア諸国とを比較してみると，現在の先進諸国は，その議論の中心が企業競争力の強化に移っているのに対して，東南アジア諸国は，企業不祥事への対処を主眼として，企業競争力の強化をも達成しようとした取り組みを行っている．つまり，現在の東南アジア諸国は，これまでの先進諸国の議論や実践を最大限生かして，コーポレート・ガバナンス構築を行おうとの意図が感じられる．

　ことに，タイは，東南アジア諸国の特殊事情を基盤にして，コーポレート・ガバナンス構築を行おうとする代表的な国である．そこで，本章では，① タイにおいて，なぜコーポレート・ガバナンスが必要とされたのか，② タイにおけるコーポレート・ガバナンスの取り組みはどのようなものか，③ タイにおけるコーポレート・ガバナンス構築の方法や見通しはいかなるものか，の3点を明らかにすることで，東南アジア諸国のコーポレート・ガバナンス構築の今後について検討を行うものである．

第9章 タイのコーポレート・ガバナンス　169

第1節　タイのコーポレート・ガバナンスに対する取り組み
(1) 世界的なコーポレート・ガバナンス議論

　1990年代初頭のバブル経済崩壊後の日本企業は，相次ぐ不祥事と相対的な企業収益力の低下に悩まされている．そして，これらの問題に対処するためにコーポレート・ガバナンス問題が盛んに議論されている．つまり，コーポレート・ガバナンスは，企業不祥事への対処と企業競争力の強化との2つの目的を持つ．そして，近年では，次第に後者の役割に移行しているといわれる[1]．

　コーポレート・ガバナンスに関する議論は，経営学をはじめとして，会計学，財務論，法学，経済学，経営情報学の関連学問領域で活発に議論が行われており，いまだ，その理論的な全体像を明らかにすることが困難な状況である．そこで，近年，活発に議論が行われ，策定・公表が進んでいるコーポレート・ガバナンス原則（以下，「原則」という）に解をもとめると，おおむね，以下のようにコーポレート・ガバナンスの主要な論点を明らかにすることができよう．それは，コーポレート・ガバナンス構築に関する具体的な方策は，主に，企業内部の手段としての企業経営機構改革，企業外部の手段としての機関投資家等の株主の役割，そして，この両者を繋ぐ役割を担う情報開示・透明性，の3つに分けられると考えてもよいであろう[2]．

(2) 東南アジア諸国のコーポレート・ガバナンス議論の特徴

　東南アジア諸国では，IMF・世界銀行の改革プログラムが進行し，実践が行われていくにつれて，さまざまな問題点が明らかになっている．ここでは，その問題点を明らかにすることで，東南アジア諸国におけるコーポレート・ガバナンス議論の特徴を浮き彫りにすることにする．

　図表9－1によると，東南アジア諸国のコーポレート・ガバナンス問題は，① 非公開インセンティブと市場育成のパラドックス，② 内部取引の小さい存在，③ エージェンシー問題，④ 投資家以外の利害関係者調整，⑤ 専門経営者層の不足，の5つがあるという．①については，英米型の市場規律によると，企業は発展の過程で自然に公開を進めていくもの，といった暗黙の前提に立脚

図表9-1　東南アジア地域のコーポレート・ガバナンス問題

項目	内容
① 非公開インセンティブと市場育成のパラドックス	英米型の市場規律によると，企業は発展の過程で自然に公開を進めてゆくもの，といった暗黙の前提に立脚している． ・東アジアでは必ずしも企業公開に魅力を感じないケースが往々にしてある． ・所有と経営が未分離のファミリー企業（オーナー経営）では，上場要件である情報開示によって納税負担が加重されるのではないか，株式公開によって買収圧力に晒されるのではないか，といった懸念が存在する． ・このような事情に配慮して企業公開基準や審査を甘くしたり，上場企業への監視を行わない場合には結局，情報公開が不十分であったり，粉飾会計などで市場の混乱を招くなどこれもまた透明性向上の原則に逆行するようなケースも存在する．
② 内部取引の小さい存在	一般に海外資本からのアクセスが可能となるような新興市場では，より発展段階の低い経済における極端な市場分断は解消されつつある． ・高成長期には多角化する事業の市場を内部化した方が急速な変化に対応し易い面は否定できず，多くの場合は企業グループが発生し，内部取引の規模が拡大する． ・グローバル化の中で発展する今日の新興企業の場合，銀行のみならず，製造業関連のノンバンクなど規制の届きにくい金融取引に係るケースや，また相対的に大きな海外事業を抱えることが珍しくないなど，グループ内部の取引規模はかつてに比べて格段に大きく，複雑化している． ・多くの国が国際会計基準の導入をうたっているものの，巨大企業グループの連結基準は依然として国ごとに異なり，曖昧な部分，実態を反映しない処理が放置され，公開企業や債券発行企業単体の情報開示だけでは投資家の権益保護が不十分な環境が続いている．
③ エージェンシー問題（大株主と従業員の対立）	IMF・世銀が主導してきた市場規律型のコーポレート・ガバナンス改革は，所有と経営が未分離な状態にあり，そもそもエージェンシー問題が小さかったファミリー企業に対して，社外取締役の導入による経営監視の強化と，少数株主の保護を中心としてきた． ・創業者家族の持分に企業相互による株式の持分を加えれば，東アジアの多くの企業グループでは内部持分比率は圧倒的に高く，公開企業でも少数株主の持分は極めて小さい． ・市民運動的なものを除けば，少数株主のモニタリング・インセンティブを引き出すことは容易ではない． ・構造改革の本格化に伴い，大株主と従業員など内部との対立が表面化したが，改革はこの調整メカニズムにそれほど大きな注意を払っておらず，株主中心のコーポレート・ガバナンス実現には労働市場の柔軟性確保が壁として残っている． ・この点においては，米国型のコーポレート・ガバナンスの導入が適当かどうかを，社会的な側面も含めて考えてゆくことが必要と判断される．

④	投資家以外の利害関係者調整	東アジア危機は投融資家に対する信頼性の危機といった側面が強く，IMFや世銀主導のコーポレート・ガバナンス改革は金融面のみに集中してきた． ・巨大企業，とりわけ東アジアの経済基盤として大きな役割を果たしている製造業などの場合には，従業員以外にも顧客，取引先（下請け企業），周辺住民など多くの利害関係者が存在し，この関係調整なしに大胆な業務転換や構造調整は自ずと限界がある． ・環境問題など対立の火種は既にあり，企業のコーポレート・ガバナンスには対投資家へのIR活動のみならず，企業の社会的な役割も考慮する必要があり，幅広い利害関係者への配慮が必要となっている．
⑤	専門経営者層の不足	社外取締役制度の導入も多くの国で行われつつあるが，その実効性には早くも一部で疑問が投げかけられている． ・従前，専門経営者については経験不足が指摘されている上，学閥など特殊な人間関係から社外取締役が外部者として客観的な経営チェックの役割を十分に果たすことが容易ではなく，またその選任そのものがオーナー経営者の意向を強く反映するため，「お手盛り」となってしまいがちである． ・監督官庁や取引銀行からの天下りでは再び不透明な関係の復活にもつながりかねず，人材不足は当面は甘受せざるを得ない状況にある．

出所）http://www.jica.go.jp/global/boeki/pdf/04_05.pdf をもとに筆者が作成．

しているが，東南アジア地域では，経営と所有が未分離のファミリー企業において上場による情報開示や税負担などの障害から，必ずしも上場を目的としていないことを，②については，発展段階における経済であるため，必ずしも高いコーポレート・ガバナンスを達成し，資金などの需要を喚起する必要がないことを，③については，圧倒的なファミリー企業持ち合い株式構造が存在し，この構造を変えて行くには，大きな困難があることを，④については，ファミリー企業中心の企業において，利害関係者の権利などは，利害関係者自身にもあまり重きを置いていないことを，⑤については，日本で問題になっている議論と同様に，経営者教育，経営者育成が問題となることを表している．

東南アジア諸国のコーポレート・ガバナンス議論は，先進諸国における問題と根本的に異なっている．それは，上場企業のうちファミリー企業がその大半を占めていることである．それにより，取締役会の構成や利害関係問題などが

起こってくる．そして，このコーポレート・ガバナンス問題の根本的な解決は，最終的にファミリー企業を体質からの脱却を意味すると考えても差し支えないであろう．

(3) タイにおけるコーポレート・ガバナンス議論の特徴

タイにおいてコーポレート・ガバナンス議論が高まった最大の要因は，1997年に起こったアジア通貨・金融危機である．このアジア通貨・金融危機は，主として，①国際短期資金の流入や国内金融市場の過剰流動性と為替リスクの管理に失敗したこと，②ヘッジ・ファンドによる通貨攻勢や貿易の域内依存率の上昇などによる間接的要因と，国際金融市場の構造的要因と制度的弱さなどの直接的要因があったこと，③国内債券市場の未発達のもとで金融自由化の推進を行ったこと，の3点に求めることができる[3]．

そして，IMF・世界銀行の政策勧告を受けて，金融制度改革と企業改革に乗り出すことになる．金融制度改革では，不良債権の定義の厳格化，自己資本の充実，貸倒引当金の積み増しなど，銀行経営の健全性に関する国際基準を適用すると同時に，中央銀行の監督機能の強化，銀行の経営体制の見直し（コーポレート・ガバナンス）などを指示した[4]．

このように，タイにおいてコーポレート・ガバナンスの議論が起こったきっかけは，1）東南アジアの通貨・金融危機の発生による，国内外からの経済システムの再構築が求められ，そのなかの重要なキーワードとしてコーポレート・ガバナンスが取り上げられたこと，2）タイ企業の多くがファミリー企業という特徴的な企業所有形態であり，内部・外部監査体制，情報開示・透明性制度などが整っていないこと，3）企業経営機構がファミリー企業内部出身者で固められるなど，経営トップの外部化および多様化，システムの確立がなされていない，の3つの要因があったと考えられる．

第9章　タイのコーポレート・ガバナンス　173

第2節　タイにおけるコーポレート・ガバナンスの概要

(1)　タイにおける上場企業の概要

　タイの上場企業は，2003年現在，405社である[5]。1975年には，21社ほどであったが，1987年には，はじめて109社と100社を超え，1990年代前半から大きく上場企業数を伸ばしていることがわかる．そして，1995年には上場企業数が454社となり，徐々に増える傾向にあったが，1997年の通貨・金融危機を境にして，その後，1997年には412社，1998年には418社，1999年には392社と，一進一退の状態が長く続いている．

　これは，1997年の通貨・金融危機の影響に加えて，その対策のためのさまざまなコーポレート・ガバナンスに関する施策の策定・実施が，いまだ移行期にあり，成長期には入っていないことをうかがわせるものである．それに加えて，時価総額，およびGDP対時価総額については，数値にかなりの変動があり，一定した市場および企業の成長が起こっていないことが理解できる．

　参考までに，タイの上場企業以外の企業を形態別にあげると，1996年時点で，非上場企業が3,771社，有限パートナーシップが726社，登記済み普通パートナーシップが726社，外国企業の駐在事務所・支店が13社である．そして，売上高の上位5,000社のうち，上場企業が合計の3分の1を占めているのである[6]。

(2)　コーポレート・ガバナンスに対する施策

　タイのコーポレート・ガバナンスに対する施策は，世界銀行のレポートを基礎にして，企業法制度改革と上場規則策定および原則の策定の3つに重きが置かれてきた．

　まず，企業法制度改革では，それまで会社設立等の規定を一手に引き受けていた1992年の民商法典に加えて，1998年に公開会社法を改訂して，上場企業と非上場企業を明確化した．そして，度重なる民商法[7]の改正が行われるとともに[8]，公開会社法も，2001年など，改正がたびたび行われ，株主の権限や取締役の責任，情報公開規定などの強化などの規定ができあがった．この改正が

行われるまでには，2つの重要なステップが背景にあったのである．

もとをたどると，上場企業を規律づける公開会社法がタイで策定されたのは1978年であるが，このときこれは，コーポレート・ガバナンスや資本市場の発展を主たる目的とはしていなかった．むしろ，その目的は，1973年10月の軍事政権の崩壊とその後の民営化運動の高まりのなかで噴出した「企業経営の民主化」や「株主の大衆化」の要求への対応であった．

次に，この1978年公開会社法は，従来の民商法による企業形態とはおおきく異なった経営組織や株主保護等を求めていたため，1984年に証券取引法を改正し，民商法に基づく非上場企業も，一定の条件を満たせば上場できることにしたのである．

第3節　タイの会社機関構造

(1) 株主総会

株主総会は，最高意思決定機関であり，取締役，会計監査人，財務諸表や営業報告書の承認などの重要な企業経営に関わる問題を決定する機関である．この株主総会は，会計年度修了後，4ヵ月以内に開催される通常総会のほか，取締役会や株主の提案による臨時総会がある．なお，定足数は，株主25人，または，株主の半数以上，かつ，払込済株式数の3分の1を保有する株主の出席で満たされ，議決方法は，過半数の通常議決のほか，① 営業の全部または一部の譲渡，② 他の会社の譲受，③ 営業の全部または主要部分の賃貸，④ 増資，原資，合併，解散，の項目についての特別決議（4分の3以上）がある．

(2) 取締役（会）

取締役の用件は，① 自然人，② 破産者等ではない，③ 財産に関する犯罪で禁固刑以上を受けたことがない，④ 職務不正で，政府・関係機関から罷免されたことがない，の4項目が用件である．その他の重要な用件としては，取締役の半数以上がタイに住所を有していることであり，日本とほぼ同様であるといえる．取締役の選任は，株主総会で行われ，選任方法は付属定款で定めるこ

ともできるが，タイの商法では，① 取締役は全員同時に選任（付属定款で3分の1が退任などの規定を設けることは可能），② 投票は累積投票，の2つを定めている．取締役に欠員がでた場合は，取締役会の4分の3以上の決議で選出することができる．なお，株主総会において，議決権のある株式の2分の1以上を合計して保有する株主が出席，4分の3以上の決議で取締役を解任することができる．[12),13)]

取締役会は，取締役5人以上で取締役会を構成する．そして，取締役会は，3ヵ月に1回以上開催することを要し，半数以上の出席をもって定足数としている．取締役会で取締役会長1名を選出し，会長が取締役会議を召集すると同時に議長となる．ただし，2名以上の取締役が請求したときは，14日以内に会議を開催しなければならない．なお，取締役会では，各取締役が1票の議決権を持っており，多数決により議決される．賛否同数の場合は取締役会長である議長が追加の決定票を持つとされる．[14)]

(3) 監査制度

まず，タイの内部監査制度は，タイ政府が，2001年に，上場企業に対して，監査委員会を設置するように義務づけ，監査委員会による内部監査制度が確立した．監査委員会は，監査に関する実務を有するものが最低3名入り，そのなかで，1人は，会計に関する経験を有していなければならない．加えて，最低3名の社外取締役を含まなければならない．そして，監査委員の任命権は，株主が有しており，取締役会からは独立している．監査委員会の役割は，財務諸表の適正性，内部統制の有効性，法令遵守などについての監査を行うとともに，監査法人のチェックやローテーションをも行うことになる．[15)]

次に，タイの外部監査制度は，上場・非上場企業の区別なく，原則としてすべての株式会社およびパートナーシップ（日本でいう「合名・合資会社」）について，公認会計士による外部監査が要求されている．[16)] 監査基準の内容は，ほぼアメリカの監査基準と同等のものであり，意見表明のほか，倒産リスクについても表明することになっている．[17)]

(4) 企業組織と企業統治

上述のタイの企業経営機構を図にして表すと図表9—2のようになる．この図表9—2で明らかなように，タイの企業経営機構は，イギリスやアメリカなどと類似しているといえよう．ここで，注意すべきは，たとえば，日本の商法による企業経営機構（主として非上場企業）と，証券取引法適用の企業経営機構（主として上場企業）とが相違しているように，タイにおいても民商法適用の企業経営機構と，証券取引法や上場規則適用の企業経営機構は異なっている．ここでは，上場企業の企業経営機構を示している．

ここで示した企業経営機構の各機関の役割は，いままで論じてきた内容と同様であるが，特筆すべきことは，① 支配株主から独立した最低3名の取締役の任命，② 経営陣から独立した監査委員会の設置，③ 報酬委員会や指名委員会の新設，④ 投資家の立場に立った詳細な株式発行目論見書の提出義務，の4点である[18]．

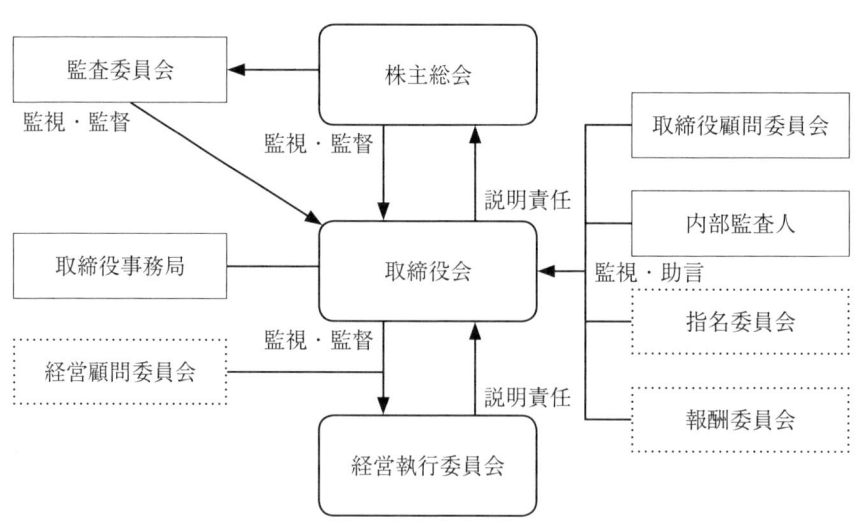

図表9—2 タイにおける企業組織と企業統治

出所）末廣昭［2003］「タイ　主要ファミリービジネスと基本的制度」星野妙子編『発展途上国のファミリービジネス：資料集』アジア経済研究所，298頁，を基に筆者が加筆・修正する．

この企業経営機構の形態は，主としてファミリー企業からの脱却，つまり支配株主の排除を目的としている．しかし，現実は，所有と経営の分離を達成しているとは言い難く，今後の動向が注目される[19]．

第4節　情報開示・透明性と利害関係者によるコーポレート・ガバナンス

(1)　会計監査制度とコーポレート・ガバナンス改革

　上場企業の情報開示の基準は，1992年の証券取引委員会告示により定められているが，会計基準はまずタイ国会計基準に従い，これ以外の規定は，国際会計基準に従い，それにも規定がないときはアメリカの会計基準（AICPA基準またはFASB基準）に従うことが定められている[20]．タイにおける会計監査制度の確立は，企業経営機構改革と非常に密着した関係にある．以下では，その点をふまえて論じていきたい．

　この会計監査制度の構築は，末廣（2000）によると「オーナー兼経営者よりはオーナー以外の株主や一般投資家（機関投資家）の権益を，オーナー一族やその知人・友人よりは社外重役の意見を重視することや，アメリカ基準（American FASB）に従った会計監査制度を導入することは，従来の企業経営の根本的な見なおしを迫るからである．しかも，彼らが今後外資との提携や国際資金の追加投入によって自らの『存続』を図ろうとする限り，こうした道は不可避の選択であった[21]」としている．

　つまり，末廣（2000）は，企業経営機構改革や会計制度の構築は，企業の資金を世界中の投資家から得るために必要とされ，消極的ながらも受け入れたことが読みとれる．そして，続いて「こうした企業（中小企業―筆者）は，各国の政府がすすめる金融制度改革や会計監査制度改革の対象外に置かれている[22]」として，中小企業にもこれらのコーポレート・ガバナンスに関する改革を要求している．この中小企業に対するコーポレート・ガバナンスの構築は，社会的影響力の少なさや利害関係者の範囲の狭さなどから，先進諸国でも主要な議論となっていない点こそ，タイにおけるコーポレート・ガバナンス改革の大きな

論点の1つであると考えられる．

つまり，ファミリー企業における会計監査制度改革の必要性は，企業の多角的発展（企業競争力の強化）を妨げていることが，金融・通貨危機で露呈したし，それに対応する機関も弱かった．そこで，投資の促進を促し，危機に対応できうる機動的な企業経営機構体制と情報開示・透明性制度の確立を求められていることが明らかにされる．

一方，中小企業における会計監査制度改革の必要性は，経済の発展や活性化という側面からも重要である．なぜならば，1997年以降，上場する企業が少ないが，これは，経営体制が脆弱であり，1997年以降に厳しくなった上場基準に適合することができないということが考えられる．

なお，非常に多くの中小企業は，ファミリー企業傘下の銀行やファミリー企業自体が影響力を行使できる状態に置かれており，本体のファミリー企業の会計監査体制の確立が求められることが重要である．

(2) 検査制度

タイの企業経営機構の特徴の1つは，民商法において非上場企業も上場企業の，会計などの監査業務を行う監査役が企業経営機構のなかに規定されていないことである[23]．それに準ずると思われる制度として，検査制度がある．これは，商務省の登記官が疑問のある場合，企業経営の全般について検査をするために検査役を任命し検査を行わせ，報告させるというものである．

この検査役の制度の概要は，登記官の疑問とは，① 債権者に詐欺行為を行ったかどうか，返済不能な債務を負った疑い，② 本法に違反した，または財務諸表に虚偽の記載をした疑い，③ 取締役が不正を行った疑い，④ 少数株主を不公平に扱った疑い，⑤ 株主に損害を与える恐れがあるとき，の5つである．また，選任された検査役は，刑法に基づく担当官として扱われ，企業に立ち入り，書類の検査，関係者の喚問を行うことができる．検査の結果は，通常2ヵ月以内に検査を終えることになっており，その検査報告書は，登記官へ報告される．そして，登記官は，① 報告受理から7日以内に報告書の写しを会

社へ送付する．② 違反に対して法的措置をとるよう関係担当官へ通知する，③ 法に従うよう会社へ命令する，④ 損害を受けた債権者などへ通知する，の4つを行うことになる．なお，企業は，検査報告書の移しを受け取ったら，要約して14日以内に株主へ送付しなければならないし，株主閲覧のため報告書全文の写しを本店に置かなければならない．

しかし，この検査制度は，日常かつ定期的に行われないことや，今日の監査業務は，経営の指針としての役割を担っていることなどを考慮すると，コーポレート・ガバナンスの最大の弱点であるといわざるを得ないであろう．一方，政府機関が企業の検査を行うことは，投資家などの利害関係者に，どの程度信頼され評価されるのか，疑問が残るところである．

(3) 情報開示・透明性

タイの情報開示・透明性に関する関連法令は，まず，上場企業に限ってみてみると，情報開示の方法に関する法令は，民商法，公開株式会社法，会計法，証券取引法・証券取引委員会通達，タイ国証券取引所上場基準・通達，商業登記局通達，がある．また，情報開示の内容に関する法令は，情報開示方法に関する法令に加えて，1976年商務省令第2号，タイ国会計基準，がある．[24]

タイにおける企業の監督機関は，まず，情報開示方法・内容は，非上場企業の場合，商業登記局や歳入局により，上場企業の場合，加えて，証券取引所が監督を行う．また，会計基準は，タイ国会計士・監査人協会の下部組織である会計基準委員会などによって審議・決定される．これと関連して，財務諸表等を監査する会計士は，政府機関である会計監査実務監督審議会による一定の指導の下，タイ国会計士・監査人協会が進めることになる．[25]

(4) 情報開示・透明性制度の運用

情報開示・透明性制度は，アメリカをモデルとして，一応の枠組みはできたと評価できる．しかしながら，その運用となると，うまくいっているとは言い難い．その問題点は，① 上場企業のほかに，非上場企業にも公認会計士による監査を要求しており，監査費用の支払いができないため，監査報告書を提出

できない，② 監査人の数が足りない，③ 国際会計基準などがタイの実情にあっていない，などの問題点がある．これに対して，タイでは，1．税務監査人制度の援用によって解消を目指し，2．帳簿作成者の資格を有する会計責任者を最低1名採用するように義務づけ，3．連結会計制度など，その適用が困難とおもわれる会計基準を非上場企業は免除すること，などの施策を実施した．

第5節　21世紀のタイにおけるコーポレート・ガバナンスの課題と展望
(1) タイにおけるこれまでのコーポレート・ガバナンスに関する施策

1997年のアジア経済危機の際，もっとも被害が大きかったのがタイであった．その直後から，タイでは国際的な資本の呼び戻しと投資家の信頼回復のためコーポレート・ガバナンス問題についてタイ証券取引所（SET）が中心となって議論が重ねられた．そして，SETは多くのコーポレート・ガバナンスに関する基準を策定した．これを列挙すると，まず，基幹となる基準は，1998年10月（1997年12月公表）に改訂された『取締役基準（Policy Statement: The SET Code of Best Practice for Directors of Listed Companies）』[26]と，1999年6月に公表された『監査委員会基準（Best Practice Guidelines for Audit Committee）』[27]の2つである．そして，これらの原則を補完または具体的に記載された基準は，1993年10月の『独立取締役基準（Qualifications of Independent Directors）』[28]，1993年4月の『情報開示基準（Guidelines on Disclosure of Information of Listed Companies）』[29]，2001年1月の『有価証券情報開示基準（Preparation and Disclosure of Reports on Securities Holdings, 2001）』[30]，である[31]．

このように，タイでは1つの原則で包括的に規定するのではなく，多くの基準があり細部にわたる規程を行っている．なお，これらの原則は，けっして法や規則によって，企業を規制しようとするものではない．これは，SETが取締役会の構造や働き等について見解を示し，取締役機能の見方を改善する役割を有している．

(2) タイ・コーポレート・ガバナンス原則の策定

そして,もっとも注目すべきことは,2002年3月にSETが図表9―3の『コーポレート・ガバナンス原則：上場企業が守るべき15原則』[32]を策定した.これによると,タイ原則は,① コーポレート・ガバナンスの概念,② 株主権利と資産管理,③ 多様な利害関係者,④ 株主総会,⑤ リーダーシップとビジョン,⑥ 利害衝突の回避,⑦ 企業倫理,⑧ 非常勤取締役のための勢力均衡,⑨ 権力分散,⑩ 取締役および経営陣の報酬,⑪ 取締役会,⑫ 各種委員会,⑬ コントロールシステムおよび内部監査,⑭ 説明責任,⑮ 投資家との関係,の15項目からなる.

これらのタイ原則の内容は,① と ② でコーポレート・ガバナンスの目的と概念を基本的な方針として掲げ,それを達成するために,大きく分けて,企業経営機構,利害関係者,情報開示・透明性,の3つの項目から構成される.まず,企業経営機構に関する項目は,⑤,⑥,⑦,⑧,⑨,⑩,⑪,⑫,⑬,である.また,利害関係者に関する項目は,③,④ であり,情報開示・透明性に関する項目は,⑭ である.ここで世界の主要な原則をみてみると,図表9―3のように表され,タイ原則と構造に大きな変化がないことがわかる.その点において,この原則は,世界の主要な原則に準拠したものであると評価することができる.

しかし,詳細を見ていくと,タイ原則から,タイのコーポレート・ガバナンスに対する取り組みの脆弱さが浮き彫りになる.まず,タイ原則は,企業経営機構に関する項目がとても多く,その内容の多くが,具体的なコーポレート・ガバナンス構築の内容に踏み込んでおらず,義務規定におさまっている.また,利害関係者以上から,タイのコーポレート・ガバナンスは,1）トップ・マネジメントの倫理および構造の確立が早期に求められること,2）利害関係者に対する低い意識が浮き彫りにされ,加えて,利害関係者と企業経営機構とを繋ぐ情報開示・透明性に関する規定がきわめて少ないこと[33],の2つが問題にされるべきであると考える.

図表9—3 タイ・コーポレート・ガバナンス原則

	項目	内容
前文		タイ株式取引所（SET）は，タイで上場会社において，企業統治の重要と考える事項をコーポレート・ガバナンス原則としてまとめた．SETは，2001年8月に企業のコーポレート・ガバナンスに関する報告書を策定し，そこでは，企業が取り入れるとよいと考えたコーポレート・ガバナンス40の基準を含んでいた．そして，SETは，上場企業のためのモデルとガイドラインの役割をするためにコーポレート・ガバナンス原則（15の原則）をまとめた．企業は，毎年，有価証券報告書および年次報告書に，それらに応じなかったすべての理由に加えて，どのようにこれらの15の原則を適用したか実証しなければなりません．SETは，これらの原則がすべての上場企業に大きな利点があると信じ，コーポレート・ガバナンスの高評価を実証し，それらに，より大きな認識を国内的にも国際的にももたらすことを確信している．さらに，これは，企業の透明性・企業経営を効率化し，また，すべての株主，投資者および他の関連する利害関係者に歓迎されると確信している．
原則1	コーポレート・ガバナンスの概念	取締役会は，コーポレート・ガバナンスの方針に関する以下の項目を含んだ報告書を策定するべきです． ・株主や様々な利害関係者の権利および資産の取り扱い ・取締役会の構造，規則，義務，説明責任および独立規定 ・情報開示・透明性 ・コントロール・システムおよびリスクマネジメント ・企業倫理 取締役会は，以上のコーポレート・ガバナンスに関する項目を年次報告書に示すべきである．もしそれができない場合は，その理由を付すべきである．
原則2	株主権利と資産管理	取締役会は，すべての株主に対して平等な取り扱いをしなければならない．そして，株主総会には，株主であればだれでも出席することができ，企業情報に対して，適時，アクセスすることを減少させたり，困難な手続き，過度の経費あるいは否認などを行ってはいけない．
原則3	多様な利害関係者	コーポレート・ガバナンスのシステムには，株主の他，多くの利害関係者がいる．主要な利害関係者は，顧客，経営陣および従業員，サプライヤー，株主，投資者，外部監査人，州，および地域住民などがある．他の利害関係者は労働組合，競争相手，債権者などを含む．これらの各々は，企業とは異なる目的および期待を持つ．取締役会は，利害関係者に関して法律上の義務を自覚するべきである．また，それらの権利が保護され慎重に扱われることを保証するべきである．取締役会は，ビジネス上および資産を安定してかつ安全に管理するために，企業と様々な利害関係者間の協力と支援を得るべきである．
原則4	株主総会	株主総会の議長は，株主総会に提示された提案および問題に，適切な時間を割り付けて，株主の見解を示し，かつ株主総会でどのような質問も取り上げられるように促進するべきである．すべての取締役，特に，委員会等の委員長は，質問に答えるために株主総会に出席するべきである．

原則5	リーダーシップとビジョン	企業のトップ，すなわち取締役が，企業および株主の最大の利益を得るために，リーダーシップ，ビジョンおよび意思決定を行うべきである．取締役会および経営陣の両方は，株主に対して責任を有している．したがって，取締役と株主と同様に，取締役会と経営陣の間でも役割と責任が明白に分離されるシステムがあるべきである．
原則6	利害衝突の回避	取締役，経営陣および株主は，企業の利益の最大化のための高潔な基盤を有した上で，利害衝突の問題を注意深く真摯に，かつ合理的に独立してされるよう考慮するべきである．
原則7	企業倫理	取締役会は，すべての取締役およびそれらと同等の従業員に対して，倫理学の基準あるいはビジネス行為の声明を策定するべきであり，それを理解し，企業および株主によってモニタリングを受けるべきである．
原則8	非常勤取締役のための勢力均衡	取締役会における独立取締役（非常勤取締役）に対する基準を設けるべきである．そして，取締役会における独立取締役の割合は，取締役総計の3分の1以上とし，少なくとも3人を任命するべきである．独立取締役は，監査委員会の委員資格とおなじ基準とするべきである．そして，株主構成を考慮すべきである．
原則9	権力分散	取締役および株主は，①取締役会長と社長を同一人物にする，②取締役会長と社長を別の人物にする，の2つの選択の自由を得る権利を与えられるべきである．後者は，独立取締役が取締役会長と指定されるのに適格な構造である．どちらの方法を選んだとしても，パワーバランスに明確な分離があるべきであり，その結果，無制限の権力を与えては行けない．
原則10	取締役および経営陣の報酬	取締役のための報酬は，取締役会が必要とする取締役を引きつけて保持するために十分にアピールすべき事は理解できるが，過度の報酬支払を回避するべきである．また，余分な仕事（例えば委員会のメンバーであるなど）で割り当てられる取締役に，適切にもっと支払われるべきである．取締役の業績と報酬は，比例しているべきである．CEOおよびトップ役員のための報酬は，株主総会によって承認された規則により決定されるべきです．取締役会は，自分の報酬に関する意志決定に関係してはなりません．取締役会は，年次報告書に従って，取締役会およびトップの役員の報酬を決定するべきである．
原則11	取締役会	取締役会は，規則的かつ事前に予定されるべきである．取締役会で，取締役会長は思慮深い考察を促進し，現在の適切な問題に適切な時間を分配するべきである．それは，合理的な理由がある場合以外，すべての取締役会に出席する義務が取締役にはある．取締役かは，年次報告書のなかでの各取締役の出席率を示すべきである．
原則12	各種委員会	取締役会は，様々な問題を検討する際に，取締役会を支援するため，委員会（特に，監査委員会，報酬委員会）を構成するべきである．この委員会は，その審議内容を取締役会に報告する．なお，この委員会は，委員長が独立した非常勤取締役であるべきであり，委員会のほとんどのメンバーは非常勤取締役であるべきである．

原則13	コントロールシステムおよび内部監査	取締役会は，コントロールするシステムを提供し，維持するべきであり，調査するべきである．それは，金融，オペレーション，また，コンプライアンス制御が組込まれる．このシステムは，さらにリスク管理を含み，すべての初期の警告標識および特別項目に多くの注意を払うべきである．取締役会は，それらを扱うために企業内の個別のユニットに対して，内部監査活動を始めるべきです．
原則14	説明責任	取締役会は，財務諸表を準備し，かつ企業の年次報告に会計検査官の報告書の側に展示されるためにその責任を示す報告書を提供するべきである．取締役会は，タイの証券取引所によって規定されるような上場会社の管理者のための最良の実行のコードの重要なトピックをカバーするべきである．
原則15	投資者との関係	取締役会は，企業が重要な情報を正確に透明に示すことを保証するべきである．取締役会は，インベスター・リレーションズ（IR）に対して，投資家などに情報を提供するシステムを構築するべきである．

出所）SET［2002］をもとに，筆者作成．

(3) アジア・コーポレート・ガバナンス原則

　アジアにおいてコーポレート・ガバナンスの現状を改善していくために，OECDが2003年に公表した図表9—4の『アジア・コーポレート・ガバナンス白書（以下，「アジア白書」という）[34]』で多くの問題を指摘し，解決策を提示している．最後に，アジア白書が策定された経緯と，その内容を紹介することにする．ここでは，タイのコーポレート・ガバナンス構築にも重要な示唆を与えており，最後にアジア原則について取り上げることにする．

　1999年にOECDが『OECDコーポレート・ガバナンス原則』を策定してからしばらくして，OECDは，すでにこの改訂作業に乗り出した[35]．まず，OECDは，世界銀行グループと共同で，OECD原則の検証作業に取りかかることにした．そのために，グローバル・コーポレート・ガバナンス・フォーラム（GCGF）を結成し，世界中の研究者や機関投資家，経営者などを結集した．そして，どのようにOECD原則を中心としたコーポレート・ガバナンスを評価するのがよいか，コーポレート・ガバナンスをより世界に普及させ，どのようにインセンティブを得ていくのがいいのか，について継続的な研究が行われている．

第9章　タイのコーポレート・ガバナンス　185

図表9－4　アジア・コーポレート・ガバナンス白書

アジア・コーポレート・ガバナンス白書
2003年6月10日

白書の概要
アジア・コーポレート・ガバナンス円卓会議と白書
1．G7からOECD及び世界銀行への委託を受けて、OECDは、アジア地域の非OECD加盟国のコーポレート・ガバナンスを如何に改善するかについて議論するため、5回にわたってアジア・コーポレート・ガバナンス円卓会議（「円卓会議」）を開催した。円卓会議は、アジアの政策担当者、規制当局、民間のビジネス・リーダー及び、アジアの国・地域の専門家及び国際的な専門家によって構成されている。
2．白書は、1999年3月から2003年3月までの間に開催された円卓会議における議論やそこで示された提言を盛り込んだものである。円卓会議は、今後、提言の実施と執行に焦点を当て、2年後にはそれまでの進展についての現状確認を行うことを予定している。

改革課題
3．(課題1）企業、株主、その他の利害関係者の良いコーポレート・ガバナンスに対する認識を向上させるため、官民を挙げた取り組みが継続されるべきである。
4．1997年のアジア金融危機以来、アジアの諸体制は、良いコーポレート・ガバナンスの価値についての認識向上にかなりの進展をみせてきた。この結果、アジアのビジネス・リーダーや支配株主の多くは、自分の会社との関係及び部分的にその会社の持分権を有する少数株主との関係を再考させられることになっている。このような再考を促すためには、コーポレート・ガバナンスに対する国としての確固としたコミットメントが必要なだけでなく、より広い層の人々のコミットメントも求められる。

5．(課題2）全ての国・地域は、コーポレート・ガバナンスに関する法律・規制がきちんと実施・執行されるよう努力すべきである。
6．過去数年間、ほとんどのアジアの国・地域において、それぞれの法律、規制、その他の公的なコーポレート・ガバナンス規範が大幅に改訂されてきている。このように進んだルールには、その実施と執行についても同様な進展が伴うべきである。何故なら、コーポレート・ガバナンス枠組みが信頼できるものかどうか、あるいは利用可能なものかどうかは、それが如何に執行可能なものであるかにかかっているからである。国が法律による統治にコミットしているとの信任をより広く得るためには、政府の上層部が指導力を発揮することが必要である。

7．(課題3）アジア円卓会議国は、会計・監査・非財務事項の開示について、国際的基準・慣行に十分に収斂するよう努力すべきである。もし収斂させることが当面できない場合には、国内の基準設定主体は、国内の基準・慣行が国際的基準・慣行から乖離しているとの事実とその理由を開示すべきである。企業は、財務諸表の個別項目において、適当な場合には、この「乖離についての開示」を再掲するか、参照として引くべきである。
8．会計・監査・財務開示について国際的基準・慣行を十分に採用することにより、異なる国・地域間の情報の比較可能性を高めるだけでなく、透明性そのものを向上させることにもなる。それは、また、コーポレート・ガバナンス慣行を改善する手段としての市場規律を強化することにもなる。
9．勿論、国・地域の置かれている諸条件によっては、国際会計基準1のような一連の基準を（一括にではなく）順次採用していくことが必要とされるし、国・地域ごとにその採用の速度は異なるものとならざるを得ない。十分な収斂が実現されるまでの間、基準設定主体は、国内の基準・慣行が国際会計基準から乖離している場合には、その乖離の事実と理由を開示すべきである。企業は、財務諸表において、基準が乖離することにより実体的に異なる結果となっている個別事項の開示部分について具体的に言及すべきである。

10. （課題4）取締役会は、経営戦略計画策定、内部統制体制の監視、経営者・支配株主やその他のインサイダーが関与する取引についての独立の審査により主体的に参画すべきである。

11. アジアにおいては、少数株主が搾取されるという根深い問題が存在することから、取締役会の独立性と機能が疑問視されてきた。先進国市場における最近の企業不祥事によって、取締役の会社や株主に対して負う受託者責任を履行する能力や意思について世界規模で疑問が持たれるようになっている。

12. この問題に取り組む中で、円卓会議は、3つの基本的な範疇にわたって提言を行っている。第一は、取締役の訓練、自主的行動規範、取締役が職務に徹した行動をとることに対する期待、経営陣との関係での取締役の資質と権限に関係するものである。第二の範疇の提言は、取締役の「独立性」の基準を厳格化すること、「影の取締役」の行動に責任を持たせること、忠実義務・注意義務違反に対する制裁を重くすること、完全に禁止すべき中核的な関連当事者取引（会社から取締役や役員への融資等）を規定することにより、ルールの抜け道を縮減・排除することを目指すものである。第三に、円卓会議参加者は、株主権の侵害に対して救済を求めたり、取締役の説明責任の履行を確保したりするために十分な権限が株主に付与されるべきと提言している。過度の訴訟や軽率な訴訟を抑制する制度があることによって、価値ある要求権を有する株主が集団的行動を起こすことが妨げられたり、断念させられたりするべきではない。

13. （課題5）非支配株主は、法・規制の枠組みにより、インサイダーや支配株主による搾取から十分に保護されるべきである。

14. 全てのアジアの国・地域の政府は、支配株主による搾取から非支配株主を十分に保護するための施策を導入するか、既存の施策を強化すべきである。とりわけ以下の施策が採られるべきである。（ⅰ）開示義務（特に自己取引・関連当事者取引やインサイダー取引にかかる開示について）の強化、（ⅱ）規制当局における企業の開示義務履行にかかる監視能力及び違反行為に対する制裁賦課能力の確保、（ⅲ）取締役を会社及び全株主の利益のために行動させるための受託者責任の明確化及び強化、（ⅳ）取締役の受託者責任の履行義務違反を会社が免責することの禁止、（ⅴ）経済的損失を被った株主に対する、対支配株主・対取締役での個人及び団体による訴訟権限の付与。

15. （課題6）政府は、銀行規制及び銀行のガバナンスの改善に更に努力すべきである。

16. アジアでは、銀行が国・地域の金融において支配的な役割を担っている。銀行のガバナンスが弱いことは、銀行の株主に対するリターンを低くするのみならず、問題が拡散すれば、金融システム全体を不安定化させうる。金融・証券市場の信頼を回復するためには、政策担当者及び規制当局者が、銀行法・銀行規制及び銀行業務の監督を十分確保することに加えて、銀行部門の健全なコーポレート・ガバナンス慣行を促進することが必要である。銀行と企業の間の持分権及び財務上の関係は開示されるべきである。自己取引・関連当事者取引は、銀行業務の観点及びコーポレート・ガバナンスの観点の両面から制約されるべきである。銀行の取締役は、就任するに当たって、適格性テストをクリアすべきである。銀行の取締役は、不良債権処理の能力を備えるだけでなく、健全な融資や監視業務を確保する銀行システムや手続きについて責任を負うべきでもある。最後に、国・地域の破産法体系は、債権者の権利を保護し、またその権限の執行を実現すべきである。そして、短期間で商業的に再生しえない借り手企業については、円滑な清算手続きが提供されるべきである。

出所）http://www.oecdtokyo2.org/pdf/theme_pdf/corporategovern_pdf/20030610whitepaper_asia.pdf

その結果，コーポレート・ガバナンスは，国ごと，地域ごとに異なるものであるから，世界を6つのブロックに分割して，その枠内で個別にコーポレート・ガバナンスについて研究を行っていくことが必要であるとの結論に達した．そして，その方針に則って，1999年の後半から，地域円卓会議が活発に行われることになったのであった．アジアに限ってこの動きをみていくと，アジア円卓会議は，過去に5回実施されている．なかでも，2003年3月26日から28日にクアラルンプールで開催された円卓会議では，アジア13ヵ国から28人の監督機関に所属する者や，政策担当者，専門家，経営者など35人が参加した．そして，その主要な目的は，『アジア・コーポレート・ガバナンス白書[36]』をまとめることだったのである．

この『コーポレート・ガバナンス白書』は，『OECDコーポレート・ガバナンス原則』を概念的枠組みとしており，これまでの進捗状況を解説し，残された課題を特定するとともに，政策立案者や技術支援供与者の指針となる具体的な提言を行っているものである．この白書は，以下の4つの要点にまとめることができよう．第1に，白書は，国際的な会計・監査基準への収斂，少数株主の保護の強化，法・規制の実施と執行の強化，銀行のガバナンスの改善などを提言している．第2に，アジアの政策担当者，規制当局，ビジネス・リーダー，専門家により作成され，1999年から2003年までの間に開催されたアジア円卓会議における議論とそこで示された提言が盛り込まれている．第3に，OECD原則をベースとして，アジア地域の法的・文化的・経済的な多様性を考慮に入れつつ，アジアのOECD非加盟国に焦点を絞った提言を提示している．第4に，アジア経済の基幹でもあるファミリー企業に関連する問題についても検討を加えている[37),38)]．

おわりに

冒頭にもふれたが，タイの企業の最大の特徴は，その多くがファミリー企業であるということである．なかでも，「『究極の所有主』を変えなかった地場商

業銀行5行が，じつは全商業銀行の預金や総資産の3分の2を依然として支配している」と指摘するように，タイの一番重要な機関に対するコーポレート・ガバナンスの改革が遅々として進んでいない現状がある.

また，タイのコーポレート・ガバナンス構築には，「国際基準や『アングロ・アメリカ流』のコーポレート・ガバナンスの概念は，制度としては導入されたものの，その実効性は危機から時間がたつにつれ後退し，当初の目論見とは離れつつある」と指摘される.

この2つの問題に対して，コーポレート・ガバナンスの目的のひとつである企業競争力の強化の面にもっと力を入れるべきであると考える．そして，タイ原則を公表したことにより，タイ独特のファミリー企業体制を容認した上での，コーポレート・ガバナンス構築の施策を実施していく筋道がついた．そして，このように，タイが独自に原則を策定したことは，評価すべきことである．つまり，タイにおける自主的なコーポレート・ガバナンス像を描く作業に取りかかった証であり，今後の議論と取り組みに期待がもてる．タイのコーポレート・ガバナンスは，始まったばかりであり，他の東南アジア地域や先進諸国と国際比較を行いながら，今後も，動向を注視していく必要がある.

（小島大徳）

注)
1) 平田[2000] 81～82ページ.
2) 小島[2002b] 225～226ページ.
3) http://project.iss.u-tokyo.ac.jp/seminar/2nd-V.html を一部修正.
4) http://c-faculty.chuo-u.ac.jp/~toyohal/JSME/pdf03s/03s203-suehiro.pdf.
5) 参考までにタイ以外の上場企業数をあげると，米国の2,366社，日本の2,153社，韓国の683社，台湾638社，香港978社，シンガポール501社，マレーシア501社，フィリピン234社，インドネシア331社，である.
6) 末廣昭[2003] 297ページ.
7) タイの会社形態は，「普通パートナーシップ（日本の合名会社に相当）」「有限パートナーシップ（日本の合資会社に相当）」「非公開株式会社」に加え「公開株式会社」の4種類となっている.
8) 公開株式会社法は，1999年にかなり大きな改正が行われており，非公開株式

第 9 章　タイのコーポレート・ガバナンス　189

会社法と比べるとかなり厳しいものとなっているが，それでも全部で 225 条と簡単な法律で，まだまだ十分とはいえない部分がある．また，2001 年には小幅な改正が行われ，1997 年以来の経済危機による企業立て直しの一環として，自己株所有解禁，債務の株式化，減資の制限緩和などが行われている．（元田時男「タイ国の 1992 年公開株式会社法の概要」『JCA ジャーナル』国際商事仲裁協会，2 月号，2002 年．）(http://home.att.ne.jp/yellow/tomotoda/publiccompanyactjca.htm).

9) 末廣 [2003]．
10) 末廣 [2003]．
11) 元田時男「タイ国の 1992 年公開株式会社法の概要」『JCA ジャーナル』国際商事仲裁協会，2 月号，2002 年．(http://home.att.ne.jp/yellow/tomotoda/publiccompanyactjca.htm).
12) 同上論文．
13) タイにおける株式会社の役員名称は，President, Vice-president, Vice-chairman である．会社法で株式会社（ボリサット・ジャムガット）には取締役（ガマガーン）と議長（プラターン）それに会計検査人（プー・ソープ・バンチー）の 3 種類があるだけである．プラターンはガマガーンの中から選出され，取締役会，株主総会の議長を勤め，賛否同数となったとき追加の決定表を持っている．それでは代表権はどうなるかといえば，ガマガーンの中から会社を代表してサインする者を選出，そのガマガーンが代表してサインをする．これは登記事項になっている．サイン権も二人が同時にサインする取り決めもあれば，二人の何れかがサインする取り決めもある．したがって，名刺に何と肩書きがついていようが，実際は会社登記簿を見なければ代表権はわからない．日本の商法には表権代表が明確に規定されているが，タイの場合日本のような明確な規定はない（http://home.att.ne.jp/yellow/tomotoda/yakuin.html).
14) 元田時男，前掲論文．
15) http://www.mof.go.jp/jouhou/kokkin/tyousa/tyou067f.pdf.
16) 公開・非公開を問わず，非上場の株式会社に対する監査は原則として「国家認定監査人（Authorised Auditor）」が行う．国家認定監査人となるためには，① 学士号を取得するかそれと同等の会計に関する能力を有しており，② BSAP が実施する CPA 試験に合格し，かつ，③ 2 年間以上の実務経験を積まなければならない．この資格を維持するためには 5 年ごとに申請を行い，更新する必要がある．
　上場企業に対する監査は，CPA のうち，SEC から認可を受けた「SET 認定監査人（Approved Auditor）」のみが実施できる．SET 認定監査人となるためには，CPA として 5 年間以上の実務経験を積み，かつ ICAAT による論文審査に合格しなければならない．この資格を維持するためには 5 年ごとに申請を行い，

更新する必要がある．現在，認可を受けている認定会計士は70名であり，その大半はBig4に所属している（http://www.mof.go.jp/jouhou/kokkin/tyousa/tyou067f.pdf）．
17) http://www.mof.go.jp/jouhou/kokkin/tyousa/tyou067f.pdf.
18) 末廣［2003］299ページ．
19) ファミリー企業からの脱却と企業経営機構との関係については，末廣［2003］299ページが詳しい．
20) 有価証券報告書の内容については1993年証券取引所告示により，4半期ごとの報告書を期末から45日以内に，公認会計士監査済のものを証券取引所へ提出しなければならない．また半期，1年分については期末から3ヵ月以内に提出しなければならない．（http://home.att.ne.jp/yellow/tomotoda/publiccompanyoutline.htm）．
21) 末廣［2000］226ページ．
22) 末廣［2000］226ページ．
23) 上場企業については，SET上場規則により，監査委員会の設置等が規定されている．
24) それぞれの法令についての詳しい内容は，以下を参照のこと．http://www.mof.go.jp/jouhou/kokkin/tyousa/tyou067f.pdf.
25) 各監督機関の役割については，以下の表を参照のこと．
26) SET［1998］.
27) SET［1999］.
28) SET［1993］.
29) SET［1993］.
30) SET［2001］.
31) タイでは，証券取引所が率先して，コーポレート・ガバナンスに関する基準を設けて，企業のコーポレート・ガバナンス構築を行っている．他にも，多くの基準が策定されている．なお，これらすべての基準が強制力を有して企業を縛るものではないことに注意が必要である．詳しくは，タイ証券取引所（http://www.set.or.th/）を参照のこと．
32) SET［2002］http://www.set.or.th/download/CG15-ENG.pdf.
33) タイ原則は，情報開示・透明性に関する規定がきわめて少ないが，その点は，近年，SETなどによる規則で補われているともいえる．
34) http://www.oecdtokyo2.org/pdf/theme_pdf/corporategovern_pdf/20030610whitepaper_asia.pdf.
35) OECD原則の改訂作業は，OECD原則の普及とOECD原則の再検証作業とが同時に行われてきたことに特徴があると思われる．
36) http://www.oecdtokyo2.org/pdf/theme_pdf/corporategovern_pdf/

20030610whitepaper_asia.pdf.
37) http://www.oecdtokyo.org/theme/corporategovern/2003/20030610whitepaper_asia.html.
38) このように，原則を巡る実践や研究が活発に行われている．これを裏付けるように，世界的に，原則策定の勢いはとどまることを知らない．なぜならば，原則が策定されているということは，① コーポレート・ガバナンスに関する議論や研究，実践が継続的に行われていること，② 原則が策定されることにより，法制度や企業経営に少なからず影響を与えること，の２点が裏づけとしてあるといっても過言ではないことを，私は指摘しておきたいのである．
39) http://c-faculty.chuo-u.ac.jp/~toyohal/JSME/pdf03s/03s203-suehiro.pdf.

参考文献

小島大徳「国際機関におけるコーポレート・ガバナンス問題への取り組み」『国際経営フォーラム』第16号，神奈川大学経営学会，2005年，89～110ページ．

小島大徳「新OECDコーポレート・ガバナンス原則」『国際経営論集』第29号，神奈川大学経営学部，2005年，93～118ページ．

小島大徳『世界のコーポレート・ガバナンス―原則の体系化と企業の実践―』文眞堂，2004年．

小島大徳「21世紀におけるコーポレート・ガバナンス原則の研究課題」『東洋大学大学院紀要第39集』東洋大学大学院，2004年，357～374ページ．

小島大徳「企業におけるコーポレート・ガバナンス原則の実践」『経営行動研究年報』第13号，経営行動研究学会，2004年，63～68ページ．

小島大徳「企業におけるコーポレート・ガバナンス実践の現状と展望」『国際経営論集』第28号，神奈川大学経営学部，2004年，23～42ページ．

小島大徳「コーポレート・ガバナンス原則と企業の実践―企業独自原則の策定を目指して―」『日本経営学会誌』第9号，千倉書房，2003年，26～40ページ．

小島大徳「世界のコーポレート・ガバナンス原則―原則の策定系譜，類型と役割―」『経営実践と経営教育理論―経営教育研究6―』学文社，2003年，129～163ページ．

小島大徳「コーポレート・ガバナンスと議決権行使のIT化―企業による実践と課題―」『経営情報学会誌』Vol.11, No.4, 経営情報学会，3月号，2003年，33～46ページ．

小島大徳「国際機関と機関投資家のコーポレート・ガバナンス原則」『横浜経営研究』Vol.23, No.4, 横浜国立大学経営学会，2003年，89～108ページ．

小島大徳「コーポレート・ガバナンス原則の体系化―原則に関する研究領域と研究課題―」『東洋大学大学院紀要』第39集，東洋大学大学院，2003年，87～108ページ．

小島大徳「日本のコーポレート・ガバナンス原則―原則策定の背景と課題―」日本経営教育学会編『新企業体制と経営者育成―経営教育研究 5 ―』学文社，2002 年，33 ～ 52 ページ．

小島大徳「企業経営機構とコーポレート・ガバナンス―米国と日本の国際比較による現状と今後の展望―」『東洋大学大学院紀要』第 38 集，東洋大学大学院，2002 年，225 ～ 244 ページ．

佐久間信夫『企業統治構造の国際比較』ミネルヴァ書房，2003 年．

佐久間信夫『企業支配と企業統治―コーポレートコントロールとコーポレート・ガバナンス―』白桃書房，2003 年．

佐久間信夫・坂本恒夫編著『企業集団支配とコーポレート・ガバナンス』文眞堂，1998 年．

市場強化のための制度整備協力に係る委員会経済ソフトインフラ部会［2003］『途上国への制度整備協力の方向性（経済ソフトインフラ）』国際協力事業団．（http://www.jica.go.jp/global/boeki/pdf/04_05.pdf）

末廣昭「タイ　主要ファミリービジネスと基本的制度」星野妙子編『発展途上国のファミリービジネス：資料集』アジア経済研究所，2003 年，263 ～ 307 ページ．

末廣昭「上場企業の所有の変化と経営の実態：究極の所有主とトップマネジメント」末廣昭編『タイの制度改革と企業再編：危機から再建へ』アジア経済研究所，2002 年，313 ～ 369 ページ．

末廣昭「金融制度改革と商業銀行の再編：金融コングロマリットを中心にして」末廣昭編『タイの制度改革と企業再編：危機から再建へ』アジア経済研究所，2002 年，161 ～ 214 ページ．

末廣昭「証券市場改革とコーポレート・ガバナンス：情報開示ベースの企業淘汰システム」末廣昭編『タイの制度改革と企業再編：危機から再建へ』アジア経済研究所，2002 年，63 ～ 123 ページ．

元田時男「タイ国の 1992 年公開株式会社法の概要」『JCA ジャーナル』国際商事仲裁協会，2 月号，2002 年．(http://home.att.ne.jp/yellow/tomotoda/publiccompanyactjca.htm)．

平田光弘「日本における取締役会改革」『経営論集』58 号，東洋大学経営学部，2003 年，159 ～ 178 ページ．

平田光弘「日米の不祥事とコーポレート・ガバナンス」『経営論集』57 号，東洋大学経営学部，2002 年，1 ～ 15 ページ．

平田光弘「OECD のコーポレート・ガバナンス原則」『経営研究所論集』第 24 号，東洋大学経営研究所，2001 年 2 月号，277 ～ 292 ページ．

平田光弘「21 世紀の企業経営におけるコーポレート・ガバナンス研究の課題―コーポレート・ガバナンス論の体系化に向けて―」『経営論集』53 号，東洋大学経

営学部，2001年，23〜40ページ.

平田光弘「1990年代の日本における企業統治改革の基盤作りと提言」『経営論集』51号，東洋大学経営学部，2000年，81〜106ページ.

SET, *Qualifications of Independent Directors,* The Stock Exchange of Thailand, 1993.

SET, *Guidelines on Disclosure of Information of Listed Companies,* The Stock Exchange of Thailand, 1995.

SET, *Best Practice Guidelines for Audit Committee,* The Stock Exchange of Thailand, 1999.

SET, *Policy Statement : The SET Code of Best Practice for Directors of Listed Companies,* The Stock Exchange of Thailand, 1998.

SET, *Preparation and Disclosure of Reports on Securities Holdings,* 2001, The Stock Exchange of Thailand, 2001.

SET, *The Principles of Corporate Governance,* The Stock Exchange of Thailand, 2002.

第10章　シンガポールにおけるコーポレート・ガバナンス

第1節　はじめに―シンガポールにおけるコーポレート・ガバナンス議論

　近年，世界においてコーポレート・ガバナンス議論が喧しい．通貨危機以降，アジア諸国においても，効率的金融市場の構築や従来からの経営的特徴―所有と経営が未分離である家族企業形態からの脱却といった視点から，効率的ガバナンスの構築はきわめて重要な課題となってきた．特にOECDによるアジア・コーポレート・ガバナンス円卓会議が設置され，従来のグローバル・スタンダードと看做されたアメリカ型ガバナンスから，現在は，地域性を鑑みたアジア型ガバナンスのあり方が模索されるようになっている．

　シンガポールにおいても，近年の国際的なコーポレート・ガバナンス問題への関心の高まりと歩調を合わせる形でその取り組みが開始されてきている．シンガポールでは，財務省（Ministry of Finance : MOF），金融通貨庁（Monetary Authority of Singapore : MAS）をガバナンス問題の推進機関にして，コーポレート・ガバナンス委員会（Corporate Governance Committee）を設置し，良いガバナンスを通して株主価値を高めることを推奨するガバナンス・コード（Code of Corporate Governance）を作成するなど，公的機関を中心に改革に取り組んでいる．証券取引所（Singapore Exchang Ltd : SGX）は，上場規制の厳格化やベスト・プラクティス（最善の行動規範）を通じた企業のガバナンス構築を強化しつつある．同時に会社法改正が重ねられ，企業では取締役改革や付帯委員会設置といった試みも見られるようになってきた．企業自身による施行に関しては，おのおのの企業の裁量にまかされているが，現在は個別に取り組みが為されつつある段階である．

　こうした動向の一方で，シンガポール消費者協会（Consumer Association of Singapore : CASE）において20年間活動を続けた弁護士Stephen Lokeによる消費者保護立法への活動が嚆矢となり，2003年，消費者保護法（Consumer

Protection〈Fair-Trading〉Act〈CPFTA〉2003）が制定され，2004年3月より実効されるようになった．[1] さらに同氏によって，引き続きビジネス倫理を推進する社会的責任センター（Centre for Corporate Social Responsibility）が設立され，企業の社会的責任（CSR）に関する議論が見られるようになってきた．同センターはアジア地域におけるCSR普及の先導的役割を積極的に担っている．これらの潮流は，企業に対する新たな義務が要請される契機となり，次なる段階へのガバナンスが模索され始めている．以下に具体的取り組みを見ていこう．

第2節　シンガポールにおける会社構成と上場企業の概要

(1) シンガポール企業の構成

シンガポールにおける企業構成は，外資系企業と地場資本としての公企業，民間企業に分類される．経済発展の役割を担ってきた大企業は，主に外資系企業と公企業であり，民間企業には，2，3の金融グループや近年の傾向である若干のハイテク関連の製造業が輩出しているが，それ以外では外資の下請けやサービス・商業部門に従事する中小，零細企業が圧倒的に多いのが特徴である．

会社法上の企業形態は，上場企業である株式有限責任会社（Public Company Limited by Shares），株式譲渡権の制限，役員の限定（50人以下），株式・債券公募の禁止が規定された私会社（Limited Private Company）と非営利の保証有限責任会社に分類できる．2003年時点の上場企業は約490社を計上できたが，それ以外のシンガポールで法人化された企業は，近年9万以上に及んでいる．[2] この中には多くの地場の民間企業が存在すると推測でき，それらは上場せず私企業形態を採っていることが多い．

シンガポールにおける上場企業は，主に外資系企業と地場企業として公企業から民営化した企業が多く，地場民間資本としては，既述した銀行グループを中心にして，その傘下企業が見受けられるが，その数は多くはない．それは，

『OECD アジア・コーポレート・ガバナンス白書』に指摘されているように，民間企業は家族企業による持分が集中した経営が依然として続いていることが背景となっている．

さらに，注目できる現象は，1990年代以降，急速に進んできた公企業の民営化である．民営化企業は同国において主要産業に位置づけられる大企業が多く，経済に占める重要性から上場後のガバナンス改革における議論が浮上してきている．

(2) 会社法と会社機構──取締役と監査役会の役割と現状

シンガポールの企業は，一部，コモン・ローに依拠しつつも，会社法（Companies Act chapter 50）によって規制される．この会社法は，立法以来頻繁に改正が重ねられてきたが，特に2003年，2004年の改正は，ガバナンス改革に重要な位置づけが為される．それは「会社法規制立案委員会（Company Legislation and Regulatory Framework Committee : CLRFC）の最終報告」の勧告を受けて，財務省により施行された．まず2003年のCLRFCによる77修正案は現行コーポレートガバナンス制度改革に関わる条項，「取締役の情報公開に関する一般的義務」，「ノミニー取締役による情報公開」，「取締役と株主間関係における再申告」などが盛り込まれた．また2004年には取締役に関する修正を含めた改正が数度行われている．政府は，現在，国際的ベスト・プラクティスに合致したより市場志向性をもつ現代的法案への改正を施行しているのである．

シンガポールの会社機構は，図表10－1に見られるように，経営業務を執行することとそれを監督する業務が単一で行われる単層（シングルユニット）型の形態である．会社定款では，二層型構造の取締役組織も認められているが，実例は現在のところ皆無である．

会社法による取締役の規定は，会社組織において，少なくとも2人の取締役を置き，その内の1人は同国の居住者でなくてはならない（会社法145条(1)，以下会社法は略す）．株主総会は，普通株議決によって，取締役の任命・解任す

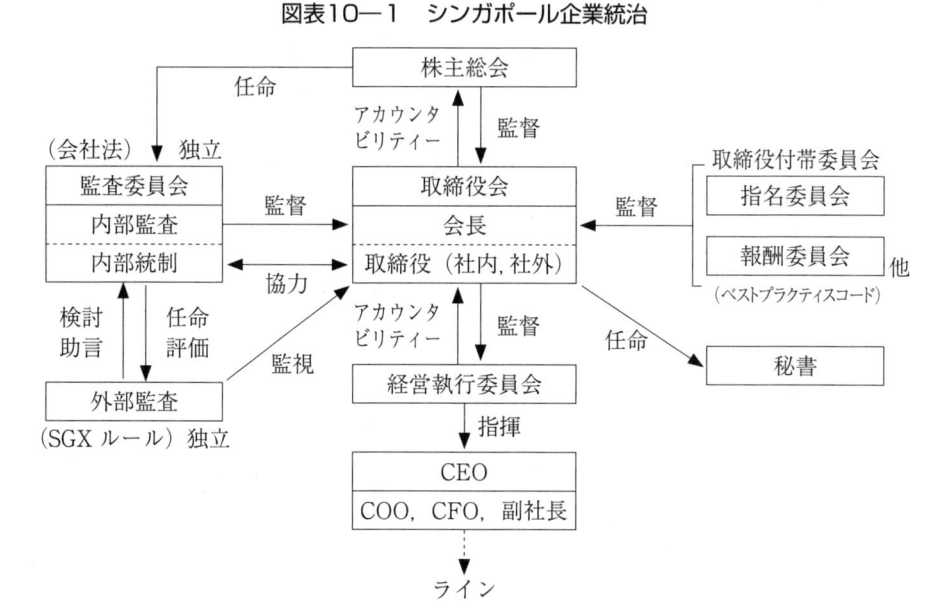

第10章 シンガポールにおけるコーポレート・ガバナンス 197

図表10—1　シンガポール企業統治

```
                            株主総会
              任命    ↗  ↑  ↓
                アカウンタ  監督
                ビリティー
(会社法)  独立         ↓
┌─────────┐  監督  ┌──────────┐       取締役付帯委員会
│ 監査委員会 │ ────→ │ 取締役会  │       ┌──────────┐
│ 内部監査  │       │  会長    │ ←監督─ │ 指名委員会 │
│ 内部統制  │ ←協力→ │取締役(社内,社外)│   ├──────────┤
└─────────┘       └──────────┘ ←監督─ │ 報酬委員会 │ 他
  ↑    ↑           ↓  ↑              └──────────┘
  検討  任命      アカウンタ 監督        (ベストプラクティスコード)
  助言  評価      ビリティー
  ↓    ↓    監視   ↓                任命
┌─────────┐ ────→ ┌──────────┐      ────→ ┌──────┐
│ 外部監査  │       │経営執行委員会│           │ 秘書 │
└─────────┘       └──────────┘           └──────┘
(SGXルール)独立         ↓ 指揮
                    ┌──────────┐
                    │   CEO    │
                    │COO,CFO,副社長│
                    └──────────┘
                        ↓
                       ライン
```

る権利を有する（コーポレート・ガバナンス・コード1.12，以下コードと略す）．

　また取締役は，会社に対して多くの義務を負っている．それは会社法条項（157条）のみならず，コモン・ロー，会社の付属定款などにも謳われ，取締役が遵守すべき要件や義務を規定している．取締役は信用や責任だけでなく支配力をもつ地位にあり，それゆえに，会社法は取締役に忠誠心と会社の利益のためにその支配力を施行することを義務づけているのである．また同法は取締役を受託義務を負う関係者として規定している[3]．

　「取締役」は公式的に指名されてなくとも，その地位にある者を指す．時として，取締役が指示した用件を転覆させる力を持つような支配的株主などを指す「影の取締役」("shadow" director) なども含めて取締役として定義される（2003年会社法改正により，全て「取締役」として概念が統一化された.）．さらに「執行取締役」は会社法上特に規定されてないが，「非執行取締役」(non-executive）は，管理的もしくは重役の立場にはない経営者であり，日々の経営の業務には関与しないが，意思決定において独立したモニターとして企業ガバナンスにおいて重要な役割を果たす．

実際の構成は，2000年実施された「シンガポール取締役会調査（Singapore Board of Directors Survey 2000）」によると，取締役規模は，4人から14人で構成され，図表10－2に見られるように取締役は平均6.8人，企業規模が大きいほど，その数は多くなっている．そのうちで非執行取締役の占める平均数は4.1人（比率は4：3）であった．

また取締役選出の重要な基準は，弁護士事務所での常任経営者やパートナーとしての経験を持つか，または財務や法律の専門的知識を所有していることを要求される．さらには，企業の取締役としての経験，特定のビジネス分野の知識を所有していることも重要な基準である．ガバナンス・コードでは，取締役の構成は，会計・財務，経営者としての経験，産業の知識，戦略的経営計画や消費者ベースの経験や知識をといったコアコンピタンスをもった集団であるべきとしている．

さらに会社法上の役員（officer）のひとつとして挙げられるのが「秘書（secretary）」である（4条）．取締役により任命され，少なくとも1人以上を置くことが義務づけられているが，これはイギリス会社法の影響を受けたものと考えられる．その役割は，会社業務に精通して書類業務を遂行することであり，従来，公認会計士，弁護士や公認秘書など専門職法の下の有資格者である

図表10－2　収益別取締役の平均規模（人）

	会社の収益（100万Sドル）						
	全企業	25以上	26－50	51－100	101－250	251－500	500以上
取締役	6.8	6.0	6.4	6.4	7.7	7.6	7.9
非執行取締役	4.1	3.6	3.3	3.3	4.8	4.5	4.9

出所）V. CS. Yeo, P. MC. Koh, *The Role of Boards and Stakeholders in Corporate Governance,* The Third Asian Roundtable on Corporate Governance, Singapore 4-6th April, 2001, p.19.

第10章　シンガポールにおけるコーポレート・ガバナンス　199

ことが規定されてきた（2003年会社法改正によりこの資格制は廃止された）．

　現実にはほとんどの企業において，取締役の選出では会長が意思決定においてかなりの影響をもっている．これに対してガバナンス・コードでは，取締役の選出プロセスにおいて透明性を保つために全企業に指名委員会の設置を推奨しているが，2000年時点では指名委員会による選出は7％にすぎなかった．

　会長とCEOに関して，取締役会に強い独立性がない場合は，基本的には会長とCEOは分離することがコードにおいてベスト・プラクティスとして推奨されているが，図表10－3に示されるように，シンガポールでは，会長とCEOが同一人物であることが多く，71％に上っている．会社の規模に関係なく総じて兼任が多い．これはひとつには，家族企業であることが多いことから株式所有の大部分が創業者や後継者に集中する傾向があり[6]，シンガポールにおける民間企業のガバナンス構造を規定しているといえよう．

　取締役付帯委員会に関して（図表10－4参照），法的に規定されているのは監査委員会（audit committee：AC）のみである．会社法（201B条）は，全上場企業に対して少なくとも3人の委員により構成される監査委員会設置の義務を規定している（監査委員会に関しては次節参照）．また近年，シンガポールにおいて法人化される銀行に関しては，指名委員会（nominated committee, NC）の設置が義務づけられるようになった．指名委員会や報酬委員会（Remuneration

図表10－3　収益別会長の兼任状況（％）

	会社の収益（100万シンガポールドル）						
	全企業	25以上	26－50	51－100	101－250	251－500	500以上
執行役員（CEO）	71	65	95	70	69	54	60
非執行役員	22	20	0	25	19	46	40
その他	7	15	5	5	13	0	0
就任期間	6.8	7.2	7	6.3	8	4.7	6.5

出所）V. CS. Yeo, P. MC. Koh, *The Role of Boards and Stake holders in Corporate Governance*, The Third Asian Roundtable on Corporate Governance, Singapore 4-6th April, 2001, p.19.

図表10—4　取締役会付帯委員会の状況

委員会	設置比率(%)	委員会の平均規模(人)	取締役会の人数	
			執行委員	非執行委員
監査委員会	100	3.2	0.8	2.5
ストックオプション委員会	33	3.3	1.5	1.8
報酬委員会	28	3.1	1.0	2.2
戦略委員会	12	4.3	2.3	2.1
重役委員会	11	3.9	2.3	1.6
指名委員会	7	4.0	1.9	2.1
IT委員会	5	4.6	2.0	2.6
投資委員会	5	3.6	1.6	0.9
技術委員会	3	3.0	3.0	0
その他	3	3.0	1.0	2.0

出所) V. CS. Yeo, P. MC. Koh, *The Role of Boards and Stake holders in Corporate Governance,* The Third Asian Roundtable on Corporate Governance, Singapore4-6th April, 2001, p.20.

Committee) 設置の必要性は，先述したように，ガバナンス・コードにて推奨されているが，現状は，ストック・オプション委員会が3割の企業で設置されているものの，その他の付帯委員会設置に関しては未だに消極的である．

第3節　シンガポールにおけるガバナンス改革への取り組み

(1) 内部統制

1) コーポレート・ガバナンス・コード

シンガポールにおけるガバナンスへの取り組みは，2001年3月21日前述した会社法・規制立案委員会の下部組織であるコーポレート・ガバナンス委員会 (Corporate Governance Committee : CGC) によって公布されたガバナンス・コード (Code of Governance)[7] により公式化された．また上場する企業は，上場マニュアル (SGX Listing Manual) と同コードに従った情報公開を要求される．これらの規制に従い，実際，上場する各企業は会社年次報告書 (Annual Report) において，ガバナンス実施状況，経営者の経歴，経営者報酬，コーポレート・ガバナンス規範からの乖離などの非財務的情報を公表する義務をもつ

ようになった．ガバナンス・コードは次の4部門に分類できる[8]．① 取締役会事項，② 報酬事項，③ 説明責任と監査，④ 株主とのコミュニケーションである．それぞれの原則に関しては，以下の通りである．

① 取締役事項に関して（Board Matters）
　a．業務における取締役の行為
　b．取締役会の構成とバランス（独立性の要素の導入，取締役適正な任命）
　c．会長とCEO（取締役と役員の会社業務責任の分離）
　d．取締役メンバーシップ（役員任命における透明性あるプロセス）
　e．取締役の業績（公式的評価の導入）
　d．情報のアクセス
② 報酬事項に関して（Remuneration Matters）
　a．報酬政策に対する手続き
　b．報酬の基準と構成
　c．報酬のディスクロージャー
③ 説明責任と監査に関して（Accountability and Audit）
　a．説明責任（取締役から株主へ，また経営者から取締役への説明責任）
　b．監査委員会（監査委員会設置の義務）
　c．内部監督（経営者が株主権を保護するための内部監督の保証）
　d．内部監査（年次報告書に対する内部監査のコメント）
④ 株主とのコミュニケーションに関して（Communication with Shareholders）
　（株主の株主総会への参加を奨励）

2）ガバナンス・コードによる取締役会改革

　シンガポールにおける取締役改革の実際を，独立取締役と監査役委員会の側面から見ていこう．まず「独立取締役（independent director）」に関して，会社法上規定されてはいないが，ガバナンス委員会によって提唱されている重要課

題のひとつである．委員会では，ベスト・プラクティスとして取締役の少なくとも3分の1を独立取締役で構成すべきであるとしている（付表A5，コード）．これら独立取締役は取締役報酬，企業支配や監査機能など経営者の利得や会社と株主間の乖離といった事項において重要な役割を果たすことを要求される．コードによる定義を見ると，「会社の最善の利益のために，会社や子会社に対して，取締役とは独立した経営判断の実施をもって，関与するような関係を会社ともつ人」であるとされている．この独立の定義から排除されるものは以下の通りである[9]．

1．現時点もしくは過去3年間に当該会社やその子会社によって雇用された経営者，2．現時点もしくは過去数年間に当該会社やその子会社から取締役報酬以外の報酬を受けた経営者，3．当該会社やその子会社における直近の家族メンバーか，もしくは過去3年間にそうであった経営者，または報酬委員会で決められた報酬を受けた役員として雇われた経営者，4．会社のパートナー，もしくは株式の5％以上を所有する主要株主，執行経営者，会社からの収益，もしくは企業から受けた収益が過去3年間にかなりの額（200,000Sドル以上）に上る経営者．

これらは，通常シングルユニット型であり，かつ会長とCEOが分離しない傾向にある同国の取締役会の現状を鑑みて，企業と利害を持たない取締役を導入することで独立性の向上を図り，取締役会の経営監視機能を強化する施策となることが期待されている．

さらに「監査委員会」は，現在，全企業において設置が義務づけられ，重要視されている．それらは外部監査と関連する事項において，取締役や執行役員と独立した機能および取締役と外部監査役とのコミュニケート役としての働きが期待される．その機能は会社法（201B条5項）によると，以下の2点である．

1．検討業務（監査計画，内部会計統制のシステムの評価，内部監査手続きの範囲と結果，連結を含む貸借対照表と損益計算書など）

2．監査人の任命や監査委員会や取締役によって合意されるその他の業務

　これら監査委員会のメンバーは，取締役のメンバーの中から取締役会において選出される．メンバーの大部分は，会社や関連会社（外国企業も含む）の重役経営者，それらの姻戚関係者やCEOも排除される．そして少なくとも2人は会計・財務関連の専門的知識が必要とされる．また機能を果たすための充分な情報を与えられ，経営者とのアクセス・協力が必要である．これらは，独立取締役を中心に構成されることから，経営陣からの完全な独立性と専門性をもつ機関として，ガバナンス構造を改革することが期待されているのである．

(2) **外部監視**

　ガバナンス委員会は，資本市場の発展状況，上場企業の所有概況や株主活動などを含めたガバナンスの制度的特徴などとともに，情報公開の点を考慮して，現時点でのシンガポールのガバナンスを改善する最善の方策としてイギリスやカナダが採用している均衡アプローチ（Balanced Approach）を採ることを決定した[10]．委員会は，証券市場で上場するすべての企業に対して，上場の必要条件として，ガバナンス・コードに述べられているガイドラインに沿って，完全なガバナンスの実施を表記し，もしベスト・プラクティス・ガイド（SGX-ST Best Practice Guide）からの乖離など遵守されていない場合は情報公開すべきであることを要求している．上場企業は，2003年1月1日開催された定例株主総会以降，年次報告書に上記したコーポレート・ガバナンスの施行に対する説明を要求されることとなった．このように上場企業に対しコーポレート・ガバナンス遵守を要請するのは，SGXが公正な説明により，投資家が市場にアクセスし判断することに保証する責任をもつと考えられるためである．SGXの目的のひとつには，市場監理とディスクロージャーにおける政策を実施することがあると規定されている．

　実際に上場する企業は，SESDAQも含めて，証券産業審議会（Securities Industry Council：SIC）とSGXの認可が必要となり，さらにSGX（当時はStock Exchange of Singapore：SES）が1993年に発効した上場マニュアル（SGX

Listing Manual)に従わなくてはならない．近年，この上場マニュアルは，継続して上場する場合の新規要件として，企業活動の透明性をさらに高めることを強要している．とはいえ，このマニュアル自体は実効力を有しない．しかし1973年に施行された証券産業法（Securities Industry Act Chapter 289, SIA, 1986年に新証券産業法として改訂）により規定を厳守しなくてはならなくなっている．同法はSGXが情報公開など適切な規制を実行することを保証するものであり，SICを通して，取引委員会（Stock Exchange Committee）に対し非合法的，不正な取引きを暴き，かつ防御するために忠告する役割をもつのである．2000年，改正された修正証券取引法（Securities Industry〈Amendment〉Act2000〈A2/2000〉, SIA）では，民事罰や賠償の適用が導入されるようになった[11]．さらに，財務省（MOF），取引所（Exchange），会計・会社規制局（Accounting and Corporate Regulatory Authority：ACRA，前会社登録所）それぞれに対しても公正取引と情報開示のための勧告が為されている．

　シンガポールにおける法令遵守（compliance）に関しては，金融庁や取引所により課せられる適切な刑罰を通して施行される．以上のように，他のアジア諸国に見られるように，シンガポールにおいても企業の外部監視主体として，証券取引所が中心となり推進されているのが窺える．

第4節　民営化企業のガバナンス問題

　シンガポールにおける公企業は，歴史的経緯から企業性を追求した経営体として多くの主要産業に従事することから経済に占めるプレゼンスは大きい．それら企業群は，モニタリング機能をもつ政府持株会社であるテマセク社（Temasek Holdings Company）により直接的もしくは間接的に管轄されており，現在では500社を越える公企業を持つに至っている[12]．このように公企業優位の企業構造が創出されたが，政府は1985年リセッションに陥った事態を契機に，公企業の株式放出による民営化（divestment）を開始した．特に1990年代，テマセク社は傘下公企業の株式放出を急速に増大させていった．経営黒字企業で

ある公企業が民営化されると，証券市場において外資，地場民間企業を上回る時価総額を計上することから，シンガポールでは民営化企業は経済において重要な位置づけがなされ，それが進展するに従いガバナンス問題は重要な課題となった．

近年，テマセク社は，政府の方向性を反映し，コーポレート・ガバナンスを重視した政策を打ち出している．その基本方針は，徹底した利益志向性をもった株主重視経営であり，派遣した取締役や経営者に対して厳しく経営能力を問う「企業性」側面を重視し，民間企業と変わらない経営を追求している．また同社取締役は，傘下企業に対して，① 取締役における適任人事の任命，② ストック・オプション等の従業員報酬制度の導入，③ M&Aなど組織再編における経営案件の決定，④ コーポレートガバナンスと情報公開の制度化を施行することを公表した[13]．さらに1999年，出資比率20％以上に及ぶ傘下企業の人事方針の修正を打出しており，それはCEOとCOOの分離，会長，取締役の任期制導入，取締役兼任の制限，経営指標EVAの導入であった[14]．

実際，各企業は年次報告書において，3節にみてきたように株主利益の保護と情報の透明性の視点からガバナンス・コードに従った情報（Corporate Govenance Report）が開示されている[15]．代表的民営化企業であるSingTel社（シンガポールテレコム），SIA社（シンガポールエアライン），BDS社（シンガポール開発銀行）による年次報告書によれば，3社ともに会長とCEOの機能を分離し，監査委員会とともに指名委員会，報酬委員会，経営執行委員会を設置しており，その他にも各社リスク・マネージメント委員会等をはじめ各種委員会を設けるケースもみられた．また内部監査に関する情報も公開している．

近年，テマセク社は，「機関投資家」として他の株主を考慮に入れ，株主価値を最大に考慮した行動をとることに言及している点は興味深い．テマセク社の傘下企業に対する所有，もしくは支配のあり方が「機関投資家」と呼べるものであるかは別の検討を待たなくてはならないが，アメリカ機関投資家が株主活動において，ウォール・ストリート・ルールである"Exit"から"Voice"へ

と，その株主権を積極的に行使することでコーポレート・ガバナンスに関与した例のように，テマセク社も民営化した企業に対しても，自らを「機関投資家」と位置付けて，経営者を監視する役割を持とうとする意思の現れであろう．

第5節　今後の課題と展望

　以上，シンガポールにおける内部監視としての取締役改革と外部監視として証券取引所の規制強化によるコーポレート・ガバナンス改革への潮流を概観した．シンガポールでのガバナンス改革への取り組みは，主に上場企業を対象にして，公的機関を中心に進展している．それは2003年1月1日に開催された株主総会以降，SGX全上場企業に一斉にガバナンスに対する情報公開が義務づけらるようになったことからも窺える．政府は会社法改正を継続して行い，またガバナンス委員会は，企業の取締役，投資家，ファンドマネジャーや会計士などといった関係者を代表する団体，利害関係グループを交えつつ，今後の企業環境の変化に伴いガバナンス・コードの再検討と最新の改革を行うことを公表している．さらに取締役改革においても，上述した付帯委員会の他に，今後はコーポレート・ガバナンス委員会をはじめ，ESOS（経営者持株制度）委員会，リスク・マネジメント委員会などの設置が検討されている．

　シンガポールの興味深い点は，歴史的経過のなかで形成された公企業群の存在であり，近年では，その民営化後の影響力である．1980年代半ばより民営化が断行された結果，その数は60社を越え，上場されると常にIPOは応募超過となり，時価総額は民間企業を上回る場合も多く市場でのインパクトは大きい．要するに，同国のガバナンス問題に関して浮上する課題のひとつは，民営化後のガバナンスをいかに構築するかということである．それら公企業は，既述したように民営化されても（株式放出した比率にもよるが）テマセク社という政府政策を反映する持株会社により管轄され，傘下企業のガバナンス改革は同社の政策のなかで推進されている．

テマセク社会長S．ダナバラン氏は，エンロン社事例からの教訓に基づいたシンガポール型ガバナンス構築こそが今後の重要な課題であることを強調し，同社は民営化が進展するに伴い最善のガバナンス様式確立に向けて努力している．傘下企業の取締役に対して株主中心の自律的経営を重視し，個々に裁量権をもたせたガバナンス構築を目指しているのが窺える．

　また一方でシンガポール社会において企業の社会的責任問題への認識がなされ，企業を社会レベルとの関係において捉えていく試みが開始されてきた．新しいシンガポールのガバナンス改革はその端緒が切られた段階である．今後は，私会社を含めた企業のガバナンス構造における改革の方向性を見守りたい．

（中村みゆき）

注）
1) 1996年，国家消費者ウィークが"より恵みある社会に向けて―消費者とビジネスのパートナーシップ"というテーマのもとに開催され，シンガポールにおいて最初のCASEによる消費者立法への手掛かりが模索された．そこでは"Consumers Are Business" "Consumer Mean Business"というスローガンが展開された．それらは両者ともに活かせる公正な取引を行う環境づくりのためのwin-win戦略として認識され，現在においてもCASEの基本理念となっている．
2) Singapore Department of Statistics, *Singapore's Corporate Sector 1998-1999*, 2001参照．データプール社調査の売上げ上位企業408社の中で私企業は215社あり，それらの企業形態も無視しえない存在である．DP Information Network Pte. Ltd., *Singapore Corporate Family Tree 2004*参照．
3) Phang, Andrew. ed , *Singapore Business Law*, 2004, pp.491-492. CLRFCは，取締役義務における包括的提言の実施を提案する会社法改革を調査した「イギリスの会社法再検討グループ（UK's Company Law Review Steering Group）」の草稿を採用することを提言している．
4) SID（Singapore Institute of Directors）2000 Survey, OECD Third Asian Roundtable on Corporate governance, *The Role of Boards and Stakeholders in Corporate Governance*, Singapore 4th-6th April 2001, 参照．
5) Ibid, pp.6 ― 7.
6) Ibit, p.19.「アジアの企業経営の概観と改革課題」『OECDアジア・コーポレート・ガバナンス白書』において，家族経営をより透明性の高い構造に促進し，家族メンバー以外の投資家（少数株主）に対する平等な取り扱いの実現が主要

な改革課題として指摘されている．シンガポールでも少数株主保護に関する法的整備は議論されてきた．現会社法では，上場企業にのみ，株主，個人の派生訴訟を認めている（216条）．但し訴訟実例は極めて少ない．

7) このコードは CGC の指導により，企業ディスクロジャー・ガバナンス諮問 (Counsel of Corporate Disclosure and Governance) のもとで改訂が行われてきた．

8) http://www.info.sgx.com/weblist.ntf/newDOCNAME/, p.4/15.

9) Corporate Governance Committee, *Report of the Committee and Code of Corporate Governance*, Corporate Governance Code, "Board Matter," Principle 2, Guidance Note 2.1, 2001.

10) Ibit, p.3. この Balanced Approach とは，コーポレート・ガバナンス・ベスト・プラクティスに従うことが指定されるが，各会社は適切な情報公開に基づき，これらの実施から乖離することは認められるというものである．コーポレート・ガバナンスのアプローチは他に，特定のコーポレート・ガバナンス慣行が要求される Prescriptive Approach と，アメリカにおいて採用されているコーポレート・ガバナンス慣行の適切な情報公開のもとで企業自身が独自のガバナンス慣行を決めることが認められる Non-Prescriptive Approach がある．

11) 2001年に同法は，Futures Trading Act, FTA（Chapter 116）と併合されて，Securities and Futures Act, SFA（Chapter 289）2001 となった．

12) シンガポールの民営化に関しては，拙稿「シンガポール政府持株会社テマセク社の株式売却に関する考察—民営化政策による公的支配への影響—」『アジア経済』第50巻4号（2004年10月）参照．

13) Asian Business Dialogue on Corporate Governance 2002, "Why Corporate Governance -A Temasek Perspective" http://www.temasekholdings.com.sg/temasek_news_release/04_05_2000/htm.

14) http://www.temasekholdings.com.sg/temasek_news/news_release/04_05_2000/htm.

15) "SingTel Annual Report 2002/2003", "SIA Annual Report 02/03", "DBS Group Holdings Ltd Annual Report 2002" を参照．

参考文献

SGX, *SGX-ST Best Practice Guide*, 1998.
Republic of Singapore, Companies Act（Chapter 50），1998.
財団法人日本シンガポール協会『会社法』1998年
『会社法改定版』2000年
Corporate Governance Committee, *Report of the Committee and Code of Corporate Governance*, 2001.

第10章　シンガポールにおけるコーポレート・ガバナンス　209

OECD Third Asian Roundtable on Corporate governance, "The Role of Boards and Stakeholders in Corporate Governance" Singapore 4th-6th April 2001,
OECD『OECDアジア・コーポレート・ガバナンス白書』2003年.
OECD『OECDアジア・コーポレート・ガバナンス白書　資料：アジア・コーポレート・ガバナンスの枠組み―参考表―』2003年.
SGX, Listing Manual, 2003.
Andrew Phang (eds.), *Basic Principles of Singapore Business Law*, Thomson, 2004.
DataPool Ltd., *Singapore Corporate Family Tree 2004*.
Stock Exchange Ltd., *PULSES*,（monthly）

Website 文献
法令関係：
Law Gazette（Publication of the Low Society of Singapore），
Stephen Loke, "The Changing Landscape of Consumer Law in Singapore"
http://www.lawgazette.com.sg/
テマセク社関連：
http://www.temasekholdings.com.sg/

第11章　ネパールのコーポレート・ガバナンス

はじめに

　ネパールの企業には国営企業，外資企業と民間企業がある．その中で民間企業は大きな経済的役割を果たしている．しかし，国内の政治問題や地理的問題などの理由によって，これらの企業は発展しなかった．また，財閥は産業界を伝統的な経営体制で支配してきた．結果，ネパールの企業は近代的な経営に移行することができず，現在も前近代的な仕組みを残している．

　ネパール企業の特徴は，第1に，上場会社数がきわめて少ないことである．第2に，法律は整備されているが，その法律に基づいた経営が行われていないことである．第3に，ネパールの財閥は同族間で資本を調達したり，銀行借入に多く依存しているということである．

　このような特徴に伴いコーポレート・ガバナンスに関して先進国とは異なる状況が現出している．本章では最初にネパールにおける企業発展の歴史，会社形態，所有構造を概観し，個別企業の事例を通じて問題点を明らかにしたい．

第1節　ネパールの企業発展の歴史

　ネパールの経済の近代化は1936年に始まるが，諸外国と比較すると，その発展速度は非常に遅い．古来よりネパールでは，手工芸，家内工業が中心であった．20世紀半ば頃までネパールは，ラナ一族による独裁政権[1]によって支配されていた．

　1935年に手工業の促進と積極的な資源活用を目的として"UDHOG PARISHAD"[2]が設立された．翌年1936年には「会社法」が施行され，それに基づいた企業が設立がされるようになった．当初，この会社法は95ヵ条からなっており，企業会計，年次総会，企業清算と清算人の条件等といった会社組織の形式的側面を定めていた一方，取締役会や株主の権利等が規定されていな

いなど，不備の目立つ法律であった．この法律の第68条には，「すべての企業は政府の管理下におかれる」との規定がされていたため，取締役や株主などの権利は著しく制限されており，規定を設ける必要がなかったものとも考えられる．1950年には，新会社法が成立した．この成立によって，1936年法の不備の多くが改正され，有限会社と株式会社の区別が規定された[3]．

1951年，民主主義政府が誕生した．しかしながら政治構造の劇的な変化にもかかわらず，1951年から1956年前半にかけて，産業成長を促進させるための政策協議や開発計画，そしてそれらに準ずる表立った活動はなされなかった．その後，1956年後半になってようやく「産業5ヵ年計画」が実行され，それを受けて，1957年には具体的に次のような制度が導入された[4]．

① 海外投資家に有利な利益配分
② 政府による企業インフラの設立補助
③ その他資源の安価供給
④ 新企業参入の際に10年間税金を免除する制度の導入
⑤ 外国通貨流通量の拡大
⑥ 自国産業保護のための関税制度
⑦ 労働環境向上のための労働法の施行[5]

その後，1963年には，起業の促進や海外企業の誘致を目的として会社法が改正され，その結果，企業制度の改廃が行われ，外国人が企業の所有者になることが認められた．

1991年の政治制度変革後，政治的にも社会的にも多くの変化がもたらされた．1997年には，あらたに「会社法」が制定され，積極的な外資の獲得と海外企業の誘致政策が行われるようになった．この会社法では，海外投資家も企業登記をすることができるなど，企業の権利をより強力にする制度が数多く定められている．

第2節　所有構造と資本市場

(1) 企業形態

　登記形態と出資者の権限・責任の違いに着目すると個人企業の形態は家内制工業，輸入，輸出，卸売り，小売りなど，さまざまな経済活動を行う場合に適する．1958年に制定された私企業登記法は，省庁に登記することを要求しており，登記内容は会社名，所在地，営業目的，所有者の氏名，その他情報である．1人あるいは数人で構成され，経済活動に関して生じた責任はすべて自然人に帰する（無限責任）．また，法人格は持たない．これは日本における個人企業に相当する．

　パートナーシップは2人またはそれ以上の人々の契約によって設立され，パートナーシップ法（1964年）によって規定される会社形態である．パートナーシップは政府の代理人に対して登記されなければならない．パートナーシップも個人企業と同じく法人格を持たない．出資者は無限責任であり，パートナーシップ捺印証書に特記事項がなければ出資者としての負担を等しく受け負うことになる．法律では1家族内で作られた組合や協調関係はパートナーシップとして認められない（異なった家族の者どうしで構成されなければならない）．これは日本における合名会社に相当する．

　株式会社および有限会社は，会社法（1997年）によって規定され，複数の出資者による資本によって形成される[6]．株式会社は会社の設立条件として最低7名の株主の存在が必要であり，株主数に関して上限は定められていない．また取締役会は3～11名で構成され，通常はその中から会長が指名される．

　有限会社は会社設立のための必要人数が会社法に明記されておらず，創業者の他1名の株主，計2名からの設立が認められている．また，株主の人数は50名を超えることができない．取締役の人数は通常は定款で定められることになっている．

　協同組合は一般に，限られた目的のために設立される団体である．民主的に統制された組織で，共通の利益に基づいた人々によって構成される．構成員は

必要とされる資本を出し合い，利益とリスクを公平に分かち合う．ネパールの協同組合は1960年の協同組合法律のもとで設立され登記されている．この法は1991年に修正された．ネパールの協同組合のいくつかの例として消費組合，農村組合，農業協同組合またはそれに類するものなどがある．1992／93年から2000／01年までのネパール企業の数を見てみると，株式会社は約1,104社，有限会社・パートナーシップ・個人企業は約23,000社である．

(2) ネパールの上場会社の現状

　ネパールの上場企業の株価時価総額は国のGDPの約12％程度を占めるものの，ネパール証券取引所（Nepal Stock Exchange（NEPSE），以下はこの表記を用いる）に上場している会社の数は115社であり，ネパール全体の会社数の1％以下，株式会社全体の約10％相当にすぎない．しかしながら上場企業数は過去10年で30社ほど増え，市場で取引される企業数も徐々に増加している．ただし，上場した企業の多くは金融系企業であり，その他の産業の企業は活発ではない．実際，1994／95年—2002／03年の証券取引所で上場している企業数を見るとCommercial Bankは8社から15社へ，Finance & Insurance Companyは25社から48社へ，Hotelは2社から4社へとそれぞれ増加したが，Manufacturiny & Processing Companyは34社から29社まで減少している．更にTrading Companyは22社から8社へと激減している．その他の企業はほぼ毎年4社に留まっている．上場企業全体として見ると合計数は79社から108社まで増加している．

　このように，金融機関以外の企業数は殆ど増加していないことがわかる．金融機関は資本調達をするために証券取引の利用数を増加させており，そのほとんどは証券市場に上場している．

　NEPSEが発表した指標を資本市場回転率（ratio of turnover to market capitalization）をみるとその比率は変動する傾向をみせており，年度によってバラツキが見られる．1996／97年にかけての比率は3.25％，1998／99年は6.38％，1999／2000年は2.68％であった．産業別にみてみると金融やその他

企業の資本市場回転率は若干高い．ともあれ，この数値から分かることは，ネパールの資本市場が未発達であるということである[7]．分野ごとの数字は図表11－1の通りである．

図表11－1　産業別にみた資本市場回転率1999年度―2000年度

(単位：千NRs.)[8]

分野 (Sectors)	株式時価総額 (Market capitalization)	(Annual turnover)	%
Commercial bank	31235.21	1923.07	6.16
Finance company	3077.17	254.67	8.28
Insurance company	2178.47	46.08	2.12
Hotel	2969.85	22.35	0.75
Manufacturing & processing company	5971.97	67.07	1.12
Trading company	616.98	4.48	0.73
Others	299.76	26.44	8.82
Total	46349.41	2344.16	5.06

出所）Dr. Bishwa Keshar Maskey, Impact of Corporate Governance On productivity, *Does Corporate Governance Affect Productivity? Evidence From Nepal*, Asian productivity organization, p.248〔2004〕．

次に，法的側面からネパールの資本市場について検討する．

第3節　会社機関構造

近年，世界で関心が高まっている企業統治（コーポレート・ガバナンス）は発展途上諸国においても注目されつつあるが，ネパールにおいても関心が高まっている．コーポレート・ガバナンスとは，一般に株主やステークホルダーが経営者を監視し，場合によっては支配力を行使していくことである[9]．経営者に対する監視や支配力の行使は，主として会社機関を通じて行われるため，コーポレート・ガバナンス改革は会社機関の改革を中心に進められる．先進国における，大規模な株式会社では，所有と経営が分離しているが，ネパールでは殆どの企業は所有と経営が分離していないため，所有者である政府あるいは財閥が直接経営に携わっている．財閥企業では，家族もしくは一族によってグループ

の所有・支配が行われ，各事業会社のトップにはグループ総帥の血縁者が任命される．所有と経営の結合した家族経営および一族経営は，ネパールにおいて一般的な経営の形態となっている．

　細井浩一が指摘したようにトップ・マネジメントにはさまざまな歴史的，社会的要因が関わっており，国や地域によっていくつかのパターンに分化されながら発展している．英国の有力なコーポレート・ガバナンスの理論家でもあるジョン・スコット（John Scott）のモデルによれば，4つのトップ・マネジメントのモデルを整理することができる．その中で一番ネパールと似ているモデルは「英米型」である．このモデルでは取締役会のメンバーは執行取締役と非執行取締役から構成されるが，この区別は会社法に明記されているわけではなく，雇用契約と責任のレベルでの相違である．執行取締役は日常の主要な業務責任を負っており，非執行取締役は非常勤であるか社外取締役であり，業務への関与は不定期の場合が多い．

　ネパールの株式会社のトップ・マネジメント組織は，一般に以下のようになっている．まず，株主総会の議決で取締役が選任・解任され，取締役は取締役会を構成する．取締役会は，業務執行の最高責任者であるゼネラル・マネージャー（GM）あるいはCEOを任命する権利がある．GM，あるいはCEOは会社の部門担当者デプティ・ゼネラル・マネージャー（DGM）を選任する．GMあるいはCEOの下に何人かのDGMがおり，DGMは生産，財務，人事，マーケティングなどの機能別部門の最高責任者となる．

　GMあるいはCEOの下に法務アドバイザー（Legal Adviser），経営計画室（Corporate Planning）と取締役会秘書役（Board Secretariat）の部門がある．経営計画室は，取締役会の議決を実行すること，他の会社や政府などと関係を深めること，取締役の指導の下で重要な意思決定（他の会社の株を売買する，社会的責任を負う，社内運営議決など）をすることである．また，取締役会秘書役は会社秘書役（Company Secretary）とも呼ばれ，取締役と株主総会の議決を関係者に提出したり，保存したりすること，株主総会と取締役会の開催の予定日

を決めることなどが1997年に制定された会社法の第143条に定められている．イギリスの会社法では取締役会秘書役の資格，国籍，選任などが明確にされているが，ネパールの会社法ではそのようなことについて何も明確化されていない．

例えば，ネパールで最も成功している金融機関であるヒマラヤ銀行においては，取締役会会長，CEO，GM，DGM，マネージャーのような職位が設けられている．ネパールではCEOとGMの両方が設けられている会社もある．

ネパールの1997年の会社法の下で取締役に選任された者は，1週間以内に自分または自分の家族と会社との取引関係，他の会社の取締役への就任状況，他の会社または子会社の株・社債券などの売買の状況などについてすべて会社に報告しなければならない．そして，報告された資料を会社が保管することが定められている．

なお，21歳に満たない者[12]，詐欺などの犯罪で有罪判決がでており，その刑期が終わってから1年以内の者，会社に払い込まなければならない資金を払い込んでいない株主，株主総会で取締役を解任することが決定した者等は会社の取締役に就任することができない．

次に，ネパールの取締役会の構成の実態を見ることにする．

図表11-2　代表的な会社の取締役の構成

会社＼出身	Nabil Bank Ltd.（銀行）	Nepal Bangladesh Bank（銀行）	HISEF Finance Co. Ltd.（金融）	People's Finance Co. Ltd.（金融）	Everest Insurance Co. Ltd.（保険）	Jyoti Spinning Mills Ltd.（製造業）	Arun Vanaspati Udyog Ltd.（製造業）	Soaltee Hotels Ltd.（ホテル）
政府選任	2	1	—	—	1	—	—	—
一般株主	2	3	4	4	2	3	2	2
内部昇進	4	6	4	5	4	5	5	5
投資機関	1	—	2	—	2	2	—	1
合計	9	10	10	9	9	10	7	8

出所）Nepal Stock Exchange Ltd. (NEPSE), http://www.nepalstock.com, Nepal.

第11章　ネパールのコーポレート・ガバナンス　217

　図表11－2をみると，会社の規模・業務の複雑さなどに応じて取締役の数が変わっていること，そして，財閥以外の民間企業では取締役会はおよそ7人から10人ぐらいで構成されていることが分かる[13]．取締役に選任された人物は内部昇進と外部派遣の2種類がある．また，図表11－2を見ると，外部の取締役の参加が多いことがわかる．外部派遣あるいは政府・投資機関から選ばれた取締役は二重の目的を持つ可能性が高い．すなわち外部取締役は，一方では政府・投資機関の政策，利害の視点から，また他方では会社の政策・利害・競争関係などの視点から意思決定をしなければならないということである．もし彼らが政府・投資機関の立場に立つ場合には，会社にとって必要な意思決定ができなくなってしまう可能性も十分ありうる．

　このような考えから，政府はすべての商業銀行に対し，政府から取締役を派遣しないことを発表した[14]．政府のこの方針によって商業銀行は独自の政策決定ができるようになると思われる．

第4節　ネパール財閥の特徴

　財閥では，家族あるいは一族によってグループの所有・支配を行い，各事業会社のトップにはグループ総帥の血縁者が任命される．家族経営および一族経営は，ネパールにおいては伝統的な経営形態であり，もっとも優れた経営形態であるという認識が現在でも残っている．それを表す良い例として，ネパールでは「家族は企業を守る，企業は家族を守る」ということわざが古くから伝わっている．一般の商店などは，ほとんどが家族で運営されているが，このような家族企業は秘密主義ともいわれ，経営の不透明さの要因ともなっている[15]．

　家族経営および一族経営の中で，国家収入に大きく貢献し，また政府や有力な多国籍企業と深い関係を築いたグループは，国内産業界において特に強い影響力を持ち Big Business House と呼ばれる．Big Business House は金融やサービス業など幅広い事業を行っており，企業グループを形成している．本稿では Big Business House をネパールの財閥ととらえることにする．

ネパール経済では貿易，工業，その他のサービス業の分野で140社の企業が8財閥によって経営されており，財閥が大きな影響力を持っている．1財閥は平均20社ほどの企業を支配し，貿易から金融に至るまで多種多様なサービス業に携わる財閥も存在する．

財閥の形成過程においては，出身部族別に特徴が見られる．ネパール国籍を持ち，古来より商業を営み現在の財閥に至った部族には，ネワリ族[16]，タカリ族[17]などがあげられる．本来，官吏，軍人階級であり，軍事面に強い影響力を持つチェトリ族[18]は政商として経済界にも進出した．また，商売を目的とし，印僑としてインドからネパールに移り，後に財閥として確立した背景を持つマルワリ族も有力な財閥のひとつである．

ネパールの統一後は，激しい競争が存在しなかったため，商才に長けるネワリ族が事業家としての地位を確立してきた．しかし，この40年ほどは，他民族の参入もあり，ネワリ族単独での事業は減少傾向にある．図表11－3は，主な財閥の出身部族と創業の時期を示したものである．

図表11－3　ネパールの主な財閥

財閥名	会　長	同族出身部族	創業開始年
ゴルチャー・オーガナイゼーション	ゴルチャー (Golchha, H. C.)	マルワリ族	1931年頃
チャウデャリ・グループ	チャウデャリ (Chaudhary, B. K.)	マルワリ族	1935年頃
ソルティ・グループ	ラナー (Rana, P. S.)	チェトリ族	1950年頃
ケタン・グループ	ケタン (Khetan, M. G.)	マルワリ族	1880年頃
ジョティー・グループ	ジョティー (Jyoti, P.)	ネワリ族	1940年頃

出所）http://www.gefont.org/research/bigbuss/html/bigbuss.htm

ネパールの財閥は，積極的に投資を行い急成長しているように見えるが[19]，多額の負債を抱えており，破産する可能性はかなり高い．これら財閥の中で，チ

ャウデャリ・グループは,他の財閥よりも,比較的少ない負債で経営を行っている.図表11−4を見る限り,チャウデャリ・グループの負債額は多いと評価されるかもしれないが,グループ企業数が多いため,相対的に負債比率は低い.

一方,アマティアー・オーガナイゼーションは経済的危機に陥っている財閥である.この財閥は,銀行からの多額の借入金でFulbari Resort Project(ホテル)を設立し経営を行っていたが,大きな負債を出した[20].その背景には,国内の政治的不安定や治安の悪化による,外国人観光客の激減などがあげられる.

図表11−4　各財閥における借入金

(単位：100万 NRs)

財閥	借入金*	借入金**
ゴルチャー・オーガナイゼーション	2500.00	3250.00
チャウデャリ・グループ	650.00	650.00
ソルティ・グループ	400.00	400.00
ケタン・グループ	—	100.00
ジョティー・グループ	600.00	600.00
アマティアー・オルガナイゼーション	1600.00	1800.00

出所）http://www.gefont.org/research/bigbuss/html/bigbuss.htm [21]
*　Based on Aajako samarcharpatra, Feb22, 1999 (Nepalese daily Newspaper)
**　Based on FNCCI sources and interviews, December 1999
***　表は財閥の負債総額を示しているのであって,相対的な負債額を示しているわけではない。従って負債金額の少ない財閥であっても企業数などの評価から相対的に負債割合が高いこともある.

ネパールの財閥は新企業設立にあたり,銀行から多くの資金を借り入れることができる.これは財閥が政治的影響力を持っているため,借り入れる際の銀行の審査を容易に通すことができるためであると言われている.企業設立後は,規模拡大のためにさらに銀行からの借入れを重ねるため,負債比率(負債／自己資産×100)が高くなる傾向にある[22].

財閥は大規模な宣伝活動を通じて市場にトレードマークを確立する.そしてそのトレードマークのネームバリューによって,さらに多くの新規事業に参入する.しかしながら,財閥の経営は不透明であるため,資金が個々のグループ

企業間で融通されていると言われており，資本管理が徹底されていない．そのため，新規事業に資金が回されることによって既存事業が資金不足に陥り，結果として衰退する現象が起こっている．そのような状況に陥った企業は，売り上げ拡大のために，さらに宣伝に重点を置くなど，その場しのぎの経営がなされることが多い．また，資本不足を補うために，銀行に対して政治的な圧力をかけたり，銀行役員に賄賂を贈ったりすることで，多額の借入れを行う．

そのような企業はすでに財政的基盤が弱くなっており存続することが難しい状況に陥っている．すると財閥は，それらの企業を切り捨てて，新たな企業を設立することが多々ある．企業が倒産すると，財閥の借入れのシェアを占めている銀行は債権の回収をすることができないことが多い．

さらに，銀行の役員や政府関係者は，財閥とのつながりが強いため，思うように債権を回収できずに不良債権化するという事態が生じている．そのような状況下で，財閥は融資を受けるために，銀行に圧力をかけ事態を悪化させている．このように，財閥の影響力を背景とした不健全な経営は恒常化しており，経済の発展の阻害要因となっている．銀行から多額の融資を受けているにもかかわらず，銀行による財閥企業のモニタリングは，先進国のようには機能していない．また，政府による財閥企業の規制も，両者の人的結合関係のために効果的に行われていない．

ここで，財閥と他の組織との癒着チェーンについて述べることにする．財閥は銀行からの多額の借入れによって，工業，サービス業，商業，合弁会社などの企業を設立し経営しており，それらの企業の多くは自社株の形式で株式を所有している．また，自社の事業を守るために保険会社の経営もグループ企業で行っている．保険会社は黒字になる可能性が高いため自社だけではなく2，3の財閥によって保険会社を運営し促進している．

財閥企業はできるだけ労務費を減らすために同じ従業員を長く働かせたり，残業の制度を導入していない．また，労働者に権限を委譲しようとせず，労働組合の活動を妨害したり，労働法を批判することが多い．更にはこのような不

法な経営活動を維持するために，政治家や官僚と癒着し，彼らに影響を与える活動を行っている．その一方では，このような活動による社会からの反感と悪い印象を減少させるために社会貢献活動に関わることもある．

第5節　ジョティー・グループのコーポレート・ガバナンス

ネパール財閥の事例としてジョティー・グループを検討する．ジョティー・グループは，ネパール出身の財閥の中では最も古い企業グループであり，1940年に故ジョティー（Jyoti, M.）が創業し，国家の経済発展にも貢献した．創業当初は，チベットから輸入した家庭用品や洋服などを国内で販売する商売から始まったといわれている．現在は創立者の2人の息子がこの財閥を支配している．2代目当主となる長男（Jyoti, P.）（1946年生まれ）は，アメリカのSloan School of Management，MITを卒業後，ジョティー・グループに入った．

ネパールの財閥の2世・3世の経営者の多くは，欧米の著名な大学に留学している．現代の財閥のトップには，MBAホルダーも少なくない．彼らは先進

図表11－5　ジョティー・グループの会社組織

```
                          JYOTI GROUP
┌──────────────┬──────────────┬──────────────┬──────────────┐
│ Padma Jyoti  │ Roop Jyoti   │ Meera Jyoti  │ Shaurav Jyoti│
│ （長男）      │ （次男）      │ （会長の妻）  │ （会長の長男）│
│ 会長，取締役  │ 副会長，取締役│ 取締役        │ 取締役        │
└──────┬───────┴──────┬───────┴──────┬───────┴──────┬───────┘
       ▼              ▼              ▼              ▼
```

以下の6社のGMを兼任	以下の6社のGMを兼任	以下の2社のGMを兼任	以下の1社のGMを兼任
◆ Himal Iron & Steel (P) Ltd.	◆ Jyoti Spinning Mills Ltd.	◆ Jyoti Farm	◆ Jyoti Ceramics
◆ Himal Wires Ltd.	◆ The Roof of the World Wool Manufaturing Co. Ltd.	◆ Jyoti Nursery	
◆ Himal Oxygen (P) Ltd.	◆ Jyoti Yarn Processing Co. (P) Ltd.		
◆ Bhajuratna Engineering & Sales (P) Ltd.	◆ Management Services (P) Ltd.		
◆ Bhajuratna Finance & Saving Co. Ltd.	◆ Syamukapu International		
◆ Bhajuratna Pharma	◆ Syakar Co. (P) Ltd.		

> Suhrid Jyoti（会長の次男）トレーナー取締役として系列で働いている．

出所）筆者作成（聞取り調査により）．

国における企業や経営者像がどのようなものかを理解しているものと思われるが，伝統的な財閥などに見られる不透明な企業経営体制の下では，それらの理念を実践することが不可能であるか，あるいはより優れた近代経営を知りながらも，不透明な方法で一族の蓄財を増やすことを志向していると思われる．

このグループでは，持株会社の会長，副会長および取締役のほぼすべてが同族によって占められている．また，持株会社の取締役がいくつかの子会社の社長を勤めている．

ネパールではおよそ30の主な財閥が製造業，商業，金融分野に投資を行っている．財閥は家族内で資本を調達し株式市場に投資しており，企業情報を開示していない．また，多くの資金を調達するために銀行等の金融機関を設立している．

先にも述べたように，ネパールの財閥は親族によって支配され，トップ・マネジメントの主要な部分は一族または家族によって独占されている．そのため，一般の利害関係者，特に小規模な投資家などには財閥の実態が知らされないことが多い．このように，現代の先進国に求められているコーポレート・ガバナンスの考え方とはまったく異なった現実がネパールの産業界には存在している．

コーポレート・ガバナンスにおいては情報の透明化・公平性・説明責任・責任といった事柄が基本原理となる．これまでのところ，ネパールの財閥はそれらの原理や国際的な会計基準にしたがって経営方針を近代化することに，殆ど関心を示していない．したがって，現状では財閥が自発的に経営方針を変えることは期待できない．よって，企業の透明性を高め，有効な経営監視をしていくためには，法的強制力を伴う改革が必要になると思われる．

おわりに

ネパールの財閥は産業界を伝統的な経営体制で支配してきた．財閥の，現状を見ると，コーポレート・ガバナンスや国際的な会計基準にしたがって経営方

法を近代化することに，殆ど関心を示していない．そして，企業は家族外資本を得るために近代的コーポレート・ガバナンスの構造を採用することを殆ど考えていない．また，ネパールでは今なお，財閥をはじめとした伝統的家族企業と不透明な人事を行っている国営企業が多大な影響力を持っている．

経済のグローバル化が進む中，ネパールが経済発展を成し遂げていくためには，国際会計基準に適応し，国際的な評価に耐えられるコーポレート・ガバナンスを実行できる企業を育成していくことが急務となっている．そのため，ネパールの企業に一番必要なことは経営の透明性を確保することである．さらに今後の課題として以下の2点があげられる．

① 経済のグローバル化の中で求められている伝統的企業経営の体質を改善していく中でのバランス感覚（早急な改善は経済に混乱を引き起こす恐れがあるが，改善を先延ばしにしていては改善が期待できない）

② 国営企業と政府との間にある不透明な関係の改善（政治体制が経済界に与える不健全な圧力の排除）

世界的競争，そしてインド等の周辺の国々がグローバル化のプロセスに組みこまれている昨今，ネパール経済がその潮流から取り残されないためには，伝統的な体質からの脱却は必要不可欠である．

海外からの投資やアライアンスを呼び込むためには，他の先進国にならい，企業が情報の透明化，説明責任を積極的に果たしていくことが求められる．

（ビシュワ・ラズ・カンデル）

注）
1）19世紀の半ば，ラナー（Rana, J. B.）は，ネパール初代の首相となり，全権を掌握した．彼は独裁政治体制を敷き，以降，約100年間，国王は単なる飾りにしか過ぎなかった．
2）ネパール語，企業開発委員会の意味．
3）Prem R. Pant, *Business Environment in Nepal*, Buddha Academic Publishers & Distributors Pvt. Ltd., 2002, Nepal, p.179.
4）同上書．

5) Pradyumna P. Karan and Hiroshi Ishii, *Nepal A Himalayan kingdom Transition-Industrial Development*, The United Nations University, 〔1996〕Tokyo, p.206.
6) ネパールの"会社法1997"の分類に従えば株式会社と有限会社である．Gyaindra Bahadur Shrestha, *Yen Sangraha-vol.2-Company Act 1997*, Pairawee Prakasahan, 2003, Nepal, p.136.
7) NEPSE, Nepal Stock Exchange Ltd. 2000/2001.
8) NRs. はネパール通貨であるネパールルピーを示す．2005年3月時点で100円はおよそ66.4ルピー．
9) 佐久間信夫「日本企業の経営構造とコーポレート・ガバナンス」『創価経営論集』第22巻第1号，創価大学経営学会，1997年，21ページ．
10) 植竹晃久・仲田正機「現代企業の所有・支配．管理」『コーポレート・ガバナンスと企業管理システム』ミネルヴァ書房，1999年，47ページ．
11) 同上書．
12) 株式会社の場合に限る．
13) Securities Board of Nepal.
14) ネパールの新聞"The Rising Nepal", June 25, 2003.
15) 家族企業の中には5つの帳簿を作っている企業もある．これは提出先によって，その内容を都合に合わせて操作しているからである．この中で真実のことが記載されているのは家族企業内部で用いる帳簿だけである．企業内部の帳簿は国際基準の簿記に比べて不透明な記載がされている．この企業は必ず親族によって経営権や所有権が受け継がれる．少数の株主がいたとしても，株主は十分な情報や配当がほとんど受けられないのが現状である．この昔からの経営方法は，仲介人への賄賂と結びついて，政府が予定通りの税金を集めることを不可能にしている．拙稿「ネパールの企業統治」『アジア経営研究』第10号，アジア経営学会，2004年，117ページ．
16) ネパールのカトマンズ盆地のネワリ族は独自のカースト制度を持つ．ネワリ族は5つのカーストのうちの4つのカーストに分散している．Kanak Mani Dixit, Shastri Ramachandarn, *State Of Nepal*, Himal Books, 2003, p.9.
17) タカリ族はヒンドゥ・カースト制度によれば，カーストのヒエラルキーの上から3番目に位置する．名和克郎『暮らしがわかるアジア読本ネパール』河出書房新社，1999年，49ページ．
18) 本稿では便宜上チェトリ族とするが，チェトリ族について以下のように書かれている．ヒンドゥ・カースト制度によれば，カーストのヒエラルキーの上から2番目に位置し，軍人および統治者の階級である．Nanda R. Shrestha and Keshav Bhattarai, *Historical Dictionary Of Nepal*, Vision Books, 2004, p.90.
19) 拙稿「ネパールの企業統治」『アジア経営研究』第10号（2004年5月）アジ

ア経営学会, 117ページ.
20) 同上稿.
21) 同上稿.
22) 同上稿.

参考文献
植竹晃久・仲田正機「現代企業の所有・支配. 管理」『コーポレート・ガバナンスと企業管理システム』ミネルヴァ書房, 1999年.
Trilochan Gautam, कम्पनी ऐन र कम्पनी सचिवको कार्य सम्पादन (会社法と会社秘書の仕事), Pairawee Prakasahan, 〔2001〕.
Gyaindra Bahadur Shrestha, ऐन संग्रह भाग-२ (法律集 vol.2), Pairawee Prakasahan, 2003.
Gyaindra Bahadur Shrestha, नियम संग्रह भाग-३ (規則集 vol.3), Pairawee Prakasahan, 2003.
HMG, *Statistical Year Book Of Nepal 2001-9th* edition, Central Bureau Of Statistics, 2003.
Dr. Tikal Rawal, *Corporate Governance and Financial Sector Reform in Nepal*, Society for International Development, Nepal Chapter, 2003.
Securities Board, Nepal, Annual Report 2002/03, 2003.
Federation of Nepalese Chamber of Commerce & Industry (FNCCI), NEPAL AND WORLD A STATISTICAL PROFILE, 2003.
Nepal Stock Exchange Ltd. (NEPSE), http://www.nepalstock.com 〔2003〕.
The World Bank Group, http://www.worldbank.org/data/countrydata/aag/npl_aag.pdf, 2003.
Dr. Bishwa Keshar Maskey, *Impact of Corporate Governance On productivity*「*Does Corporate Governance Affect Productivity? Evidence From Nepal*」, Asian productivity organization, 2004.

第12章　香港のコーポレート・ガバナンス

はじめに

これまで，アメリカをはじめ，日本およびドイツにおけるコーポレート・ガバナンス[1]についての研究，国際比較は盛んに行われてきた．日本を除くアジア諸国においても，1997年のアジア金融危機を契機に，企業における透明性の欠如など，コーポレート・ガバナンス制度の不備が指摘され，強固なコーポレート・ガバナンスの枠組みの構築・維持がアジアの経済安定化のための必要施策のひとつとして位置づけられた．以後，アジア諸国においては，コーポレート・ガバナンスについての関心が大いに高まり，日米欧のコーポレート・ガバナンス制度を参考としながら，さまざまな改革が試みられている．その中でも香港は，アジア諸国で広範に見られる血縁重視などの企業文化を有しながら，それに適したコーポレート・ガバナンス制度の構築を積極的に進めている代表的な地域のひとつである．

香港は植民地時代から，政府の「積極的不干渉」の経済政策のもとで中国本土の窓口として機能し続けてきた．香港は1997年に中国に返還されたとはいえ，今なお日本にとって，中国や東南アジア諸国との間を結ぶ重要な拠点となっている．香港の株式市場はアジアにおいて，日本に次ぐ第2の規模を持つ[2]世界有数の国際市場であり，流動性が高い[3]のが特徴である．このように，株式市場としての香港市場の重要性，さらには香港を含めた中国の，今後の世界経済に与えるインパクトを考慮すれば，香港上場企業をコーポレート・ガバナンスの観点から研究の対象にすることの意義は十分にあると考える．

こうした問題意識に基づき，本章では香港上場企業を取り上げ，その所有と支配の構造および特質を考察するとともに，そこから導き出されるコーポレート・ガバナンス制度の問題点を明らかにすることを目的とする．

第12章 香港のコーポレート・ガバナンス 227

第1節 香港の株式市場の規模

　香港の株式市場においては，メインボードとGEMという2つの市場がある．メインボードとは，香港証券取引所の一部市場のことであり，主にコングロマリット，製造業，不動産業，金融業などが上場している．GEMとは，"Growth Enterprise Market"の略で，「成長企業市場」の意味の通り，香港取引所に併設された新興企業向けの二部市場である．これは，米ナスダックをモデルに1999年11月に創設され，「香港版ナスダック」と呼ばれている．両市場のそれぞれの規模については，図表12－1が示すように，メインボード市場では，2003年12月31日の時点で852社[4]が上場し，時価総額は5兆4,776億香港ドル（円換算：約82兆1,640億円）となっており，GEMでは，同時点で185社が上場し（図表12－2），時価総額は701億香港ドル（円換算：約1兆

図表12－1　Main Boardの取引高

（単位：取引株100万株，取引金額100万香港ドル）

年	上場企業数	取引株数	取引金額	時価総額
1998	680	816,358.08	1,701,112.01	3,661,712.74
1999	701	1,392,284.36	1,915,940.58	4,727,527.27
2000	736	2,323,972.86	3,047,565.32	4,795,150.07
2001	756	1,488,521.21	1,950,086.74	3,885,342.08
2002	812	1,549,016.22	1,599,074.57	3,559,099.08
2003	852	2,359,346.12	2,545,675.94	5,477,670.33

出所）『香港交易所股市資料』各年版に基づき筆者が作成．

図表12－2　GEMの取引高

（単位：取引株100万株，取引金額100万香港ドル）

年	上場企業数	取引株数	取引金額	時価総額
1999	7	1,499.35	3,604.74	7,236.84
2000	54	30,715.28	84,287.13	67,290.06
2001	111	43,845.74	39,416.83	60,964.09
2002	166	62,909.51	43,979.17	52,220.06
2003	185	51,034.01	38,153.51	70,177.23

出所）図表12－1に同じ．

図表12—3　中国全体で各市場の占める比率（2003年8月25日現在）

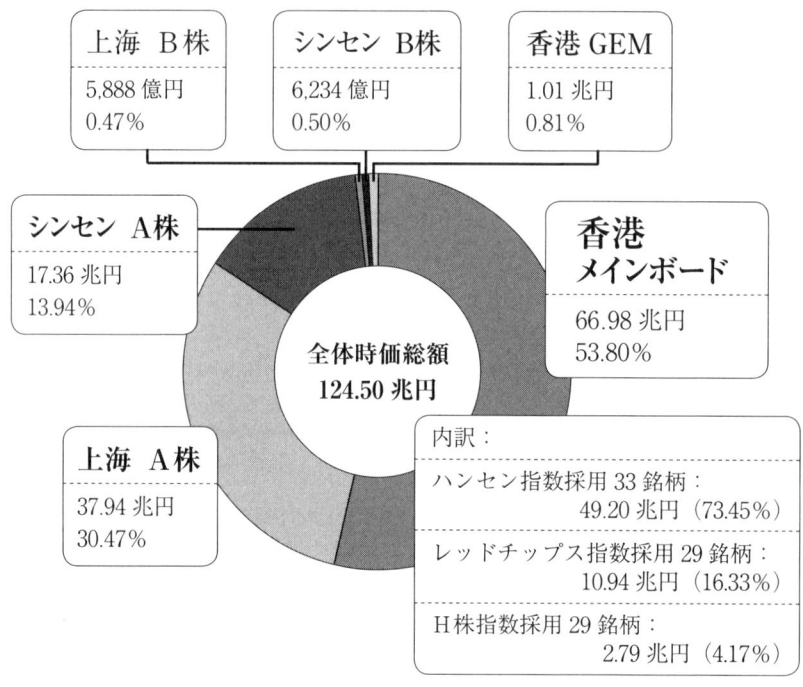

- 上海 B株　5,888億円　0.47%
- シンセン B株　6,234億円　0.50%
- 香港 GEM　1.01兆円　0.81%
- シンセン A株　17.36兆円　13.94%
- 香港メインボード　66.98兆円　53.80%
- 全体時価総額　124.50兆円
- 上海 A株　37.94兆円　30.47%

内訳：
ハンセン指数採用33銘柄：49.20兆円（73.45%）
レッドチップス指数採用29銘柄：10.94兆円（16.33%）
H株指数採用29銘柄：2.79兆円（4.17%）

出所）http://www.naito-sec.co.jp/ より

515億円）となっている．

　同市場は1997年の中国返還以降も「一国二制度」政策のため，中国政府からは海外市場扱いを受けている．香港の株式市場は，中国の上海，深圳両市場と比較して，長い歴史を有する市場であり，金融サービス全般など，多くの面で中国本土の市場よりも整備されている．上海市場，深圳市場，香港市場およびGEMの全体を中国株式市場と定義すれば，その時価総額を円に換算すると，約124兆5,000億円となる．そのうち香港メインボードに上場している846社（2003年8月25日時点）における時価総額が66兆9,810億円で全体の53.80%となっており，上海と深圳の両市場のそれぞれにおける時価総額をはるかに超えていることが図表12—3において示されている．

図表12―4　香港株式会社の内部機構統治図

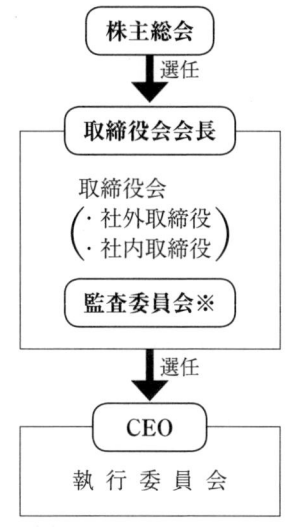

```
           ┌─────────┐
           │ 株主総会 │
           └─────────┘
                │ 選任
                ▼
    ┌─────────────────────┐
    │    取締役会会長      │
    ├─────────────────────┤
    │      取締役会        │
    │   ・社外取締役       │
    │   ・社内取締役       │
    │                      │
    │    監査委員会※      │
    └──────────┬──────────┘
               │ 選任
               ▼
         ┌─────────┐
         │   CEO   │
         │ 執行委員会│
         └─────────┘
```

注）　※メインボードにおける上場企業に対して監査委員会の設置を強制されていない．GEMに上場する企業は委員会の設置，公認会計士と監査役の任命が義務づけられている．
出所）香港の会社法，上場規則，ならびに関連法規により筆者作成．

そのため，世界展開を図る中国本土の企業が，世界進出の足がかりとして，国内の「海外市場」である香港市場に次々と上場し，グローバルな資金調達を目指している．現在，香港の中国系企業（中資企業）は，非上場企業を含め，すでに1,800社余りに達し，投資規模は200億香港ドルを超えている[5]．

第2節　コーポレート・ガバナンスの特徴

(1)　内部統治機関の構造

香港の会社の内部統治機関は，英米型の取締役会制度を導入しており，監査役会制度を採用していない．具体的には図表12―4が示すように，会社の最高意思決定機関は株主総会であり，取締役会の構成員を選任，解任する権限を有している．そして，取締役会は，日常業務の執行を担当するCEOの選任，

解任，そして監視を行う．また，CEO は会社の経営業績などを取締役会に報告しなければならない．しかしながら，香港の内部統治構造を英米型のそれと比較すると，最大の相違点は，その取締役会・委員会制度にあるといえる．以下，香港の内部統治機関の構造について特筆すべき点を取り上げみていくことにする．

① 取締役会・委員会制度

アメリカの公開会社においては，一般的に取締役会は委員会を通して業務を行っていると言われており[6]，監査・指名・報酬委員会の3つの専門委員会が導入されている．そのうち，監査委員会においては証券取引所の上場規則によりその設置の義務が付けられ，全構成メンバーは社外取締役のみで構成される必要があると定められている．これに対して，香港の取締役会の構成においては，上場規則により少なくとも2名の社外取締役が含まれなければならないとされている．香港の株式会社制度では，GEM における上場企業は監査委員会の設置を義務づけられているが，メインボードに上場する企業に対しては，監査委員会の設置は勧告されているだけであり，義務づけられてはいない．そして，指名委員会と報酬委員会については，米国のようにアメリカ法律協会のコーポレート・ガバナンス原則において設置が勧告されたり，日本の委員会等設置会社制度のように設置が義務づけられたりすることはない．また，上述のように香港では，メインボードに上場する企業における監査委員会の設置は強制されておらず，任意とされているが，設置しているか否かの情報は公開しなければならないと定められている．しかしながら，この「監査委員会を設置しているか否か」に関する情報も，上場企業553社のうちわずか12社しか公開していないのが現状である[7]．

監査委員会について付記するならば，会社法によって，監査委員会の構成メンバーの過半数は社外取締役でなければならないとされており，さらに，公認会計士と法務担当員を各1名必ず任命しなければならないと定められている[8]．

② 会社秘書役

香港の会社法154条においては，すべての会社の取締役会は，会社秘書役[9] (Company Secretary) というポストを設置しなければならないという旨の規定がなされている．この会社秘書役の設置義務は，香港の内部機関構造において特徴的なものであるといえる．

会社秘書役の担う重要な役割は，取締役会の手続の遵守，そして取締役会に対し定期的にその手続きを見直させることにある．歴史的に，会社秘書役はある一定の管理上の業務を遂行する，単なる「召使」とみなされていた．しかしながら，この100年間において，会社秘書役の役割は大きく変化してきた．現在の会社秘書役は，取締役会の議事の管理・参加・議事録の作成をはじめとして，会社の中で重要な役割を担うまでになっている．

会社秘書役の委任に関しては，会社法に基づき，取締役会が，その地位に伴う義務を履行する能力を備えた者を，会社秘書役として委任する義務を負う．その際，秘書役の委任は，会社の定款に従ってなされなければならない．また，委任・辞任等の変更が生じた場合，14日以内にそれに関連した法定の報告書を会社登記所に提出しなければならない．上場企業の場合にはこうした変更は証券取引所に知らせる必要がある．なお，秘書役の委任の際には，その秘書が持っていると想定される専門的な知識及び資格に関する証明書が証券取引所に提出されなければならない．さらに，上場規則により，秘書役は，任務を遂行するために必要とされる知識および経験を持つと同時に，香港に永住している人物でなければならない，と規定されている．

この会社秘書役制度は，元来イギリスの取締役会に固有のものであり，日本やアメリカ，そしてイギリスを除くヨーロッパ諸国には存在しない制度であるが，香港をはじめとして，イギリスの植民地として統治されていたアジア諸国[10]には共通して存在する制度である．

(2) 香港上場企業の所有構造

アジア諸国の企業の所有構造を概観すると，特筆すべき点として，ほとんど

図表12―5　同族グループにおける主要上場企業の持株比率及びその時価総額（2003年度）

同族グループ	主な上場企業 （企業名）	同族の持株比率 （％）	持株の時価総額 （億香港ドル）	配当による総収益 （百万香港ドル）	
① 郭氏兄弟	新鴻基地産	44.87	691	1,723	
② 李嘉誠	長江実業	37.00	529	1,371	
③ 嘉道理	中電控股	28.32		1,282	1,337
	大酒店	49.50	283	55	
④ 李兆基	恒基地産	61.85	384	897	
⑤ 施雅迪	太古公司（A）	4.30		52	570
	太古公司（B）	66.43	182	518	
⑥ 蔡其能	裕元工業	48.72	166	449	
⑦ 郭鶴年	香格里拉	45.25		118	390
	SCMP集団	38.07	168	47	
	嘉里建設	63.14		225	
⑧ 馮氏兄弟	利豊	40.66	156	359	
⑨ 汪穂中	徳昌電機	59.62	216	284	
⑩ 邢李源	思捷環球	33.75	103	281	

出所）Hong Kong Economic Journal, 2004年1月2日に基づき筆者が作成．

の国で株式が創業者一族に集中しており，同族経営企業が支配的であるという点が挙げられる[11]．同族経営とは，同族グループが株式の過半数を保有し，取締役会の構成員の多数を占め，また，経営陣に参加している状態を指す．同様に香港においても，ほとんどの上場企業は単独大株主あるいは同族によって支配される傾向がある．図表12―5が示すように，同族企業グループ傘下の上場企業に対する持株比率は非常に高い．その中でも，香港上場企業で時価総額が最も高い新鴻基地産の44.87％の株式は同族の郭氏兄弟グループによって所有されている．また，2004年12月31日の時点で，香港10大同族企業が所有している株式の時価総額は1兆7,120億香港ドルに達し，全株式市場の25.36％を占めている．これらのことから分かるように，香港株式市場においては，多大な額の資本が同族企業グループに集中している[12]．

また，HKSA（Hong Kong Society of Accountants）が，上場企業553社の所[13]

第12章　香港のコーポレート・ガバナンス　233

figure12—6　上場企業553社における所有構造

株式所有 （単独大株主／同族グループ）	上場会社	
	会社数（社）	割合（％）
0-＜10%	20	4
10-＜25%	46	8
25-＜35%	60	11
35-＜50%	134	24
＞50%	293	53
合計：	553	100

出所）Hong Kong Society of Accountants, "Second Report of the Corporate Governance Working Group", 1997.

有構造に関して行った調査[14]によると，図表12—6のように，単独大株主あるいは同族グループが全発行済み株式の過半数を所有している割合は53％にも達している．また，単独大株主あるいは同族グループが発行済み株式の35％以上を所有している割合は77％で，25％を越える企業は88％にまで及んでいる．

大部分の上場企業において，単独大株主あるいは同族グループが大多数の所有権を保有している，という事実は，香港企業における所有構造においてみられる顕著な特徴のひとつであるといえよう．この点は，日本を除く，多くのアジア諸国・地域の企業において共通しているように思われる．

(3) **香港上場企業の支配構造**

次に，香港株式市場に上場している企業における支配の重要な特徴として，大株主が会社の最高経営責任者（CEO）を務めていることが挙げられる．

香港10大同族グループのうち，持株の時価総額が最も多い李嘉誠グループの主な上場企業—長江実業では，図表12—5に示されているように，同上場企業の37％の株式は李嘉誠一族によって所有されており[15]，李氏は1971年から1998年まで同企業の会長兼CEOを務めていた．1999年からはCEOの職を，自身の長男であり，同企業の副会長を務めていた李澤鉅氏に譲っている．すなわち，所有と支配が分離していない状況は現在も続いている．このように，大

株主あるいはその一族が会社の最高経営責任者のポストを占めるということは、香港の上場企業において頻繁にみられる現象である．

さらに、取締役会も同族によって占められているケースも少なくはない．同調査によると、図表12－7が示すように、同族が取締役のポストの半分以上を占めている企業は、調査された全553社のうち52社であり、全体社数の9％に相当する．また単独大株主あるいは同族グループによって発行済み株式の50％以上が所有され、かつ取締役会における役員の50％以上が同族メンバーによって支配されている会社は73％にまで達している．

この支配構造にまつわる特徴は執行役員の構成メンバーにおいてもみられる．図表12－8が示すように、30％弱の企業の取締役会が執行役員の過半数に同族メンバーを任命している．そのうち、単独大株主あるいは同族グループが過半数の株式を所有している割合は63％である．

このように、香港の株式会社における所有構造の最大の特徴は、単独大株主あるいは同族による所有の集中である．

第3節　香港上場企業におけるコーポレート・ガバナンスの問題点

一般的に、所有と支配が分離していない企業においては、経営者に対する規律づけがより有効に行われるため、コーポレート・ガバナンスの問題が発生しにくいであろうと考えられている．しかしながら、香港をはじめとして、所有と支配がほとんど分離していない多くのアジア諸国の企業においては、アジア諸国に固有のコーポレート・ガバナンスの問題が発生している．

アジアの企業の特徴として、図表12－9で例示されているように、個人オーナーおよびその同族が、部分的に株式を保有し合うことによって、同族企業グループとして、公開上場会社を含む親会社・子会社兄弟会社の間で相互に連動するネットワークを構築する傾向が見られる．[16]こうした企業ネットワークは株主間の公平性を大きく損なうことになりかねない．すなわち、支配株主は、複雑な子会社ネットワークを通じた経営により、諸会社に対して、自らの株式

図表12—7　上場企業553社における取締役会の構成

株式所有 (単独大株主/同族グループ)	取締役会における同族支配			
	50％あるいはそれ以上		50％以下	
	社数	％	社数	％
0- ＜10％	0	0	20	4
10- ＜25％	1	2	20	9
25- ＜35％	1	2	45	12
35- ＜50％	12	23	59	24
＞50％	38	73	122	51
合計：	52	100	501	100

出所）図表12—6に同じ．

図表12—8　上場企業553社における執行役員の構成

株式所有 (単独大株主/同族グループ)	同族メンバーが執行役員に占める割合			
	50％或はそれ以上		50％以下	
	社数	％	社数	％
0- ＜10％	7	4	13	3
10- ＜25％	9	6	37	9
25- ＜35％	10	6	50	13
35- ＜50％	35	21	99	26
＞50％	104	63	189	49
合計：	165	100	388	100

出所）図表12—6に同じ．

持分と整合しない過大な企業経営およびキャッシュ・フローについての支配力を手中に収めることになる．しかも，こうした支配力と対応すべき実際の株式持分がどの程度乖離しているかは，内部者によって開示されることもなく，往々にして外部者には不透明であることが指摘されている[17]．

　このように，アジア諸国・地域で多く見られる同族経営においては，所有と支配が分離していないため，支配株主と経営者との対立は収まるものの，他方で，支配株主がその支配力により，非同族の一般株主の利益を害する例が多発

図表12−9　李嘉誠同族グループの支配構造（2004年9月15日の時点）

```
                    Cheung Kong (Holdings) Limited
                    ［長江實業（集團）有限公司］
         ┌──────────────┴──────────────┐
      44.01%                        49.97%
   CK Life Sciences              Hutchison Whampoa Limited
   Int'l., (Holdings) Inc.       ［和記黃埔有限公司］
   ［長江生命科技
   集團有限公司］
   
 3.60%   52.55%         84.58%           61.97%         24.49%      12.25%
 Hutchison Global   Cheung Kong       Hutchison Harbour   TOM Group Limited
 Communications    Infrastructure    Ring Limited        ［TOM 集団有限公司］
 Holdings Limited  Holdings Limited  ［和記港陸有限公司］
 ［和記環球電訊    ［長江基建集團
 控股有限公司］    有限公司］
                      38.87%              0.24%          71.86%
                  Hongkong Electric                   TOM Online Inc.
                  Holdings Limited                   ［TOM 在線有限公司］  0.12%
                  ［香港電燈集團有限公司］
```

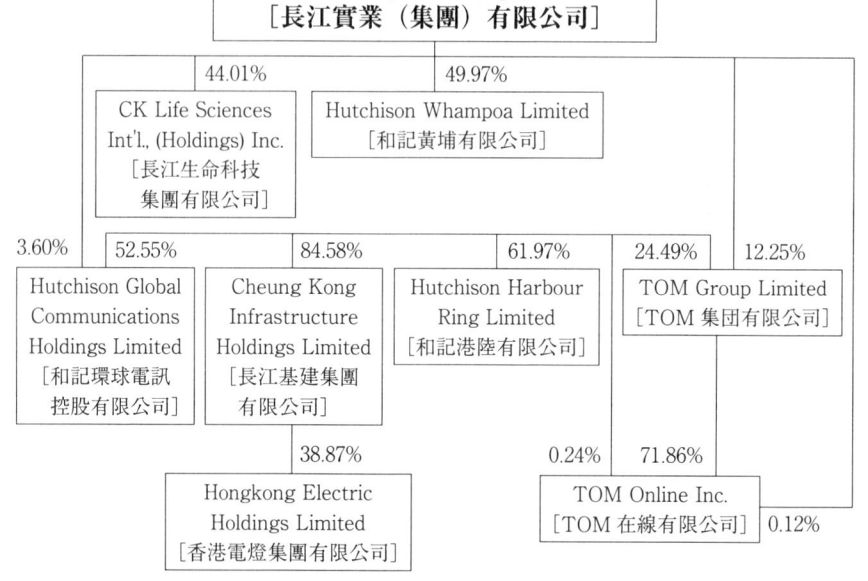

注)　※グループの傘下における国内の上場企業のみ示されている．
出所)　長江實業（集團）有限公司のホームページに基づき筆者が作成．

している．これは株主間対立の問題と言い換えることもできる．すなわち，アジアでは，少数株主の利益が害されている事実こそがコーポレート・ガバナンスにおける最も深刻な問題と位置づけられるのである．

　少数株主の利益に対する不公正な侵害としては，違法な行為を目的とした会社権限の行使，支配株主の利益相反取引，秘密の利得の保持，会社資産の不正流用，高額の役員報酬，特定株主の持分低下を目的とする新株発行，株式譲渡の制限などが挙げられる．その中でも，香港の市場で最も多く見られるのは，内部者が会社にとって不利益となるような価格で株式を売買することや，過度の報酬を自己に分配するなど，会社や株主に所有権が属する財産を不当に取得・流用することである．実際には，1991 ～ 1995の5年間において，役員に支払われた報酬の合計金額が会社の純益を上回った企業は全上場企業の10％

第12章　香港のコーポレート・ガバナンス　237

にも及んでいることがSFCの調査によって明らかとなった．

　また，近年香港の株式市場においては，相場操縦や仮装売買の違反例も多くみられている．例えば，貿易通集団有限公司の大株主兼経営者が，妻の取引口座を通して当時額面価額よりも高価で同企業の有価証券を数回にわたって購入し，当日同企業株価の終値を30％をも引き上げさせ，株式市場における有価証券の売買取引を誘引する目的をもって相場操縦を行った[18]．同企業の違法行為は証監会によって摘発され，罰則を科せられた．

　以上のように，現状においては，香港の上場企業，とりわけ同族企業は同族以外の株主の利益も考慮した経営を行っているとは言い難い．

　バーリとミーンズによる先駆的研究[19]の後，コーポレート・ガバナンスの議論における主な論点はエージェンシー問題とその解決に向けられていた．アメリカ，ドイツ，日本などの国々においても，コーポレート・ガバナンスの主な目的は，経営者を監視・監督することにあるとされており，多くの議論は株主を単一のものとみなし，株主対経営者という図式を描いていた．

　しかしながら，香港のコーポレート・ガバナンスに関するここまでの議論は，従来一般的であったコーポレート・ガバナンス理論に若干の修正が必要であることを示唆している．すなわち，支配株主と少数株主の対立という視点に注意を払うことの必要性を示している．

第4節　コーポレート・ガバナンス改革への取り組み

　上述のように，同族経営に代表されるような血縁重視の企業文化が普遍的に存在している香港上場企業では，少数株主への利益侵害が発生する可能性がある．そのため香港の規制当局においては，少数株主の利益保護をはじめとしてさまざまなコーポレート・ガバナンス改革への取り組みが行われている．

　香港市場は，アジアで最も歴史のある市場であり，返還後も自由市場としての枠組みを保ちながら，アジア域内における最先端の国際金融市場としての地位を強化し，維持することを目標に掲げている[20]．その意味で，より健全なコー

ポレート・ガバナンス制度を構築するための施策が必要不可欠である．

具体的な取り組みとして，1980年代後半から香港証券取引所をはじめとしたさまざまな中立機関により，コーポレート・ガバナンスの強化策が進められてきている．たとえば，1989年には，証券委員会など，業界監視3団体を統合した「証券・先物取引委員会（SFC）」が創設され，少数株主保護を主目的とした金融・資本市場の監督・監視が行われている．同委員会は，各種関連法規に基づいて，インサイダーなどの不正取引を取り締まるほか，買収・合弁およびこれに関連した公開買付などを監督する権限も有している[21]．2003年には，上場企業3社における相場操縦の違法行為がSFCによって明らかにされ，合計33人の法規違反者が取り締まられた．現在，香港市場におけるルールや規制の監視・執行がさらに厳格になっている．

また，1993年には香港証券取引所が，少数株主の保護と企業不祥事の発生防止を目的として，「最善慣行規範（Code of Best Practice）」という独自のコーポレート・ガバナンス原則を策定し，企業のコーポレート・ガバナンスに関する取り組みの現状や今後の方策などについて開示することを要請した．SFCは2003年に「証券先物取引法」を改正し，個別取締役の会議出席率や取締役会におけるトップ3層の役員報酬の開示義務などの規制を新たに加えた．いずれも，企業に対して経営機構の情報開示や透明性を求めている．そのほかにも，取締役会における社外取締役制度の導入・強化や，委員会の設置の推奨など，先進諸国の制度を参照したコーポレート・ガバナンスの制度的改革の動きがみられる．

コーポレート・ガバナンスの法制度があらゆるステークホルダーにとって信頼できるものであるかどうかは，ひとえにそれが実際に執行可能なものであるか否かにかかっている．制度の強化と執行は，経済パフォーマンスの違いを説明する最も重要な要素のひとつであるといえる[22]．したがって，香港の規制当局は，今後も同族経営を行っている上場企業に対し，支配株主による利益侵害から少数株主を保護すべく，インサイダー取引などにかかる開示義務の強化や会

社の開示義務履行にかかる監督および制裁賦課能力の確保といった施策を，さらに強化しそれを遵守させていくべきであろう．すなわち，より透明性の高い制度を構築するよう促し，少数株主に対する平等な取り扱いを具現化することこそ，アジアのコーポレート・ガバナンス改革における重要な課題であろう．

おわりに

　これまで，香港株式市場に上場している企業の株式所有構造と支配の特徴，およびそこから考えられる問題点を指摘した．それは，香港における上場企業の所有形態が同族支配であり，そのため少数株主の利益侵害という問題が発生しうる，ということであった．

　このような同族支配という特徴は日本を除き，インドやタイ，インドネシアなど多くのアジア諸国・地域で共通している．[23]台湾企業においても血縁関係に基づく支配が数多く見うけられる．このようにアジア諸国・地域の企業の所有構造は，米国のように年金基金を含む機関投資家が株式の多くの割合を保有する所有構造，そして，従来の日本企業のように株式の相互持合いに特徴づけられる所有構造とは大きく異なっている．

　香港をはじめ，グローバリゼーションの進展とともに，国際的な事業を展開しているアジア諸国の企業は，国際基準に適合したコーポレート・ガバナンスを構築することの必要性を認識するようになってきた．同時に，各国企業は固有の企業システムのもとで独自のコーポレート・ガバナンスの構築に積極的に取り組んでいる．

　コーポレート・ガバナンスの所有構造は，各国固有の歴史や法制度に依存しているため，それぞれ異なった形で発展しており，単純にどの構造が優れていると断定することは困難である．しかしながら，確かに最適なコーポレート・ガバナンス構造は，各国の事情を踏まえた上で構築し，それぞれの会社において機能させることが重要であるが，より透明性の高い制度を構築することは各々の国に特有な制度を超えて必要不可欠な共通の課題と言えるだろう．

これらのコーポレート・ガバナンス制度の改革が実際に執行されれば，かなりの成果が期待できるはずである．しかし，改革の日はまだ浅く，制度が定着するまでしばらく時間がかかりそうである．したがって，アジア諸国におけるコーポレート・ガバナンス制度改革の有効性については，今後，さらに検証していく必要があると思われる．

（呉　淑儀）

注）
1）香港では，「コーポレート・ガバナンス」を「企業管治」と表記する．ちなみに中国本土では「公司治理」という言葉が使われている．
2）香港の資本市場の特徴として，日本を除いたアジア諸国と比較すると，より流動性が高く，規模が大きいという点が挙げられる．これは，シンガポールの資本市場と比較すればより鮮明であろう．1997年の時点で香港のメインボードにおける上場企業は658社であり，時価総額は3兆2,026億香港ドル（円換算：約48兆394億円）である．それに対して，同じく1997年の時点でシンガポールのメインボードにおける上場企業は425社であり，時価総額は329,268百万Sドル（円換算：約21兆7,317億円）である．（出所：'market statistics', SES Journal, 1997年号より）（為替レート：1香港ドル＝15円；1Sドル＝66円）．
3）香港株式市場の流動性を測るには，たとえば，市場における年間売上高をみるとよいであろう．香港市場の年間売上高は図表12－1のデータを参照されたい．
4）そのうち，H株とレッドチップ株の企業数はそれぞれ64社と72社であり，その時価総額は4,031億香港ドルと1兆1,977億香港ドルとなっている．また，香港メインボードに上場している外国企業の数は10社である．
5）香港市場に上場している中国系企業は，中国企業（H株）と中資企業（レットチップ株）の2つに分類される．H株とは，中国で登録を行い，中国証券監督管理委員会に選ばれて香港取引所に上場されている企業の株式であり，主に大型国有企業が多い．レッドチップ株とは，中国資本が注入され，香港で登録され，香港株式市場に上場している企業の株式のことを指す．2003年10月末の時点で，香港株式市場に上場している中国系企業は247社であり，その時価総額は1兆4,398億香港ドルであり，これは香港市場時価総額の28％を占めるまでになっている．
6）中谷巌・田村達也（2004），54ページ．
7）監査委員会の設置に関しては，法的な強制力はなく，あくまで「最善慣行規範（Code of Best Practice）」において，企業に対し，委員会の設置が勧告され

ている程度に留まっているのみである．また上場企業553社のうち，監査委員会の設置の有無についての情報公開を行っている企業は12社しかない．確かに，残りの541社の中には，「情報開示はしていないが監査委員会は設置している」という企業も可能性としては存在しうる．しかしながら監査委員会の設置は，その企業の健全性をアピールすることになるため，もし監査委員会を設置しているならば，通常はその事実を年報によって積極的にアナウンスしていると解するのが自然であろう．要するに，ここでは，監査委員会の設置に関する情報開示をしていない会社は，ほとんど監査委員会を設置していないと解釈できる．

8) 香港会社法，上場規則，ならびに関連法規によるものである．
9) 取締役会における取締役が二人以上の場合，会社秘書役は取締役との兼任が認められる．
10) たとえば，シンガポールやネパールなどの国がそれにあたる．
11) 経済協力開発機構（OECD）によると，インドネシア，韓国，マレーシア，フィリピン，シンガポール，台湾，タイなどのアジア諸国においては，それぞれの株式を公開している国内の上場企業のうち，約3分の2が同族経営であり，ほぼすべての非公開企業も同族経営である．
12) Hong Kong Economic Journal, 2005年1月3日．
13) 1995年および1996年の時点で，香港メインボードにおける上場企業はそれぞれ542社と583社である．
14) 香港上場企業の所有構造に関する大規模な調査としては，1997年にHKSAが提出した報告書が現時点における最新のものである．
15) Hong Kong Economic Journal, 2004年1月2日．
16) Li Ka-shing Group（李嘉誠グループ）は香港最大の同族企業グループであり，李嘉誠はグループの創業者である．彼の息子は3人とも，グループ傘下の上場企業を含めた子会社の最高経営責任者を務めている．
17) OECD（2004）『OECDアジアコーポレートガバナンス白書』12〜16ページを参照されたい．
18) 証監会による公示，2004年10月18日．
19) Berle and Means（1932）を参照されたい．
20) 『交易所』2003年10月号，15〜21ページ．
21) 詳しい内容は，香港証券取引所（HKEX）のホームページ（http://www.hkex.com.hk/）を参照されたい．
22) この点については D. C. North（1990）を参照されたい．
23) たとえば，インドの場合，大企業500社のうち75%が同族支配となっており，国内で登録されている29.7万社の企業のうち，29.4万社の企業が同族企業となっている．

参考文献

〈日本語〉

丑山優・小松章『叢書　現代経営学⑮—現代企業の財務戦略』ミネルヴァ書房，2004年.

呉淑儀「アジア企業のコーポレート・ガバナンスと企業文化—香港の上場企業を中心に—」日本経営教育学会編『MOTと21世紀の経営課題—経営教育研究8—』学文社，2005年，188〜204ページ.

呉淑儀「アジア企業におけるトップ・マネジメントの雇用問題とそのジレンマ—台湾家族企業グループの事例を通して—」月刊『経営労働』㈳経営労働協会，Vol.40, No.457, 2005年，23〜27ページ.

呉淑儀「中国企業統治におけるインサイダー・コントロール問題についての一考察」『一橋研究』第29巻第1号，2004年，1〜12ページ.

呉淑儀「市場経済移行期における中国の企業統治—モニタリングシステムに関する一考察」日本経営学会編『グローバリゼーションと現代企業経営』千倉書房，2004年，204〜205ページ.

小松章『企業形態論 第2版』新世社，2000年.

菊池敏夫・平田光弘『企業統治の国際比較』文眞堂，2000年.

村田和彦「支配出資者と専門経営者」一橋大学研究年報編集委員会編『一橋大学研究年報：商学研究』No.44, 2003年.

吉森賢『日米欧の企業経営—企業統治と経営者—』放送大学教育振興会，2001年.

〈中国語〉

『香港交易所股市資料』各年版.

〈英　語〉

Hong Kong Society of Accountants, *"Second Report of the Working Group on Corporate Governance,"* 1997.

Hong Kong Society of Accountants Corporate Governance Committee, *"A Guide for the Formation of an Audit Committee,"* 1997.

Hong Kong Society of Accountants Corporate Governance Committee, *"A Guide for Director's Business Review in the Annual Report,"* 1998.

D. C. North, *"Institutional Change and Economic Performance,"* Cambridge University Press, 1990.（竹下公視訳，『制度・制度変化・経済成果』晃洋書房，1994年）

Stock Exchange of Hong Kong, *"Annual Report of 1998,"* 1999.

The Hong Kong & Macau Economy Yearbook 1999, 2002.